北京地区少数民族古籍目录丛书之八

北京地区水族水文古籍总目

北京市民族古籍整理出版规划小组办公室
民族文化宫图书馆（中国民族图书馆）　编

吴贵飙　主编

民族出版社

抢救整理少数民族古籍，迫在眉睫，失则无可复得，任重道远，得比踏路寻珍，大德无量，功在万代千秋。

张[illegible]

二〇〇七年冬月

《北京地区少数民族古籍目录丛书》领导小组成员

组　长：钟百利
副组长：丁希松
成　员：钟兴奎　吴　红　李有明　邹吉忠　柳应华

《北京地区少数民族古籍目录丛书》编委会成员

总 主 编：丁希松
常务主编：王　薇
副 主 编：吴贵飙　宝　音　吴元丰　徐丽华　阿　华
编　　务：许　翔

丛书之八《北京地区水族水文古籍总目》编委会

主　　编：吴贵飙
副 主 编：公　萍　崔德志
编　　委（按汉语拼音音序排列）：
陈红彦　崔德志　公　萍　蒋耘中　吴贵飙　先　巴
张铭心　张铁山　张志华

著录人员（按汉语拼音音序排列）：
曹娇林　高军善　公　萍　顾松洁　赫　歆　姜永英
马莉萍　全桂花　史桂玲　孙碧佳　袁　欣

参加单位：中国国家图书馆
中国国家博物馆
民族文化宫图书馆（中国民族图书馆）
清华大学图书馆
中央民族大学民族博物馆
中央民族大学中国少数民族语言研究院

总 序

今天奉献给大家的这套丛书，展示了近十年来北京地区在保护、抢救、搜集、整理少数民族古籍工作中的阶段性成果，是近十年来北京地区广大民族古籍工作者心血的结晶。

中华民族作为一个历史悠久的民族，在漫长的文明进程中，创造了丰富多彩的中华文化，为世人留下了诸多宝贵的物质财富和精神财富。许多少数民族不仅创造了自己的文字，而且用这些不同的民族文字书写、刊印了大量流传至今，种类浩繁的民族古籍文献，形成了自己独特的民族文化，成为中华文化重要的组成部分，也是弥足珍贵的人类文化遗产。

研究表明，中国少数民族古籍不仅是中华文明延续发展的历史见证和重要载体，更是凝聚着中华民族智慧的结晶，是维系民族情感的精神纽带和重要桥梁。这些民族古籍文献承载着丰厚的历史和多彩的文化，具有十分重要的保存、研究和文物价值。然而，由于年代久远等因素，民族古籍的永久性保存问题将面临越来越严峻的挑战，因此，对民族古籍文献进行有效的抢救和整理工作迫在眉睫。

1997 年，在国家民委的直接领导下，《中国少数民族古籍总目提要》编纂工作正式启动。

作为历史文化古都，北京古籍藏量浩如烟海；作为政治文化中心，北京文化机构众多、大专院校林立，民族古籍的分布十分广泛，抢救和整理工作任务相当繁重。作为一项艰巨、复杂、细致的系统工程，多年来，北京地区少数民族古籍整理工作在国家民委全国少数民族古籍整理研究室的具体指导下，结合北京地区特点，制定了详细的工作计划和工作细则，使北京的民族古籍整理工作逐渐走向深入。

由于民族古籍整理方面人才匮乏，尤其是个别文种已出现人才断档问题，北京地区民族古籍整理工作面临相当大的难度。好在此项工作启动伊始，便得到了北京市政府、市属有关机构及中央所属在京各有关单位的大力支持。在北京市民委的直接领导下，在大批专家、学者的参与指导下，近十年间，民族古籍整理工作人员不计酬劳，默默耕耘，对分散保存在各图书馆、博物馆、档案馆、科研院所等单位的书籍、文书、拓片、金石铭刻等进行普查核对、数据著录、分析考究等项工作，最终编辑成本套丛书。

本套丛书的出版发行既展示了北京地区民族古籍整理工作的阶段性成果，也为编写《北京地区民族古籍总目提要》，乃至为完成《中国少数民族古籍总目提要》的编写工作，创造了有利的基础条件。同时，也为有计划分步骤地深入开展北京地区民族古籍抢救和整理工作打下了基础。

本套丛书收录的范围，从内容上看，可谓包罗万象、丰富多彩，既包括北京地区所藏的满、蒙古、藏、回、彝、纳西、傣、水、壮等当代民族的古籍文献，也包括西夏、突厥、回鹘、女真、契丹等古代民族的文献典籍。涉及这些民族的政治、法律、哲学、历史、宗教、文学艺术、语言文字、天文地理等诸多方面。

本套丛书的编写工作坚持严谨、规范的科学态度，遵循古籍文献整理的基本法则，充分体现各民族古籍文献的基本特色，按其文字或文献的种类编辑成册，无法独立成册者，酌加合并成册。每册都按其所收古籍文献的基本特点，分别制定相对独立的编辑体例。本套丛书原则上成熟一集出版一集，以期将近十年来北京地区少数民族古籍整理工作的阶段性成果汇集起来，便于广大学者查阅和研究，发挥其应有的社会效益。

古籍整理工作任重而道远。本套丛书的编辑出版仅仅是北京地区民族古籍整理工作计划的第一步。目前，从中央到地方的各级人民政府都高度重视少数民族古籍保护工作。面对民族古籍整理工作新的机遇和挑战，我们的任务更为艰巨和复杂。我们仍需加大工作力度，制定科学规划，充分发挥相关协作单位和个人的积极性，使北京地区民族古籍整理工作更好地为保护和弘扬中华民族的传统文化发挥作用。

应该强调的是，在本套丛书编辑出版的过程中，为了一个共同的目标——抢救和保护民族古籍文献，许许多多不同部门、不同民族、不同年龄的人走到一起，并为之付出了艰辛劳动。在此，谨向各位可敬可爱的同仁表示深深的谢意。

最后需要说明的是，古籍文献的整理是一项繁琐而严谨的工作，本套丛书仍有需要逐步完善之处，敬请广大读者指正。

北京市民族古籍整理出版规划小组办公室

2023 年 3 月

前　言

一

水族是中华民族大家庭的成员之一，主要分布在贵州省的三都水族自治县、荔波县、独山县、都匀市、福泉市、榕江县、丹寨县、雷山县、黎平县等县市，广西壮族自治区的南丹县、宜山县、融水苗族自治县、环江毛南族自治县、都安瑶族自治县、来宾县、河池市等县市，以及云南省的富源县。

水族有自己的语言和文字。水族先民在其历史发展过程中创造一种古老的文字，水语称为“泐睢”，汉译为“水字”“水文”“水书文字”，民间习称为“水书”。用水文书写成的书籍，水语也称为“泐睢”，汉译为“水书”。水族水文和纳西族东巴文，是世界上仍“活着”的象形文字。我国水书研究专家潘朝霖认为，至今发现的800多个单字的水族古文字体系，支撑着水族几千年的文字史和文明史，是中华古文字的“活化石”。黔南布依族苗族自治州水书申报《世界记忆遗产名录》领导小组办公室、黔南布依族苗族自治州档案馆最新研究发现，水文与河南省偃师市二里头夏都遗址出土的24个刻画符号相同，与浙江省良渚文化遗址出土的700多个刻画符号中的104个符号相同，与安徽省蚌埠市双墩遗址出土的600多个刻画符号中的73个符号相同，与河南省贾湖遗址出土的19个刻画符号中的16个符号相同。这印证了水文与华夏早期文明渊源颇深、关系密切，部分水文与华夏多地出土文物的刻画符号存在广泛关联性的现象，部分水字词汇的读音与古汉语词汇的读音完全相同。同时，水书内涵、水书习俗也与古代汉文文献记载、青铜器物镌刻的未识符号有着密切的关联性。

水书是用水文（象形文字和图画符号）记录水族原始信仰、天文历法、哲学思想、文学艺术、语言文字、伦理道德、生产生活、民俗节庆等诸多方面内容，用本民族语言、歌诀释读，由水书先生掌握和应用的文化信仰典籍，水书被誉为水族的“百科全书”，承载着中华文明的基因和血脉，与华夏早期文明的关联性极为密切。水书内容博大精深，是中华民族文化的重要组成部分，是研究中华民族文化的珍贵资料。

目前对水书的分类，学者没有统一定论。一般来说，按性质可分为普通水书（白书）、秘籍水书（黑书），所谓“白书”，是指在修房建屋、婚丧嫁娶、出行办事等日常生活中，为趋吉避凶而需要认真选择方位朝向、日子时辰时所使用的水书，是公开常见的；“黑书”则与此相反，用于挡鬼(防范)和放鬼(反击)，它的使用都是秘密进行，故黑书不肯轻易示人。水书按用途可分为用于启蒙识读水书的颂读本、用于丧事测定日子方位的丧葬卷、用于修房建屋的营造卷以及用于婚嫁喜事的婚嫁卷等。按书目内容可分为时象本、星宿本、阅览本、遁掌本、日历本等。按版本则又可分为抄本、刻本、彩绘本、多卷合订本等。

水族民间相传水书有“六家”——《正七卷》《春寅卷》《亥子卷》《丑牛卷》《甲己卷》《黑书》。

水书只是在民间传承使用，水书内容是靠水书先生通过招收徒弟的方式把水书及相关知识一代接一代传承至今的，水书版本传承是靠学习水书的弟子将老师的书作为底本抄写下来使用，这样一代接一代抄写传承至今的。

“水书先生”是指能识读水书，掌握水书知识，会运用水书进行各种仪式的人。水书的传承一般是通过两种方式进行传承，即祖传和选择徒弟传授。无论是哪一种，都只传男性，不传女性。祖传方式是从祖辈传到父辈，再由父辈传到子辈，一辈辈往下传。一般传授的条件是，所传的子辈不仅自己愿意接受，而且还必须具有接受的基本能力和素质。择徒传授是水书先生的儿子不愿意学或不具备条件学的情况下，水书先生才选择徒弟进行传授。选择徒弟比选择儿子的条件要高得多。这个人首先应该是品性好、大家公认没有劣迹；在同辈人中，有一定威望。水书和水族古文字就是这样代代相传。在传承过程中，有固守祖宗遗训的，稳固保留了大量古文字；也有为解决现实巫事活动中的难题而发展了不少的变异字。在现今的水族社会中，在立房造屋、接亲嫁女、丧葬祭典、出行农事、节日喜庆、消灾避邪时，水族群众依然以水书作为依据，以祈求安康、顺利和幸福。

千百年来，水书一直用于水族社会生活的各个领域，诸如婚姻、营造、出行、过节、占卜、取名、农事、丧葬等活动都要依照水书条文而行。

水书不仅具有社会生活价值，还具有学术研究价值。水文是目前世界上稀有的、完整的、活态的保存并应用至今的水族古老文字。水书不仅仅在水族社会应用，在水族聚居区周围的汉族、布依族、苗族等也相信水书、认可水书、应用水书，就其应用范围来说，是开放型的，可为任何一个民族服务，因此，水书是中华民族悠久的历史文化遗产。水族的水书文化具有强大的生命力和持久的影响力。水书千百年来以水书先生为载体，活态传承，活态展现，只有水书先生才能解读水书、应用水书，水书先生是水书永葆生命力的关键所在。

水书文献是人类早期文明的孑遗，保存了丰富而古老的文化信息，具有突出的历史性、珍惜性和唯一性，对于研究人类早期文明的起源与形态有着极为重要的价值和意义。

二

水书是水族古老的文化典籍，是中华文化典籍的重要组成部分，是研究水族社会历史文化和研究人类早期文明起源的重要资料。水书是以水书先生为载体，活态传承的文献，主要是由水书先生传抄使用，保存在水书先生家里。中华人民共和国成立以后，才逐步被收集到档案馆、图书馆珍藏。自2007年“中华古籍保护计划”实施以来，2014年中国国家古籍保护中心立项对全国水文古籍进行普查，中国民族图书馆承担该项目工作，我们项目组在各藏书单位的大力支持下，完成了全国已收集到单位保存水书的普查工作，约有2万余册，分别收藏在贵州省、北京市、广东省的档案馆、图书馆、博物馆，此外在国外的博物馆还藏有少量水书。

贵州省水书收藏单位及收藏数量：三都水族自治县档案馆7405册，荔波县档案馆9326册，都匀市档案馆247册，贵州民族文化宫图书馆1443册，贵州民族大学图书馆50册，独山县民族宗教事务局95册，黔南民族师范学院97册，黔南布依族苗族自治州图书馆35册，黔南布依族苗族自治州档案馆64册，黔南布依族苗族自治州民族博物馆28册，黔东南苗族侗族自治州民族博物馆16册、凯里学院博物馆15册。其他单位约有100余册。

北京市水书藏书单位及收藏数量：民族文化宫图书馆（中国民族图书馆）1615册，中央民族大学民族博物馆42册、中央民族大学中国少数民族语言研究院5册，中国国家图书馆37册，中国国家博物馆30册，清华大学图书馆10册。国家档案馆也有部分水书收藏。

广东省水书收藏单位及收藏数量：中山大学图书馆1635册。

除上述单位收集到的水书文献外，还有1万余册水书散存于贵州省水族聚居区民间。

2002年3月，《水书》文献入选首批《中国档案文献遗产名录》，这是水书得到认可和关注的开始。2006年6月，“水书习俗”入选首批《国家级非物质文化遗产名录》。2008年3月—2020年11月共有79部水文古籍入选第一批至第六批《国家珍贵古籍名录》。2022年11月26日，贵州省水书文献入选《世界记忆亚太地区名录》。2023年11月27日，受联合国教科文组织的邀请，黔南布依族苗族自治州携水书文献到法国巴黎联合国教科文组织总部进行宣展，水书文献的文化价值得到了联合国教科文专家和外国友人的高度肯定。黔南布依族苗族自治州水书文献申遗工作从启动到成功入选《世界记忆亚太地区名录》，走过了20年历程，这也是对水书文献深化认识、加强保护、创新利用的历程。目前，黔南布依族苗族自治州各级档案馆、图书馆收藏有明代以来的水书文献17914卷（件）。

三

水文古籍产生于民间、传承于民间，水书先生保存的大量水书条件比较简陋，多数放在木箱里，有的放在柜子里，有的放在竹筐里，有的放在布口袋里再放在桌上。由于长期受到家里生火产生的烟雾熏烤，导致纸质变黄、变黑。从民间收集到档案馆、图书馆、博物馆保存的水书，得到了较好的保存，三都水族自治县档案馆、荔波县档案馆设专门水书特藏书库，先用档案盒把水书装好，再放进铁质柜里，书库已安装三防设备。中国民族图书馆已给馆藏水书全部做书盒，放在古籍书库里。

对水书的研究，最早始于清咸丰年间，莫友芝在其著作《黔诗纪略》卷九《红崖》序云："吾独山土著有水家一种，其师师相传，有医、历二书，云自三代。舍弟祥芝曾录得其《六十纳音》一篇……且云其初本皆从竹简过录，其读迥与今异而多合古音，核其字画，疑斯籀前最简古文也。"莫友芝算得上是较早研究水书文字的学者。

1943年，岑家梧教授深入水族聚居区调查，在《水书与水家来源》中，通过甲骨文、金文与水文的对比研究，认定水文与甲骨文、金文"有姻缘关系"。

由于历史和政治的原因，20世纪六七十年代把水书和水书先生当作牛鬼蛇神和封建迷信加以批判，造成很多想学习水书的人都不敢学习水书，水书先生为求自保，亦不敢收徒传授水书，并将水书大量焚烧、埋掉或藏在山洞里，造成了非常大的损失。

随着时间的推移，现在精通水书的资深水书先生已越来越少，且绝大多数已年逾古稀。据对贵州省三都水族自治县、荔波县水族聚居区的调查了解，60岁以上的水书先生占水书先生总数的85%以上，如不及时采取措施抢救水书先生，水族传统文化的活宝库——水书先生将面临消亡的危险。

随着社会的发展变化，学习水书、传承水书的人越来越少。学习水书不会一年半载就能学得好，并且有大量的没有文字记载的口传水书配韵释读，需要师徒口耳相授来死记硬背，又是一般人所不能做到，所以没有较高天分的人是难以学好水书，纵观当今社会，聪明颖悟的孩子都有机会读书考学校入公门谋公职，水书的传承失去好的苗子，而一般的年轻人，或为生计所迫，或受经济大潮冲击，人都外出打工。见过世面的年轻人观念已经发生根本性变化，几乎没人能够“静下来”学习水书，水书的传承由以前的“不愿教”到现在的“不愿学”，找不到传人是水书濒临失传的根本原因。

从党的十一届三中全会以后，在党和政府的领导和关心下，水书的抢救保护工作取得了前所未有的成果。

1979年12月6日，贵州省三都水族自治县潘国炯、潘朝霖、潘朝鼎、王品魁、潘绍献、韦廷龙、韦锦昌、石国义8位同志，联名向各级领导和有关单位呈送了《请求落实民族政策解决水族文史资料等有关问题的情况报告》，抢救水书是其中一个重要内容。《报告》很快得到国家民委肯定性的答复：“你们反映的问题很重要。抢救民族文化遗产，有条件要执行，没有条件的创造条件也要执行。”这表明了水书的抢救工作得到了政府的重视。

1980年3月，中共三都水族自治县委批文建立“三都水族自治县民族文史研究组”，组长为王品魁，成员有潘国炯、潘朝霖、石国义、姚福祥。这标志着水书的抢救工作正式在政府的领导下启动。

1986年9月，贵州省少数民族古籍整理出版规划小组在贵阳主持召开了“水族古籍‘七五’规划会议”。会议决定把搜集、整理、编审水书工作列入重点项目。

1986年，在贵州省档案局、黔南布依族苗族自治州档案局的支持下，三都水族自治县档案局首次将水书作为民族特色档案开展征集抢救工作。1996年9月贵州省档案局摄制的《一个没有句号的水族档案》专题片在北京第三十届国际档案节上放映，引起与会代表的极大兴趣，大大提高了水书的知名度。2002年3月，水书被列入首批《中国档案文献遗产名录》。

1990年6月，贵州省水家学会组建了水书搜集整理翻译研究小组，把水书列为重要科研课题，制订了水书研究计划。使水书的研究工作有了一个良好的开端。

20世纪80年代至90年代，对水书研究的代表性的成果有：日本学者西田龙雄《水文字历的释译》(日文1980、中译文1983)，吴支贤、石尚昭《水族文字研究》(1985)，王国宇《水书与一份水书样品的释读》(1987)，雷广正、韦快《水书古文字探析》(1990)、王品魁《水书源流新探》(1990)、刘日荣《水书研究——兼论水书中的汉语借词》(1990)、陈昌槐《水族文字与(水书)》(1991)、李旭练《谈谈水族古文字》(1991)，韦忠仕、王品魁《水书研究价值刍议》(1991)、冷天放《“水书”探源》(1993)，黎汝标、韦忠仕《水书研究述评》(1993)、王品魁《拉下村水文字墓碑辨析》(1998)等。不难看出，这一时期水书研究领域在进一步扩大，除继续探讨水书的来源外，特别在水书的释读以及译注上取得了超过前人的成果。1994年11月，贵州民族出版社出版了王品魁先生译注的《水书·正七卷壬辰卷》，该书是水书的首次破译出版，为水书研究做出了开拓性的工作。

2002年7月30日，贵州省政府出台的《贵州省民族民间文化保护条例》使水书的保护走上了法制化轨道。2002年初，文化部联合有关部门启动“中国民族民间传统文化保护工程”。

2002年7月、2003年8月，贵州省荔波、三都两县分别成立了水书抢救工作领导小组，并征集了水书文本原件1.3万余册，建立了水书展示厅。

从此，水书倍受社会的广泛关注，抢救开发利用水书的浓厚社会氛围蔚然形成。

2004年5月24日，贵州省黔南布依族苗族自治州成立了水书抢救工作领导小组，并于5月27日召开了水书抢救工作领导小组第一次会议，会议强调全州按照“统一规划、整体推进、分县实施和重点突破”的原则抓好水书的抢救保护和开发利用工作，以此打造民族文化品牌。2005年8月31日，黔南布依族苗族自治州成立了水书抢救破译专家组，使水书破译工作科学有序的进行。

21世纪初，水书的抢救保护、整理研究、出版发行取得了可喜成果。2005年，贵州民族出版社出版了王品魁、潘朝霖译注的《水书·丧葬卷》。2006年，贵州民族出版社出版5本套装影印本《水书》(1函、5册)。2006年，四川出版集团巴蜀书社、四川民族出版社出版了由1353种水书手抄本影印编辑而成的巨著《中国水书》(32函、160册)，潘朝霖著有《神奇水字 神秘水书——<中国水书>管窥》作为该书前言。2007年，中国文史出版社出版韦章炳著《中国水书探析》。出版的译注还有《水书婚嫁卷》《水书起造卷》《水书贪巨卷》《水书金堂卷》《水书九星卷》《水书壬辰卷》《水书八探卷》《水书太平卷》《水书吉星卷》《水书泐金卷》《水书时辰卷》《水书六十甲子卷》《水书正午卷》《水书麒麟正七卷》《水书六十龙备要卷》等。

2006年5月，水书习俗入选第一批《国家级非物质文化遗产名录》。2006年9月29日明确了黔南布依族苗族自治州文学艺术研究所为水书习俗责任单位，为下一步明确责任目标，加强组织协调，落实各项措施，切实保护好、管理好、利用好水书提供了保障。

2006年8月8日，贵州省黔南布依族苗族自治州建州五十周年之际，水书文化展成功开馆，使水书得以展示、传承和弘扬，为繁荣民族文化事业作出了积极贡献。

2008年3月—2020年11月，有79部水书入选第一批至第六批《国家珍贵古籍名录》。

2008年6月，三都水族自治县人大常委会公布《三都水族自治县水书文化保护条例》，标志着三都水族自治县水书文化进入了法制管理的新时代。2018年11月，黔南布依族苗族自治州人大常委会公布《黔南布依族苗族自治州水书文化保护条例》，水书文化法制管理的范围更加扩大了。水书文化是指水族先民创制使用的水书文字、文献典籍、口传记忆以及衍生的文化活动和现象。

四

北京是我国政治、经济、文化、科技中心，各类大学、科研院所、图书馆、博物馆和档案馆众多，其中不少单位都收藏水文古籍。北京地区保存水文古籍的单位主要有民族文化宫（中国民族图书馆）、中国国家图书馆、中国国家博物馆、中央民族大学民族博物馆、中央民族大学中国少数民族语言研究院、清华大学图书馆。

为了进一步加强民族古籍的抢救、保护、整理和研究工作，1997年国家民族事务委员会下发《关于印发〈中国少数民族古籍总目提要〉编写纲要的通知》，从此在全国范围内启动了编写《中国少数民族古籍总目提要》的大型文化工程。2014年，北京市民族宗教事务委员会民族古籍整理规划出版办公室委托中国民族图书馆承担北京地区水族水文古籍普查工作，编辑出版《北京地区水族水文古籍总目》。2015年初，举办水文古籍著录人员培训，制定《〈北京地区水文古籍总目提要〉著录细则》（试行本），并安排人员进行普查著录工作，民族文化宫图书馆（中国民族图书馆）由公萍、赫歆、姜永英、史桂玲、曹娇林、崔德志、先巴、吴贵飙完成，中央民族大学民族博物馆由马莉萍完成，中央民族大学中国少数民族语言研究院由顾松洁、公萍完成，中国国家图书馆由全桂花完成，中国国家博物馆由孙碧佳完成，清华大学图书馆由高军善、袁欣、公萍、崔德志完成。2018 年 8 月，完成普查著录、信息采集数据 1734 条，其中民族文化宫图书馆（中国民族图书馆）1610 条，中央民族大学民族博物馆 42 条、中央民族大学中国少数民族语言研究院 5 条，中国国家图书馆 37 条，中国国家博物馆 30 条，清华大学图书馆 10 条。

《北京地区水族水文古籍总目》是北京地区少数民族古籍目录丛书之一，是北京市“十三五”时期少数民族事业发展规划重点项目。该项目由中国民族图书馆具体承担，本书编辑工作始于 2019 年下半年，至 2021 年 6 月完成编辑工作。中国民族图书馆的公萍、吴贵飙承担了普查数据核对和补充采集数据的工作。公萍承担本目录数据的合稿、编制索引和编务工作，吴贵飙负责制定采集数据标准和编辑体例、审校书稿、撰写前言。本书是全体工作人员共同努力取得的一项重要课题成果，是集体智慧的结晶。它进一步展示了北京地区水族丰富多彩的文化遗产，反映了水族人民在共同缔造中华文明中所做出的独特贡献。我们期望此书的出版问世，能加强各族人民对水族文化历史的全方位了解，促进各民族间的文化交流，弘扬水族优秀传统文化，增强文化自信，增进民族团结。《北京地区水族水文古籍总目》是我国首部水文古籍的目录，填补了水文古籍没有目录的空白。

在该项目普查著录、采集数据、编制目录和编辑出版的整个过程中，承蒙民族文化宫、北京市民族宗教事务委员会、北京市民族古籍整理规划出版小组办公室、中国民族图书馆、中央民族大学民族博物馆、中央民族大学中国少数民族语言研究院、中国国家图书馆、中国国家博物馆、清华大学图书馆、民族出版社等单位领导和业务人员鼎力协助和大力支持。在此，谨向所有帮助和支持该项目的单位和个人表示衷心感谢。

吴贵飙

2023 年 9 月 5 日

凡 例

一、本书收录北京地区中国国家图书馆、中国国家博物馆、民族文化宫图书馆（中国民族图书馆）、中央民族大学民族博物馆、中央民族大学中国少数民族语言研究院、清华大学图书馆等单位馆藏水族水文古籍。

二、本书收录1949年10月之前的各种抄本的水族水文古籍1163种。为了全面反映水族水文古籍文献（水书）发展传承脉络，除了全部收录1949年以前各时代的版本外（正文部分），1950年后用传统抄写方式传抄、传统装帧形式装帧、传统传承方式传承的水文文献571种也一并收录（作为附录，放在正文之后），为研究水文文献发展史提供实物例证。

三、本书按藏书单位馆藏水文古籍数量排序，藏量多者在前。各馆藏书按该馆索书号排序。

四、本书著录项目包括：汉文书名、水文书名，抄写者，版本年代，册数、页数，纸质、墨色，装帧形式、页面开本规格、藏书单位索书号等。

1. 汉文书名、水文书名：水文古籍文献都是靠水书先生一代接一代传抄传承至今的抄本，只有一部分有书名（有的只有汉文书名、有的只有水文书名，同时有汉文书名、水文书名的较少），很多书没有书名（既没有汉文书名，也没有水文书名）。有汉文书名的进行客观著录，没有汉文书名的根据书的内容、用途或正文前几个字句，自拟书名（注：个别无法辨认的字用“■”表示）。有水文书名的用原书名扫描字著录，目的在于保持原貌，提供原始信息，没有水文书名的不著录。馆藏单位提供的“书名”，遵照著录。

2. 著者、抄写者：水文古籍文献是靠水书先生一代接一代传抄传承下来的，都没有著者姓名。有一部分有抄写者姓名，多数没有抄写者姓名，原书有抄写者姓名的按原字著录，没有抄写者的著录为“佚名抄”。

3. 版本年代：水文古籍文献有成书年款的照录。水文古籍文献多数没有记载成书年款，原书没有成书年款的，鉴定为1949年前抄写的著录为“旧抄本”，鉴定为1950年后抄写的著录为“1950—1999年抄本”。

4. 页数：水文古籍文献在传抄时都没有标写页码，为了反映文献的体量，著录时按照该书实际页码著录。

5. 页面开本规格：“页面尺寸为：高　厘米 × 宽　厘米”。

目　录

民族文化宫图书馆
（中国民族图书馆）

附 录

中央民族大学

（一）民族博物馆

（二）中国少数民族语言研究院

中国国家图书馆

中国国家博物馆

清华大学图书馆

附 录

民族文化宫图书馆（中国民族图书馆）

1. 水书

佚名抄

清光绪抄本

1 册 9 页

棉纸 墨色

线装

高 35.8 厘米 × 宽 23.0 厘米

索书号 000001

2. 正七

佚名抄

清抄本

1 册 49 页

棉纸 墨色

线装

高 31.2 厘米 × 宽 21.0 厘米

索书号 000002

3. 逢井

韦锦秀抄

清光绪十八年（1892）抄本

1 册 66 页

棉纸 墨色

纸捻装

高 33.3 厘米 × 宽 21.5 厘米

国家珍贵古籍名录号：002377

索书号 000003

4. 巳酉丑

水文题名：

佚名抄

清光绪二十七年（1901）抄本

1 册 48 页

棉纸 墨色

线装

高 27.7 厘米 × 宽 18.5 厘米

索书号 000004

5. 八贪生年（寸门）

韦光悦抄

清光绪三十一年（1905）抄本

1 册 70 页

棉纸 墨色

线装

高 15.8 厘米 × 宽 20.5 厘米

索书号 000005

6. 解而吉

佚名抄

旧抄本

1 册 8 页

棉纸 墨色

线装
高 30.0 厘米 × 宽 19.5 厘米
索书号 000006

7. 地龙飞

佚名抄
民国三年（1914）抄本
1 册 56 页
棉纸 墨色
线装
高 25.4 厘米 × 宽 15.0 厘米
索书号 000007

8. 逢贪吉用（壬辰吉用）

水文题名：
韦光悦抄
民国九年（1920）抄本
1 册 42 页
棉纸 墨色
纸捻装
高 29.5 厘米 × 宽 20.0 厘米
索书号 000008

9. 八贪命生吉吉

水文题名：
佚名抄
民国二十七年（1938）抄本
1 册 20 页
棉纸 墨色
纸捻装
高 24.5 厘米 × 宽 27.4 厘米
索书号 000009

10. 甲己丙寅错

水文题名：
佚名抄
民国二十七年（1938）抄本
1 册 38 页
棉纸 墨色
纸捻装
高 27.4 厘米 × 宽 20.5 厘米
索书号 000010

11. 甲己年

水文题名：
佚名抄
民国二十七年（1938）抄本
1 册 22 页
棉纸 墨色
纸捻装
高 27.3 厘米 × 宽 20.4 厘米
索书号 000011

12. 八贪陆拾吉凶

韦锦圭抄
民国二十八年（1939）抄本
1 册 50 页
棉纸 墨色
纸捻装
高 24.6 厘米 × 宽 30.0 厘米
索书号 000012

13. 甲子乙丑金

水文题名：
韦锦圭抄
民国二十八年（1939）抄本
1 册 36 页
棉纸 墨色
纸捻装
高 27.3 厘米 × 宽 20.5 厘米
索书号 000013

14. 龙飞凤舞

韦锦彝抄
民国二十九年（1940）抄本
1 册 24 页
棉纸 墨色
纸捻装
高 24.5 厘米 × 宽 27.8 厘米
索书号 000014

15. 甲丙戊庚壬子年

水文题名：
韦锦彝抄
民国二十九年（1940）抄本
1 册 22 页
棉纸 墨色
纸捻装
高 24.5 厘米 × 宽 28.2 厘米
索书号 000015

16. 山吉锭本

韦锦彝抄
民国二十九年（1940）抄本
1 册 24 页
棉纸 墨色
纸捻装
高 24.8 厘米 × 宽 27.5 厘米
索书号 000016

17. 亲亲书日时吉凶

韦锦彝抄
民国二十九年（1940）抄本
1 册 36 页
棉纸 墨色
线装
高 24.4 厘米 × 宽 28.2 厘米
索书号 000017

18. 也腊六十

韦锦圭抄
民国二十九年（1940）抄本
1 册 80 页
棉纸 墨色
纸捻装
高 24.0 厘米 × 宽 14.7 厘米
索书号 000018

19. 八贪吉年生

韦锦彝抄
民国二十九年（1940）抄本
1 册 30 页
棉纸 墨色
纸捻装

高 24.3 厘米 × 宽 13.4 厘米
索书号 000019

20. 甲申年

水文题名：
韦锦圭抄
民国三十二年（1943）抄本
1 册 24 页
棉纸 墨色
线装
高 23.3 厘米 × 宽 17.4 厘米
索书号 000020

21. 入棺忌日

佚名抄
1 册 42 页
棉纸 墨色
纸捻装
高 29.6 厘米 × 宽 18.0 厘米
索书号 000021

22. 掌诀宫

水文题名： 
佚名抄
旧抄本
1 册 36 页
棉纸 墨色
纸捻装
高 28.5 厘米 × 宽 17.5 厘米
索书号 000022

23. 甲子乙丑金时吉

水文题名： 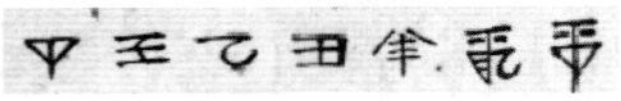
佚名抄
旧抄本
1 册 18 页
棉纸 墨色
纸捻装
高 29.7 厘米 × 宽 18.1 厘米
索书号 000023

24. 甲子年贪正七

佚名抄
旧抄本
1 册 42 页
棉纸 墨色
纸捻装
高 29.5 厘米 × 宽 18.1 厘米
索书号 000024

25. 甲子年贪

水文题名： 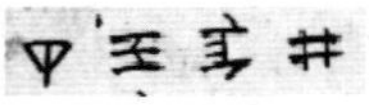
佚名抄
旧抄本
1 册 86 页
棉纸 墨色
纸捻装
高 28.3 厘米 × 宽 17.7 厘米
索书号 000025

26. 甲子乙丑金年（用好事书）

水文题名：

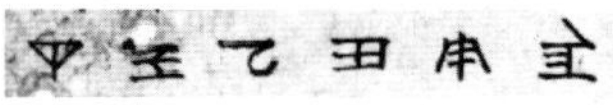

佚名抄
旧抄本
1 册 20 页
棉纸 墨色
纸捻装
高 28.5 厘米 × 宽 17.3 厘米
索书号 000026

27. 开山吉

佚名抄
旧抄本
1 册 39 页
棉纸 墨色
纸捻装
高 30.7 厘米 × 宽 19.0 厘米
索书号 000027

28. 把贪未稳

佚名抄
旧抄本
1 册 35 页
棉纸 墨色
线装
高 29.9 厘米 × 宽 19.9 厘米
索书号 000028

29. 甲巳九月未方凶

佚名抄
旧抄本
1 册 46 页
棉纸 墨色
线装
高 27.0 厘米 × 宽 20. 5 厘米
索书号 000029

30. 山吉锭本

韦光亮抄
旧抄本
1 册 31 页
棉纸 墨色
纸捻装
高 26.7 厘米 × 宽 20.3 厘米
索书号 000030

31. 龙戏

佚名抄
清抄本
1 册 46 页
棉纸 墨色
线装
高 27.3 厘米 × 宽 20.0 厘米
国家珍贵古籍名录号：009820
索书号 000031

32. 探巨（探久）

水文题名：
佚名抄
旧抄本
1 册 16 页
棉纸 墨色
纸捻装
高 28.2 厘米 × 宽 21.3 厘米

索书号 000032

33. 甲子乙丑金（安葬测时书）

水文题名:

佚名抄

旧抄本

1 册 29 页

棉纸 墨色

纸捻装

高 32.0 厘米 × 宽 21.0 厘米

索书号 000034

34. 正七巳择时（测时书）

水文题名:

佚名抄

旧抄本

1 册 10 页

棉纸 墨色

纸捻装

高 31.0 厘米 × 宽 21.3 厘米

索书号 000035

35. 正七

佚名抄

旧抄本

1 册 10 页

棉纸 墨色

纸捻装

高 29.1 厘米 × 宽 20.3 厘米

索书号 000036

36. 掌诀书

佚名抄

旧抄本

1 册 13 页

棉纸 墨色

纸捻装

高 31.0 厘米 × 宽 21.1 厘米

索书号 000037

37. 起造吉凶（立房书）

佚名抄

旧抄本

1 册 23 页

棉纸 墨色

纸捻装

高 31.5 厘米 × 宽 21.0 厘米

索书号 000038

38. 阳顺阴逆

佚名抄

旧抄本

1 册 22 页

棉纸 墨色

纸捻装

高 32.0 厘米 × 宽 21.4 厘米

索书号 000039

39. 甲子贪宜时吉

水文题名:

佚名抄

旧抄本

1 册 22 页
棉纸 墨色
纸捻装
高 32.0 厘米 × 宽 21.8 厘米
索书号 000040

40. 把贪生年

佚名抄
旧抄本
1 册 49 页
棉纸 墨色
纸捻装
高 33.0 厘米 × 宽 21.0 厘米
索书号 000041

41. 亲书便用（寸门）

佚名抄
旧抄本
1 册 36 页
棉纸 墨色
纸捻装
高 23.0 厘米 × 宽 25.5 厘米
索书号 000042

42. 甲己年丙寅

水文题名：
佚名抄
旧抄本
1 册 22 页
棉纸 墨色
纸捻装
高 18.0 厘米 × 宽 22.5 厘米
索书号 000043

43. 甲子年丑寅未申方吉

水文题名：
佚名抄
旧抄本
1 册 28 页
棉纸 墨色
纸捻装
高 29.5 厘米 × 宽 18.0 厘米
索书号 000044

44. 甲己年丙寅日

佚名抄
旧抄本
1 册 22 页
棉纸 墨色
纸捻装
高 29.5 厘米 × 宽 18.0 厘米
索书号 000045

45. 居古短

佚名抄
旧抄本
1 册 36 页
棉纸 墨色
纸捻装
高 29.0 厘米 × 宽 17.5 厘米
索书号 000046

46. 子贪年八贪吉

水文题名：

佚名抄

旧抄本

1 册 44 页

棉纸 墨色

纸捻装

高 28.0 厘米 × 宽 17.5 厘米

索书号 000047

47. 花甲生人

佚名抄

旧抄本

1 册 71 页

棉纸 墨色

纸捻装

高 26.5 厘米 × 宽 14.5 厘米

索书号 000048

48. 起造吉凶（立房书）

佚名抄

旧抄本

1 册 58 页

棉纸 墨色

纸捻装

高 25.5 厘米 × 宽 14.5 厘米

索书号 000049

49. 甲子贪子午卯酉年（测日书）

水文题名：

佚名抄

旧抄本

1 册 62 页

棉纸 墨色

纸捻装

高 27.5 厘米 × 宽 17.5 厘米

索书号 000050

50. 正七连庚甲

佚名抄

旧抄本

1 册 36 页

棉纸 墨色

线装

高 16.2 厘米 × 宽 21.0 厘米

索书号 000051

51. 八贪年生吉

韦德盛抄

旧抄本

1 册 39 页

棉纸 墨色

线装

高 16.2 厘米 × 宽 20.5 厘米

索书号 000052

52. 生年八字

佚名抄

旧抄本

1 册 53 页

棉纸 墨色

纸捻装

高 16.0 厘米 × 宽 21.0 厘米

索书号 000053

53. 申子辰年（接亲书）

佚名抄

旧抄本

1 册 31 页

棉纸 墨色

纸捻装

高 15.2 厘米 × 宽 20.0 厘米

索书号 000054

54. 探巨（探久）

佚名抄

旧抄本

1 册 42 页

棉纸 墨色

线装

高 14.8 厘米 × 宽 17.8 厘米

索书号 000055

55. 逢井吉

佚名抄

旧抄本

1 册 72 页

棉纸 墨色

线装

高 15.0 厘米 × 宽 19.5 厘米

索书号 000056

56. 开丧路安葬吉凶日时

佚名抄

旧抄本

1 册 26 页

棉纸 墨色

纸捻装

高 25.8 厘米 × 宽 16.5 厘米

索书号 000057

57. 八贪生年木滩

韦朝榜抄

旧抄本

1 册 37 页

棉纸 墨色

纸捻装

高 22.5 厘米 × 宽 12.3 厘米

索书号 000058

58. 壬辰十二金水吉

韦锦彝抄

旧抄本

1 册 58 页

棉纸 墨色

纸捻装

高 24.0 厘米 × 宽 13.3 厘米

索书号 000059

59. 把贪海生命

韦锦彝抄

旧抄本

1 册 147 页

棉纸 墨色

纸捻装

高 22.5 厘米 × 宽 13.8 厘米
索书号 000060

60. 正七

水文题名： 
韦绍林抄
民国三十七年（1948）抄本
1 册 44 页
棉纸 墨色
线装
高 24.7 厘米 × 宽 23.1 厘米
索书号 000105

61. 庚子

韦绍林抄
民国三十八年（1949）抄本
1 册 76 页
棉纸 墨色
线装
高 16.5 厘米 × 宽 14.2 厘米
索书号 000106

62. 甲己年丙壬十二火凶

水文题名： 
韦绍林抄
民国三十八年（1949）抄本
1 册 54 页
棉纸 墨色
线装
高 33.0 厘米 × 宽 28.0 厘米
索书号 000107

63. 男女吉

韦绍林抄
民国三十七年（1948）抄本
1 册 86 页
棉纸 墨色
线装
高 14.5 厘米 × 宽 16.2 厘米
索书号 000110

64. 甲子凶初一六十凶

水文题名： 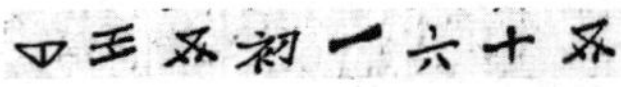
韦绍林抄
旧抄本
1 册 44 页
棉纸 墨色
线装
高 25.6 厘米 × 宽 29.2 厘米
索书号 000117

65. 壬辰年盘心吉

水文题名： 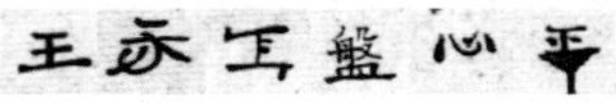
韦绍林抄
旧抄本
1 册 24 页
棉纸 墨色
纸捻装
高 29.5 厘米 × 宽 25.3 厘米
索书号 000118

66. 壬辰■吉

水文题名：

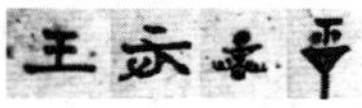

韦绍林抄
旧抄本
1 册 32 页
棉纸 墨色
纸捻装
高 29.0 厘米 × 宽 25.3 厘米
索书号 000119

67. 一年生十二年（死）齐用大吉大利

韦绍林抄
旧抄本
1 册 46 页
棉纸 墨色
线装
高 27.5 厘米 × 宽 20.3 厘米
索书号 000120

68. 大清贪宜吉

佚名抄
旧抄本
1 册 35 页
棉纸 墨色
纸捻装
高 24.5 厘米 × 宽 27.5 厘米
索书号 000121

69. 壬辰凶吉

水文题名：
佚名抄
旧抄本
1 册 12 页
棉纸 墨色
纸捻装
高 25.2 厘米 × 宽 22.5 厘米
索书号 000122

70. 壬辰日吉

水文题名：
佚名抄
旧抄本
1 册 61 页
棉纸 墨色
纸捻装
高 25.5 厘米 × 宽 30 厘米
索书号 000123

71. 八贪生年

水文题名：
佚名抄
旧抄本
1 册 33 页
棉纸 墨色朱色
纸捻装
高 27.0 厘米 × 宽 24.5 厘米
索书号 000124

72. 逢贪木

水文题名：
佚名抄
旧抄本
1 册 30 页
棉纸 墨色

纸捻装

高 27.0 厘米 × 宽 24.5 厘米

索书号 000125

73. 五虎凶破日吉

水文题名：

佚名抄

旧抄本

1 册 20 页

棉纸 墨色

纸捻装

高 23.0 厘米 × 宽 25.0 厘米

索书号 000126

74. 甲子年八贪吉

水文题名：

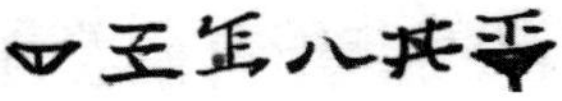

佚名抄

旧抄本

1 册 24 页

棉纸 墨色

纸捻装

高 33.9 厘米 × 宽 25.0 厘米

索书号 000127

75. 八贪甲木子年贪大金■吉

水文题名：

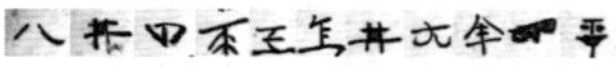

佚名抄

旧抄本

1 册 66 页

棉纸 墨色

纸捻装

高 32.9 厘米 × 宽 27.0 厘米

索书号 000128

76. 八贪甲子年吉

水文题名：

佚名抄

旧抄本

1 册 45 页

棉纸 墨色

纸捻装

高 35.0 厘米 × 宽 27.0 厘米

索书号 000129

77. 大火■■吉

水文题名：

佚名抄

旧抄本

1 册 8 页

棉纸 墨色

纸捻装

高 22.5 厘米 × 宽 25.5 厘米

索书号 000130

78. 婚姻秘诀

佚名抄

旧抄本

1 册 101 页

棉纸 墨色

线装

高 17.9 厘米 × 宽 15.0 厘米

索书号 000140

79. 安埋吉凶

佚名抄

旧抄本

1 册 226 页

棉纸 墨色

线装

高 15.4 厘米 × 宽 14.8 厘米

索书号 000141

80. 安埋吉凶

佚名抄

旧抄本

1 册 96 页

棉纸 墨色

线装

高 17.6 厘米 × 宽 14.5 厘米

索书号 000142

81. 立房书

韦天辉抄

民国三十五年（1946）抄本

1 册 13 页

棉纸 墨色

线装

高 22.4 厘米 × 宽 17.2 厘米

索书号 000160

82. 通选宜避凶神

杨胜廷抄

旧抄本

1 册 26 页

棉纸 墨色

线装

高 30.0 厘米 × 宽 19.3 厘米

索书号 000180

83. 木年■吉

杨胜廷抄

旧抄本

1 册 18 页

棉纸 墨色

线装

高 35.3 厘米 × 宽 20.0 厘米

索书号 000181

84. 甲子巳申方册

潘德才抄

民国六年（1917）抄本

1 册 44 页

棉纸 墨色

线装

高 27.6 厘米 × 宽 19.2 厘米

索书号 000183

85. 通用

杨光焕抄

清光绪二十五年（1899）抄本

1 册 37 页

棉纸 墨色

线装

高 29.5 厘米 × 宽 18.8 厘米

索书号 000184

86. 万岁用

杨光焕抄
清光绪二十七年（1901）抄本
1 册　28 页
棉纸　墨色
线装
高 30.5 厘米 × 宽 20.5 厘米
索书号 000185

87. 甲子日选择用

杨光焕抄
清抄本
1 册　74 页
棉纸　墨色
线装
高 16.3 厘米 × 宽 25.3 厘米
索书号 000186

88. 乡下通书

杨光焕抄
清光绪二十五年（1899）抄本
1 册　50 页
棉纸　墨色
线装
高 14.5 厘米 × 宽 20.8 厘米
索书号 000187

89. 甲戌年订

杨光焕抄
民国二十三年（1934）抄本
1 册　21 页
棉纸　墨色
线装
高 16.2 厘米 × 宽 22.5 厘米
索书号 000188

90. 正四七

潘家义抄
民国十八年（1929）抄本
1 册　15 页
棉纸　墨色
纸捻装
高 23.5 厘米 × 宽 16.3 厘米
索书号 000190

91. 立房宜看吉凶

韦国顺抄
旧抄本
1 册　13 页
棉纸　墨色
线装
高 33.2 厘米 × 宽 16.8 厘米
索书号 000191

92. 贪五株

韦国顺抄
旧抄本
1 册　25 页
棉纸　墨色
线装

高 33.1 厘米 × 宽 16.9 厘米
索书号 000192

93. 婚姻

韦国顺抄
旧抄本
1 册 17 页
棉纸 墨色
线装
高 32.9 厘米 × 宽 16.9 厘米
索书号 000193

94. 子午卯酉年寅申亥未

水文题名：
韦国顺抄
旧抄本
1 册 26 页
棉纸 墨色
线装
高 32.4 厘米 × 宽 17.3 厘米
索书号 000194

95. 水书

韦天禄抄
旧抄本
1 册 72 页
棉纸 墨色
线装
高 13.5 厘米 × 宽 18.8 厘米
索书号 000195

96. 第十二上贪

杨昌仁抄
旧抄本
1 册 37 页
棉纸 墨色
线装
高 16.7 厘米 × 宽 16.5 厘米
索书号 000196

97. 当大旺

杨光禄抄
民国三年（1914）抄本
1 册 21 页
棉纸 墨色
纸捻装
高 26.4 厘米 × 宽 18.8 厘米
索书号 000197

98. 子午年

佚名抄
旧抄本
1 册 21 页
棉纸 墨色
纸捻装
高 26.5 厘米 × 宽 18.8 厘米
索书号 000198

99. 正七年贪吉

杨光禄抄
旧抄本
1 册 9 页

棉纸 墨色

线装

高 18.3 厘米 × 宽 21.4 厘米

索书号 000201

100. 迁旧坟

韦国华抄

民国六年（1917）抄本

1 册 18 页

棉纸 墨色

线装

高 27.4 厘米 × 宽 19.3 厘米

索书号 000202

101. 占推凶日时用吉时

佚名抄

旧抄本

1 册 59 页

棉纸 墨色

线装

高 20.0 厘米 × 宽 16.0 厘米

索书号 000203

102. 棺木

杨光禄抄

民国三年（1914）抄本

1 册 26 页

棉纸 墨色

线装

高 15.7 厘米 × 宽 21.5 厘米

索书号 000205

103. 戌山忌午方

水文题名：

杨昌仁抄

清光绪二十八年（1902）抄本

1 册 13 页

棉纸 墨色

线装

高 27.4 厘米 × 宽 19.7 厘米

索书号 000206

104. 白本推怪

佚名抄

旧抄本

1 册 18 页

棉纸 墨色

线装

高 23.1 厘米 × 宽 16.0 厘米

索书号 000207

105. 断节

佚名抄

旧抄本

1 册 19 页

棉纸 墨色

线装

高 27.0 厘米 × 宽 20.0 厘米

索书号 000208

106. 子午卯酉年

佚名抄

旧抄本

1 册 28 页
棉纸 墨色
线装
高 29.0 厘米 × 宽 19.7 厘米
索书号 000209

107. 贪狼

杨光禄抄
旧抄本
1 册 24 页
棉纸 墨色
线装
高 28.2 厘米 × 宽 18.5 厘米
索书号 000210

108. 子午年■酉方

杨昌仁抄
旧抄本
1 册 26 页
棉纸 墨色
线装
高 35.5 厘米 × 宽 17.7 厘米
索书号 000211

109. 辰戌年

杨光禄抄
旧抄本
1 册 54 页
棉纸 墨色
线装
高 27.5 厘米 × 宽 19.0 厘米
索书号 000212

110. 甲巳年九月

杨昌仁抄
旧抄本
1 册 47 页
棉纸 墨色
线装
高 31.5 厘米 × 宽 16.5 厘米
索书号 000213

111. 甲子年贪

杨光禄抄
旧抄本
1 册 38 页
棉纸 墨色
线装
高 32.0 厘米 × 宽 21.5 厘米
索书号 000214

112. 子午卯酉年

佚名抄
清宣统二年（1910）抄本
1 册 40 页
棉纸 墨色
线装
高 35.0 厘米 × 宽 17.4 厘米
索书号 000216

113. 书屋

杨光禄抄

旧抄本

1册 38页

棉纸 墨色

线装

高27.8厘米 × 宽18.7厘米

索书号000217

114. 十二年土第酉日

杨光禄抄

旧抄本

1册 13页

棉纸 墨色

线装

高28.2厘米 × 宽18.8厘米

索书号000218

115. 告相寅问

杨光禄抄

旧抄本

1册 33页

棉纸 墨色

线装

高28.3厘米 × 宽18.5厘米

索书号000220

116. 子午卯酉年正四七十上

佚名抄

旧抄本

1册 48页

棉纸 墨色

线装

高35.0厘米 × 宽17.5厘米

索书号000221

117. 甲子日金

水文题名:

杨昌仁抄

旧抄本

1册 64页

棉纸 墨色

线装

高28.5厘米 × 宽19.3厘米

索书号000222

118. 棚盆

佚名抄

旧抄本

1册 75页

棉纸 墨色

纸捻装

高25.2厘米 × 宽19.4厘米

索书号000223

119. 正五九

佚名抄

旧抄本

1册 9页

棉纸 墨色

线装

高25.0厘米 × 宽17.2厘米

索书号000262

120. 正二三年金

佚名抄

旧抄本

1 册 26 页

棉纸 墨色

线装

高 26.6 厘米 × 宽 16.8 厘米

索书号 000264

121. 甲巳年

佚名抄

旧抄本

1 册 5 页

棉纸 墨色

线装

高 28.5 厘米 × 宽 19.7 厘米

索书号 000265

122. 子辰寅丑

水文题名:

佚名抄

旧抄本

1 册 22 页

棉纸 墨色

线装

高 28.5 厘米 × 宽 23.1 厘米

索书号 000274

123. 甲己年丙寅方

佚名抄

旧抄本

1 册 24 页

棉纸 墨色

线装

高 24.7 厘米 × 宽 17.6 厘米

索书号 000279

124. 水书

佚名抄

旧抄本

1 册 40 页

棉纸 墨色

线装

高 34.8 厘米 × 宽 19.2 厘米

索书号 000290

125. 子午卯酉金吉

佚名抄

旧抄本

1 册 28 页

棉纸 墨色

线装

高 27.3 厘米 × 宽 18.5 厘米

索书号 000291

126. 十二水土酉日凶

佚名抄

旧抄本

1 册 47 页

棉纸 墨色

线装

高 31.0 厘米 × 宽 31.5 厘米

索书号 000292

127. 第四甲子龙吉

佚名抄
旧抄本
1 册 30 页
棉纸 墨色
纸捻装
高 32.0 厘米 × 宽 27.5 厘米
索书号 000293

128. 得一

佚名抄
旧抄本
1 册 37 页
棉纸 墨色
线装
高 27.8 厘米 × 宽 18.8 厘米
索书号 000294

129. 卯辰巳方六十

水文题名： 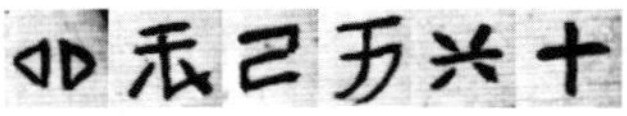
佚名抄
旧抄本
1 册 14 页
棉纸 墨色
线装
高 27.8 厘米 × 宽 19.8 厘米
索书号 000295

130. 未申年正七贪

水文题名： 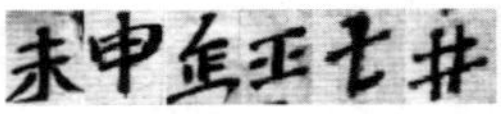
佚名抄
旧抄本
1 册 5 页
棉纸 墨色
线装
高 27.5 厘米 × 宽 17.4 厘米
索书号 000296

131. 申子辰年

水文题名： 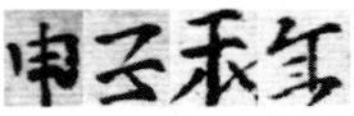
佚名抄
旧抄本
1 册 29 页
棉纸 墨色
线装
高 14.0 厘米 × 宽 14.3 厘米
索书号 000297

132. 丙子年

潘亮明抄
民国二十九年（1940）抄本
1 册 38 页
棉纸 墨色
线装
高 29.8 厘米 × 宽 24.3 厘米
索书号 000298

133. 子午卯酉年生人

水文题名：

佚名抄
旧抄本
1 册 7 页
棉纸 墨色
线装
高 27.5 厘米 × 宽 18.7 厘米
索书号 000299

134. 戊子年（反书用日吉凶）

潘亮明抄
民国三十年（1941）抄本
1 册 50 页
棉纸 墨色
纸捻装
高 30.5 厘米 × 宽 22.5 厘米
索书号 000300

135. 壬子年反书用日吉凶

潘亮明抄
民国三十七年（1948）抄本
1 册 25 页
棉纸 墨色
线装
高 29.0 厘米 × 宽 22.6 厘米
索书号 000301

136. 反书要草生门

潘亮明抄
民国二十九年（1940）抄本
1 册 16 页
棉纸 墨色
线装
高 20.6 厘米 × 宽 18.7 厘米
索书号 000303

137. 常四常生要用

潘国辉抄
民国二十九年（1940）抄本
1 册 23 页
棉纸 墨色
线装
高 29.0 厘米 × 宽 25.7 厘米
索书号 000304

138. 要用大吉好

潘国辉抄
民国二十九年（1940）抄本
1 册 30 页
棉纸 墨色
线装
高 29.8 厘米 × 宽 22.7 厘米
索书号 000306

139. 万年第六甲子年■

永昌抄
旧抄本
1 册 51 页
棉纸 墨色
线装
高 27.5 厘米 × 宽 18.8 厘米
索书号 000307

140. 甲己九年

水文题名：

永昌抄

民国五年（1916）抄本

1 册 43 页

棉纸 墨色

线装

高 28.2 厘米 × 宽 20.0 厘米

索书号 000308

141. 反书要用革门

潘国辉抄

旧抄本

1 册 33 页

棉纸 墨色

线装

高 19.5 厘米 × 宽 20.2 厘米

索书号 000309

142. 占推凶日时用吉

永昌抄

民国五年（1916）抄本

1 册 50 页

棉纸 墨色

线装

高 14.0 厘米 × 宽 20.0 厘米

索书号 000310

143. 甲子年五九分大吉

潘国辉抄

民国二十九年（1940）抄本

1 册 14 页

棉纸 墨色

线装

高 24.3 厘米 × 宽 22.6 厘米

索书号 000311

144. 水书

佚名抄

旧抄本

1 册 76 页

棉纸 墨色

线装

高 15.5 厘米 × 宽 13.8 厘米

索书号 000312

145. 反书用时吉

佚名抄

民国三十年（1941）抄本

1 册 121 页

棉纸 墨色

线装

高 14.0 厘米 × 宽 12.5 厘米

索书号 000313

146. 千年书

潘起顺抄

民国三十八年（1949）抄本

1 册 30 页

棉纸 墨色

线装

高 26.7 厘米 × 宽 21.8 厘米

索书号 000314

147. 子午卯酉年

佚名抄

清宣统元年（1909）抄本

1 册 52 页

棉纸 墨色

纸捻装

高 34.5 厘米 × 宽 20.5 厘米

索书号 000315

148. 掌诀（掌诀书）

佚名抄

旧抄本

1 册 35 页

棉纸 墨色

线装

高 27.5 厘米 × 宽 19.0 厘米

索书号 000316

149. 武禄戊亥

水文题名：

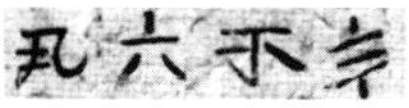

佚名抄

旧抄本

1 册 22 页

棉纸 墨色

线装

高 28.0 厘米 × 宽 19.5 厘米

索书号 000317

150. 通书

杨光顺抄

清宣统元年（1909）抄本

1 册 32 页

棉纸 墨色

线装

高 28.0 厘米 × 宽 16.8 厘米

索书号 000318

151. 正七庚甲

水文题名：

佚名抄

旧抄本

1 册 42 页

棉纸 墨色

线装

高 28.0 厘米 × 宽 19.5 厘米

索书号 000319

152. 吉星便览

杨有德抄

旧抄本

1 册 42 页

棉纸 墨色

线装

高 29.0 厘米 × 宽 19.0 厘米

索书号 000320

153. 正午二子三癸未

水文题名：

佚名抄

旧抄本
1册 48页
棉纸 墨色
线装
高32.9厘米 × 宽16.1厘米
索书号000321

154. 乡下通书各看凶吉日

杨有德抄
清光绪二十六年（1900）抄本
1册 54页
棉纸 墨色
线装
高29.2厘米 × 宽19.2厘米
索书号000322

155. 寅午辰日

佚名抄
旧抄本
1册 40页
棉纸 墨色
线装
高34.5厘米 × 宽20.6厘米
索书号000323

156. 九忌吉

水文题名：
杨光顺抄
民国二十年（1931）抄本
1册 20页
棉纸 墨色
线装
高27.2厘米 × 宽19.4厘米
索书号000324

157. 贪狼书吉凶定用

杨光顺抄
民国十一年（1922）抄本
1册 24页
棉纸 墨色
线装
高27.5厘米 × 宽18.9厘米
索书号000325

158. 地龙睡

佚名抄
旧抄本
1册 16页
棉纸 墨色
线装
高28.1厘米 × 宽19.2厘米
索书号000326

159. 通书宜看吉凶

杨有德抄
清光绪二十六年（1900）抄本
1册 25页
棉纸 墨色
线装
高34.5厘米 × 宽20.7厘米
索书号000327

160. 甲子年金

杨光顺抄

清宣统三年（1911）抄本

1 册 14 页

棉纸 墨色

线装

高 28.2 厘米 × 宽 19.0 厘米

索书号 000328

161. 得一

杨有德抄

清抄本

1 册 40 页

棉纸 墨色

线装

高 27.5 厘米 × 宽 18.9 厘米

索书号 000329

162. 贪巨腊

水文题名：

杨有德抄

清抄本

1 册 36 页

棉纸 墨色

线装

高 25.5 厘米 × 宽 19.0 厘米

索书号 000330

163. 宜看吉凶

杨有德抄

清光绪二十六年（1900）抄本

1 册 30 页

棉纸 墨色

线装

高 19.8 厘米 × 宽 25.0 厘米

索书号 000331

164. 通书

杨有德抄

清光绪二十六年（1900）抄本

1 册 38 页

棉纸 墨色

线装

高 22.3 厘米 × 宽 20.0 厘米

索书号 000332

165. 娶寡书

杨有德抄

清抄本

1 册 28 页

棉纸 墨色

线装

高 27.0 厘米 × 宽 17.0 厘米

索书号 000333

166. 通书

杨有德抄

清抄本

1 册 20 页

棉纸 墨色

线装

高 15.8 厘米 × 宽 16.0 厘米

索书号 000334

167. 万岁用

杨有德抄
清光绪二十六年（1900）抄本
1 册 24 页
棉纸 墨色
线装
高 28.5 厘米 × 宽 19.5 厘米
索书号 000335

168. 大通吉书

佚名抄
清光绪二十六年（1900）抄本
1 册 30 页
棉纸 墨色
线装
高 27.8 厘米 × 宽 19.3 厘米
索书号 000336

169. 春忌辰丑

佚名抄
旧抄本
1 册 18 页
棉纸 墨色
线装
高 15.3 厘米 × 宽 15.0 厘米
索书号 000340

170. 占病起掌

韦永吉抄
民国二十九年（1940）抄本
1 册 34 页
棉纸 墨色
纸捻装
高 26.8 厘米 × 宽 18.8 厘米
索书号 000347

171. 占送神日吉凶

佚名抄
民国十九年（1930）抄本
1 册 40 页
棉纸 墨色
纸捻装
高 21.0 厘米 × 宽 16.0 厘米
索书号 000349

172. 修桥歌诀

韦德高抄
民国二十五年（1936）抄本
1 册 4 页
棉纸 墨色
线装
高 26.5 厘米 × 宽 18.8 厘米
索书号 000353

173. 甲子年用男女■吉

佚名抄
旧抄本
1 册 17 页
棉纸 墨色
线装

高 34.2 厘米 × 宽 17.0 厘米

索书号 000363

174. 大火破

佚名抄

旧抄本

1 册 35 页

棉纸 墨色

线装

高 34.0 厘米 × 宽 17.0 厘米

索书号 000366

175. 子午卯酉年正四七甲乙辅吉

佚名抄

旧抄本

1 册 45 页

棉纸 墨色

线装

高 34.0 厘米 × 宽 17.0 厘米

索书号 000369

176. 子午卯酉年

水文题名：

佚名抄

旧抄本

1 册 41 页

棉纸 墨色

线装

高 33.7 厘米 × 宽 16.8 厘米

索书号 000370

177. 大火破

水文题名：

佚名抄

旧抄本

1 册 36 页

棉纸 墨色

线装

高 33.6 厘米 × 宽 17.0 厘米

索书号 000371

178. 子午卯酉年

佚名抄

旧抄本

1 册 38 页

棉纸 墨色

线装

高 34.3 厘米 × 宽 16.5 厘米

索书号 000372

179. 丑未时吉

佚名抄

旧抄本

1 册 21 页

棉纸 墨色

线装

高 28.0 厘米 × 宽 18.8 厘米

索书号 000373

180. 子午卯酉年贪

水文题名：

佚名抄

清同治元年（1862）抄本
1册 30页
棉纸 墨色
线装
高 32.9 厘米 × 宽 16.9 厘米
国家珍贵古籍名录号：11343
索书号 000374

181. 子午年锤酉方

水文题名： 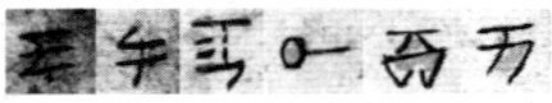
佚名抄
旧抄本
1册 26页
棉纸 墨色
线装
高 34.5 厘米 × 宽 17.0 厘米
索书号 000375

182. 阴阳

佚名抄
旧抄本
1册 48页
棉纸 墨色
线装
高 33.5 厘米 × 宽 16.5 厘米
索书号 000376

183. 申子辰年

水文题名： 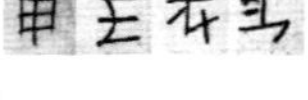
佚名抄
旧抄本
1册 52页
棉纸 墨色
线装
高 34.5 厘米 × 宽 17.2 厘米
索书号 000377

184. 甲己年九月未方

潘少龙抄
清抄本
1册 22页
棉纸 墨色
纸捻装
高 33.0 厘米 × 宽 34.0 厘米
索书号 000378

185. 子午卯酉年亥亥

潘学义抄
清抄本
1册 36页
棉纸 墨色
线装
高 28.0 厘米 × 宽 18.2 厘米
索书号 000379

186. 戊■忌午方

水文题名：
潘学义抄
清光绪二十五年（1899）抄本
1册 14页
棉纸 墨色
线装

高 17.9 厘米 × 宽 15.6 厘米
索书号 000380

187. 子午卯酉年亥
潘国泰抄
清光绪二十六年（1900）抄本
1 册 34 页
棉纸 墨色
纸捻装
高 33.6 厘米 × 宽 20.3 厘米
索书号 000381

188. 万年书（六十年甲子）
潘宇锡抄
民国八年（1919）抄本
1 册 33 页
棉纸 墨色
纸捻装
高 26.3 厘米 × 宽 18.5 厘米
索书号 000382

189. 春寅午戌
佚名抄
民国三年（1914）抄本
1 册 34 页
棉纸 墨色
纸捻装
高 39.0 厘米 × 宽 20.1 厘米
索书号 000383

190. 子午卯酉辰戌
潘国泰抄
清抄本
1 册 29 页
棉纸 墨色
线装
高 30.0 厘米 × 宽 20.5 厘米
索书号 000384

191. 春三寅午正日冬
佚名抄
旧抄本
1 册 38 页
棉纸 墨色
线装
高 33.6 厘米 × 宽 17.0 厘米
索书号 000385

192. 甲巳九未方巳月
潘国泰抄
清光绪二十六年（1900）抄本
1 册 41 页
棉纸 墨色
线装
高 30.0 厘米 × 宽 22.1 厘米
索书号 000386

193. 辛巳年
佚名抄
民国三十年（1941）抄本
1 册 22 页

棉纸 墨色

线装

高 26.2 厘米 × 宽 25.7 厘米

索书号 000387

194. 第一甲子贪

佚名抄

旧抄本

1 册 14 页

棉纸 墨色

纸捻装

高 20.0 厘米 × 宽 16.4 厘米

索书号 000388

195. 春三寅午正夏

佚名抄

旧抄本

1 册 32 页

棉纸 墨色

线装

高 31.0 厘米 × 宽 24.0 厘米

索书号 000389

196. 子午卯酉年

潘文德抄

民国五年（1916）抄本

1 册 42 页

棉纸 墨色

纸捻装

高 33.4 厘米 × 宽 16.8 厘米

索书号 000391

197. 子午卯酉年

潘文德抄

旧抄本

1 册 42 页

棉纸 墨色

线装

高 33.5 厘米 × 宽 16.8 厘米

索书号 000392

198. 子午年■酉方

水文题名：

潘文均抄

旧抄本

1 册 14 页

棉纸 墨色

线装

高 32.5 厘米 × 宽 32.0 厘米

索书号 000393

199. 春寅午戌大败

潘大利抄

民国三十五年（1946）抄本

1 册 31 页

棉纸 墨色

纸捻装

高 31.0 厘米 × 宽 21.1 厘米

索书号 000394

200. 水书

佚名抄

旧抄本

1 册 34 页
棉纸 墨色
纸捻装
高 17.4 厘米 × 宽 17.4 厘米
索书号 000395

201. 丑未辰戌年

佚名抄
旧抄本
1 册 18 页
棉纸 墨色
线装
高 16.7 厘米 × 宽 16.9 厘米
索书号 000396

202. 甲子辰年

佚名抄
旧抄本
1 册 22 页
棉纸 墨色
线装
高 16.8 厘米 × 宽 16.7 厘米
索书号 000397

203. 子午卯酉年贪

水文题名：
潘文贵抄
清宣统二年（1910）抄本
1 册 30 页
棉纸 墨色
线装
高 35.2 厘米 × 宽 18.2 厘米
索书号 000398

204. 子午卯酉丑方

佚名抄
旧抄本
1 册 10 页
棉纸 墨色
线装
高 30.3 厘米 × 宽 19.4 厘米
索书号 000399

205. 第三甲子吉

佚名抄
旧抄本
1 册 12 页
棉纸 墨色
纸捻装
高 27.7 厘米 × 宽 19.0 厘米
索书号 000400

206. 癸丑年

潘文均抄
旧抄本
1 册 32 页
棉纸 墨色
线装
高 17.5 厘米 × 宽 17.2 厘米
索书号 000401

207. 子午年■酉方

水文题名：

佚名抄

旧抄本

1 册 26 页

棉纸 墨色

线装

高 33.2 厘米 × 宽 16.8 厘米

索书号 000424

208. 接寡妇吉凶

佚名抄

旧抄本

1 册 26 页

棉纸 墨色

线装

高 25.7 厘米 × 宽 18.8 厘米

索书号 000425

209. 子午卯酉年亥丙

佚名抄

清光绪二年（1876）抄本

1 册 36 页

棉纸 墨色

纸捻装

高 33.4 厘米 × 宽 16.7 厘米

索书号 000426

210. 子辰寅丑

水文题名：

佚名抄

旧抄本

1 册 21 页

棉纸 墨色

线装

高 29.2 厘米 × 宽 19.3 厘米

索书号 000427

211. 关病

佚名抄

旧抄本

1 册 15 页

棉纸 墨色

线装

高 31.0 厘米 × 宽 16.6 厘米

索书号 000428

212. 掌诀（掌诀书）

佚名抄

旧抄本

1 册 31 页

棉纸 墨色

线装

高 28.0 厘米 × 宽 22.0 厘米

索书号 000429

213. 起造通书

佚名抄

民国二十年（1931）抄本

1 册 23 页

棉纸 墨色

纸捻装

高 27.5 厘米 × 宽 20.3 厘米

索书号 000430

214. 亥卯未年

佚名抄

旧抄本

1 册 23 页

棉纸 墨色

线装

高 28.0 厘米 × 宽 18.6 厘米

索书号 000443

215. 正四七十上贪

水文题名：

潘炳祥抄

旧抄本

1 册 13 页

棉纸 墨色

线装

高 24.2 厘米 × 宽 18.9 厘米

索书号 000444

216. 甲巳年贪

佚名抄

旧抄本

1 册 59 页

棉纸 墨色

纸捻装

高 27.5 厘米 × 宽 19.0 厘米

索书号 000445

217. 亥卯未年冬三月

佚名抄

旧抄本

1 册 59 页

棉纸 墨色

线装

高 27.5 厘米 × 宽 19.0 厘米

索书号 000446

218. 日时通书凶吉分用

潘炳祥抄

民国二十二年（1933）抄本

1 册 36 页

棉纸 墨色

线装

高 23.6 厘米 × 宽 19.4 厘米

索书号 000447

219. 子午卯酉年戌酉

潘玉光抄

民国二十四年（1935）抄本

1 册 24 页

棉纸 墨色

线装

高 29.0 厘米 × 宽 17.5 厘米

索书号 000448

220. 子丑寅卯

姚昌礼抄

旧抄本

1 册 28 页

棉纸 墨色
线装
高 20.1 厘米 × 宽 18.2 厘米
索书号 000450

221. 寅午戌年
姚昌礼抄
旧抄本
1 册 30 页
棉纸 墨色
线装
高 27.0 厘米 × 宽 19.3 厘米
索书号 000451

222. 生犯占解
蒙学芳抄
旧抄本
1 册 50 页
棉纸 墨色
线装
高 18.6 厘米 × 宽 15.8 厘米
索书号 000452

223. 禄马定生死吉凶图决
佚名抄
旧抄本
1 册 19 页
棉纸 墨色
线装
高 15.6 厘米 × 宽 13.7 厘米
索书号 000453

224. 总择日吉凶
佚名抄
民国（1912—1949）抄本
1 册 292 页
棉纸 墨色
线装
高 16.2 厘米 × 宽 14.3 厘米
索书号 000454

225. 正七庚甲
水文题名：
杨光明抄
民国二十八年（1939）抄本
1 册 24 页
棉纸 墨色
线装
高 27.2 厘米 × 宽 24.2 厘米
索书号 000456

226. 贪四吉
佚名抄
旧抄本
1 册 25 页
棉纸 墨色
线装
高 14.3 厘米 × 宽 20.2 厘米
索书号 000457

227. 申子辰年正酉大吉
水文题名：
韦国顺抄

旧抄本

1 册 31 页

棉纸 墨色

线装

高 33.1 厘米 × 宽 16.9 厘米

索书号 000458

228. 生年用日病忌要

佚名抄

民国二十八年（1939）抄本

1 册 48 页

棉纸 墨色

线装

高 25. 5 厘米 × 宽 20.0 厘米

索书号 000461

229. 歹瓦吉凶

水文题名：

杨光明抄

旧抄本

1 册 16 页

棉纸 墨色

线装

高 26.4 厘米 × 宽 19.5 厘米

索书号 000464

230. 小儿关煞全本

潘茂典抄

民国十八年（1929）抄本

1 册 36 页

棉纸 墨色

线装

高 16.0 厘米 × 宽 18.0 厘米

索书号 000465

231. 接亲

杨光明抄

旧抄本

1 册 22 页

棉纸 墨色

线装

高 26.9 厘米 × 宽 20.0 厘米

索书号 000466

232. 立房

水文题名：

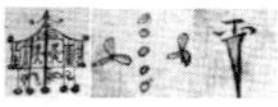

杨光明抄

旧抄本

1 册 22 页

棉纸 墨色

线装

高 27.1 厘米 × 宽 19.6 厘米

索书号 000467

233. 贪五九吉

水文题名：

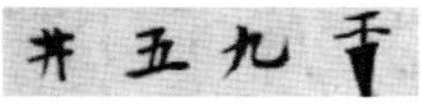

杨光明抄

旧抄本

1 册 30 页

棉纸 墨色

线装

高 26.9 厘米 × 宽 19.6 厘米

索书号 000468

234. 忌各项日凶

佚名抄
民国三十八年（1949）抄本
1 册 14 页
棉纸 墨色
线装
高 26.0 厘米 × 宽 19.6 厘米
索书号 000469

235. 安葬吉凶在内吉可用凶不凶

佚名抄
旧抄本
1 册 32 页
棉纸 墨色
线装
高 26.6 厘米 × 宽 19.1 厘米
索书号 000470

236. 生年用日安葬大吉

杨光明抄
旧抄本
1 册 44 页
棉纸 墨色
线装
高 26.6 厘米 × 宽 19.5 厘米
索书号 000471

237. 富贵吉

杨光明抄
旧抄本
1 册 26 页
棉纸 墨色
线装
高 26.9 厘米 × 宽 19.5 厘米
索书号 000472

238. 祖公太公用通精忌

佚名抄
旧抄本
1 册 48 页
棉纸 墨色
线装
高 26.5 厘米 × 宽 19.0 厘米
索书号 000474

239. 土正癸丑月

水文题名：
佚名抄
旧抄本
1 册 24 页
棉纸 墨色
线装
高 33.5 厘米 × 宽 19.5 厘米
索书号 000475

240. 九耙

佚名抄
旧抄本
1 册 30 页
棉纸 墨色

纸捻装

高 21.2 厘米 × 宽 13.0 厘米

索书号 000514

241. 申子辰年

水文题名：[illegible]

佚名抄

旧抄本

1 册 36 页

棉纸 墨色

纸捻装

高 23.4 厘米 × 宽 15.5 厘米

索书号 000515

242. 通书有吉有凶

潘光昌抄

旧抄本

1 册 30 页

棉纸 墨色

线装

高 14.0 厘米 × 宽 23.5 厘米

索书号 000516

243. 正七连庚甲

水文题名：[illegible]

家财抄

旧抄本

1 册 26 页

棉纸 墨色

纸捻装

高 21.8 厘米 × 宽 13.5 厘米

索书号 000517

244. 贪百八吉利

杨宪章抄

民国二十七年（1938）抄本

1 册 39 页

棉纸 墨色

纸捻装

高 23.8 厘米 × 宽 13.0 厘米

索书号 000518

245. 返书结婚全卷

杨通彬抄

旧抄本

1 册 28 页

棉纸 墨色

线装

高 26.2 厘米 × 宽 15.8 厘米

索书号 000519

246. 子午卯酉年

佚名抄

旧抄本

1 册 28 页

棉纸 墨色

纸捻装

高 27.5 厘米 × 宽 17.0 厘米

索书号 000520

247. 论十二时生人寿

佚名抄

旧抄本
1册 26页
棉纸 墨色
纸捻装
高 17.5 厘米 × 宽 24.0 厘米
索书号 000521

248. 富贵根吉

杨光文抄
民国二十八年（1939）抄本
1册 13页
棉纸 墨色
线装
高 25.0 厘米 × 宽 18.3 厘米
索书号 000522

249. 看日起屋吉凶

潘国辉抄
民国三十八年（1949）抄本
1册 24页
棉纸 墨色
线装
高 25.0 厘米 × 宽 23.0 厘米
索书号 000523

250. 甲己丑丙辛丙寅九忌未方巳

潘亮明抄
民国二十八年（1939）抄本
1册 24页
棉纸 墨色
线装
高 29.6 厘米 × 宽 24.5 厘米
索书号 000524

251. 亥子丑年

水文题名：
潘亮明抄
民国二十七年（1938）抄本
1册 30页
棉纸 墨色
线装
高 29.5 厘米 × 宽 24.4 厘米
索书号 000525

252. 甲子年

水文题名：
潘国辉抄
民国二十九年（1940）抄本
1册 38页
棉纸 墨色
线装
高 27.1 厘米 × 宽 21.5 厘米
索书号 000526

253. 杂书便用

杨通斌抄
民国二十三年（1934）抄本
1册 24页
棉纸 墨色
线装
高 14.0 厘米 × 宽 12.6 厘米
索书号 000528

254. 正七庚寅方时

佚名抄
旧抄本
1 册 56 页
棉纸 墨色
线装
高 16.0 厘米 × 宽 14.0 厘米
索书号 000529

255. 忌入棺安葬出柩山外停等吉凶日时

佚名抄
旧抄本
1 册 34 页
棉纸 墨色
纸捻装
高 19.0 厘米 × 宽 20.0 厘米
索书号 000531

256. 寅申巳亥年

水文题名： 
佚名抄
旧抄本
1 册 54 页
棉纸 墨色
线装
高 23.0 厘米 × 宽 15.0 厘米
索书号 000532

257. 申子辰年

佚名抄
旧抄本
1 册 108 页
棉纸 墨色
线装
高 25.5 厘米 × 宽 13.5 厘米
索书号 000533

258. 五仓米要开吊

佚名抄
旧抄本
1 册 49 页
棉纸 墨色
线装
高 23.0 厘米 × 宽 14.9 厘米
索书号 000534

259. 春忌寅酉方时

佚名抄
旧抄本
1 册 40 页
棉纸 墨色
线装
高 23.0 厘米 × 宽 14.5 厘米
索书号 000535

260. 寸门

佚名抄
旧抄本
1 册 20 页
棉纸 墨色
线装
高 25.0 厘米 × 宽 13.5 厘米

索书号 000536

261. 大火破正第一乙丑

水文题名：

佚名抄

旧抄本

1 册 34 页

棉纸 墨色

线装

高 26.5 厘米 × 宽 14.0 厘米

索书号 000537

262. 水书

佚名抄

旧抄本

1 册 78 页

棉纸 墨色

线装

高 24.0 厘米 × 宽 15.0 厘米

索书号 000538

263. 子午卯酉

水文题名：

佚名抄

旧抄本

1 册 46 页

棉纸 墨色

线装

高 26.0 厘米 × 宽 14 厘米

索书号 000539

264. 水书

潘国辉抄

旧抄本

1 册 16 页

棉纸 墨色

线装

高 24.5 厘米 × 宽 15.0 厘米

索书号 000540

265. 寸门书

佚名抄

民国七年（1918）抄本

1 册 28 页

棉纸 墨色

纸捻装

高 25.9 厘米 × 宽 14.0 厘米

索书号 000541

266. 全年全月刊子午正七

水文题名：

佚名抄

旧抄本

1 册 52 页

棉纸 墨色

纸捻装

高 19.2 厘米 × 宽 13.6 厘米

索书号 000542

267. 二十八宿

陆朝忠抄

民国三十二年（1943）抄本

1 册 48 页
棉纸 墨色
线装
高 17.2 厘米 × 宽 14.5 厘米
索书号 000543

268. 甲子辰年

佚名抄
旧抄本
1 册 30 页
棉纸 墨色
线装
高 16.5 厘米 × 宽 18.8 厘米
索书号 000544

269. 掌诀（掌诀书）

佚名抄
旧抄本
1 册 40 页
棉纸 墨色
线装
高 18.5 厘米 × 宽 19.0 厘米
索书号 000545

270. 正七凶星

水文题名:
佚名抄
旧抄本
1 册 148 页
棉纸 墨色
线装
高 22.0 厘米 × 宽 12.0 厘米
索书号 000546

271. 阴阳

张家和抄
旧抄本
1 册 124 页
棉纸 墨色
线装
高 26.0 厘米 × 宽 15.5 厘米
索书号 000547

272. 金木水火土

佚名抄
旧抄本
1 册 60 页
棉纸 墨色
线装
高 24.9 厘米 × 宽 27.9 厘米
索书号 000548

273. 甲己丁壬戊癸

水文题名:
佚名抄
旧抄本
1 册 18 页
棉纸 墨色
线装
高 19.0 厘米 × 宽 24.0 厘米
索书号 000549

274. 十二年金午金甲午壬寅庚戌■金凶

水文题名：

佚名抄

旧抄本

1 册 18 页

棉纸 墨色

线装

高 30.5 厘米 × 宽 20.5 厘米

索书号 000551

275. 子午正七

水文题名：

佚名抄

旧抄本

1 册 40 页

棉纸 墨色

线装

高 26.4 厘米 × 宽 14.1 厘米

索书号 000552

276. 申子辰年

佚名抄

旧抄本

1 册 30 页

棉纸 墨色

线装

高 24.0 厘米 × 宽 15.5 厘米

索书号 000553

277. 申子辰年庚吉

水文题名：

佚名抄

旧抄本

1 册 42 页

棉纸 墨色

线装

高 25.9 厘米 × 宽 15.2 厘米

索书号 000554

278. 丑未辰戌年

佚名抄

旧抄本

1 册 54 页

棉纸 墨色

线装

高 25.6 厘米 × 宽 15.0 厘米

索书号 000555

279. 亥卯未年

佚名抄

旧抄本

1 册 18 页

棉纸 墨色

线装

高 26.0 厘米 × 宽 15.0 厘米

索书号 000556

280. 子午卯酉年

佚名抄

旧抄本

1 册 26 页

棉纸 墨色

线装
高 25.5 厘米 × 宽 15.5 厘米
索书号 000557

281. 第四癸未
佚名抄
旧抄本
1 册 14 页
棉纸 墨色
线装
高 22.5 厘米 × 宽 14.0 厘米
索书号 000558

282. 子午卯酉年
佚名抄
旧抄本
1 册 22 页
棉纸 墨色
线装
高 24.0 厘米 × 宽 13.9 厘米
索书号 000559

283. 挖坟基用时吉
佚名抄
旧抄本
1 册 44 页
棉纸 墨色
线装
高 18.5 厘米 × 宽 26.0 厘米
索书号 000563

284. 正七连庚甲
佚名抄
旧抄本
1 册 40 页
棉纸 墨色
线装
高 23.5 厘米 × 宽 15.5 厘米
索书号 000564

285. 正四七十下甲子贪乙丑年
佚名抄
旧抄本
1 册 10 页
棉纸 墨色
线装
高 26.0 厘米 × 宽 21.5 厘米
索书号 000565

286. 申子辰年
水文题名:
佚名抄
旧抄本
1 册 36 页
棉纸 墨色
线装
高 28. 9 厘米 × 宽 19.5 厘米
索书号 000566

287. 申子辰年
佚名抄
旧抄本

1册 44页
棉纸 墨色
线装
高30.0厘米 × 宽18.6厘米
索书号000567

288. 乙酉丑年

佚名抄
旧抄本
1册 34页
棉纸 墨色
线装
高34.5厘米 × 宽18.5厘米
索书号000568

289. 大火破

佚名抄
旧抄本
1册 34页
棉纸 墨色
线装
高35.0厘米 × 宽17.5厘米
索书号000569

290. 庚寅年

佚名抄
旧抄本
1册 28页
棉纸 墨色
线装
高34.0厘米 × 宽19.0厘米
索书号000570

291. 甲辰年

佚名抄
旧抄本
1册 66页
棉纸 墨色
线装
高15.0厘米 × 宽19.5厘米
索书号000571

292. 正七秘旨

佚名抄
旧抄本
1册 66页
棉纸 墨色
线装
高23.5厘米 × 宽15.5厘米
索书号000572

293. 甲己年丙寅

水文题名:
佚名抄
旧抄本
1册 64页
棉纸 墨色
线装
高23.6厘米 × 宽16.9厘米
索书号000573

294. 当情当班帕班劳

佚名抄

旧抄本

1 册 46 页

棉纸 墨色

线装

高 24.3 厘米 × 宽 14.5 厘米

索书号 000574

295. 八贪

佚名抄

旧抄本

1 册 16 页

棉纸 墨色

线装

高 25.5 厘米 × 宽 16.0 厘米

索书号 000575

296. 癸酉日卯辰时吉

佚名抄

旧抄本

1 册 76 页

棉纸 墨色

线装

高 26.5 厘米 × 宽 16.2 厘米

索书号 000576

297. 丙戌年造葬神煞表

佚名抄

旧抄本

1 册 48 页

棉纸 墨色

线装

高 26.0 厘米 × 宽 16.5 厘米

索书号 000577

298. 子午卯酉吉

佚名抄

旧抄本

1 册 16 页

棉纸 墨色

线装

高 26.5 厘米 × 宽 19.0 厘米

索书号 000578

299. 申子辰年

佚名抄

旧抄本

1 册 32 页

棉纸 墨色

线装

高 25.0 厘米 × 宽 22.5 厘米

索书号 000579

300. 子午年正七

佚名抄

旧抄本

1 册 18 页

棉纸 墨色

线装

高 28.5 厘米 × 宽 21.5 厘米

索书号 000580

301. 子午卯酉年

佚名抄

旧抄本

1 册 14 页

棉纸 墨色

线装

高 29.5 厘米 × 宽 20.5 厘米

索书号 000581

302. 戊申日壬辰日辰年

水文题名：

佚名抄

旧抄本

1 册 14 页

棉纸 墨色

线装

高 30.0 厘米 × 宽 19.5 厘米

索书号 000582

303. 甲子年

佚名抄

旧抄本

1 册 18 页

棉纸 墨色

线装

高 30.5 厘米 × 宽 23.0 厘米

索书号 000583

304. 子午卯酉年

佚名抄

旧抄本

1 册 24 页

棉纸 墨色

线装

高 31.5 厘米 × 宽 21.5 厘米

索书号 000584

305. 探病忌企方位

姚子明、吴光玉抄

旧抄本

1 册 86 页

棉纸 墨色

线装

高 27.5 厘米 × 宽 24.0 厘米

索书号 000585

306. 正七六庚甲

水文题名：

吴贵邦抄

旧抄本

1 册 19 页

棉纸 墨色

线装

高 28.9 厘米 × 宽 24.5 厘米

索书号 000586

307. 金木水火土

佚名抄

旧抄本

1册 16页
棉纸 墨色
线装
高 33.0 厘米 × 宽 26.0 厘米
索书号 000587

308. 贪狼交媾吉凶

杨光顺抄
旧抄本
1册 6页
棉纸 墨色
线装
高 27.5 厘米 × 宽 18.1 厘米
索书号 000588

309. 子午正七

水文题名：
佚名抄
旧抄本
1册 152页
棉纸 墨色
线装
高 29.0 厘米 × 宽 21.0 厘米
索书号 000589

310. 子午正七

吴兴本抄
旧抄本
1册 40页
棉纸 墨色
线装
高 38.5 厘米 × 宽 28.0 厘米
索书号 000590

311. 壬辰号订正

吴兴本抄
旧抄本
1册 70页
棉纸 墨色
纸捻装
高 38.5 厘米 × 宽 28.5 厘米
索书号 000591

312. 五子六十年吉日

水文题名：
佚名抄
民国三十二年（1943）抄本
1册 34页
棉纸 墨色
纸捻装
高 24.7 厘米 × 宽 13.8 厘米
索书号 000627

313. 三合年四正月日时凶

水文题名：
季进和抄
民国十三年（1924）抄本
1册 28页
棉纸 墨色
纸捻装
高 24.3 厘米 × 宽 17.3 厘米
索书号 000677

314. 嫁娶吉凶日时

水文题名：

佚名抄

民国十三年（1924）抄本

1 册 20 页

棉纸 墨色

纸捻装

高 16.3 厘米 × 宽 20.7 厘米

索书号 000678

315. 甲子辰年

佚名抄

清光绪十一年（1885）抄本

1 册 45 页

棉纸 墨色

线装

高 24.8 厘米 × 宽 14.0 厘米

索书号 000735

316. 子午卯酉年正四七十

佚名抄

旧抄本

1 册 48 页

棉纸 墨色

纸捻装

高 30.5 厘米 × 宽 29.5 厘米

索书号 000736

317. 中元文第四一七上元

佚名抄

旧抄本

1 册 63 页

棉纸 墨色

纸捻装

高 25.3 厘米 × 宽 18.8 厘米

索书号 000737

318. 子午正七庚甲子甲庚午

水文题名：

佚名抄

民国八年（1919）抄本

1 册 17 页

棉纸 墨色

纸捻装

高 23.8 厘米 × 宽 13.6 厘米

索书号 000738

319. 反书便览取凶

佚名抄

旧抄本

1 册 39 页

棉纸 墨色

线装

高 25.7 厘米 × 宽 18.8 厘米

索书号 000739

320. 甲巳年

佚名抄

旧抄本

1 册 15 页

棉纸 墨色

纸捻装

高 31.7 厘米 × 宽 20.5 厘米

索书号 000741

321. 正四七十上贪甲子

水文题名：

佚名抄

旧抄本

1 册 16 页

棉纸 墨色

线装

高 25.5 厘米 × 宽 17.5 厘米

索书号 000742

322. 酉山尿金戊亥尿金

水文题名：

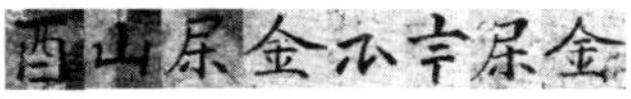

佚名抄

清光绪三十二年（1906）抄本

1 册 47 页

棉纸 墨色

线装

高 27.0 厘米 × 宽 18.5 厘米

索书号 000743

323. 凶记开交

佚名抄

旧抄本

1 册 42 页

棉纸 墨色

线装

高 26.1 厘米 × 宽 15.8 厘米

索书号 000744

324. 子午卯酉年寅申方

水文题名：

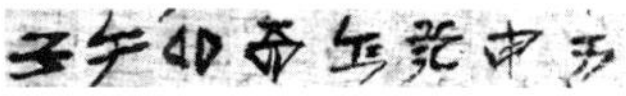

佚名抄

旧抄本

1 册 35 页

棉纸 墨色

线装

高 24.8 厘米 × 宽 14.0 厘米

索书号 000745

325. 起房

佚名抄

旧抄本

1 册 61 页

棉纸 墨色

纸捻装

高 24.5 厘米 × 宽 13.4 厘米

索书号 000746

326. 望时

水文题名：

韦国松抄

旧抄本

1 册 96 页

棉纸 墨色

线装

高 26.0 厘米 × 宽 14.5 厘米

索书号 000747

327. 甲寅凶

佚名抄

旧抄本
1册 18页
棉纸 墨色
纸捻装
高23.7厘米 × 宽13.2厘米
索书号000748

328. 甲子乙丑

水文题名： 
佚名抄
1册 23页
棉纸 墨色
线装
高29.4厘米 × 宽18.0厘米
索书号000749

329. 壬辰遴选

水文题名： 
潘庆兰抄
民国六年（1917）抄本
1册 36页
棉纸 墨色
线装
高26.0厘米 × 宽18.0厘米
索书号000750

330. 礼仪道作

佚名抄
民国二十三年（1934）抄本
1册 37页
棉纸 墨色
线装
高26.5厘米 × 宽17.2厘米
索书号000751

331. 子午正七

水文题名： 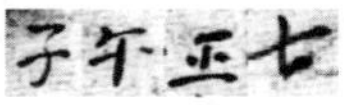
佚名抄
旧抄本
1册 64页
棉纸 墨色
线装
高31.0厘米 × 宽20.4厘米
索书号000752

332. 子午年正七

佚名抄
旧抄本
1册 34页
棉纸 墨色
线装
高32.2厘米 × 宽21.0厘米
索书号000753

333. 甲子年九未方

佚名抄
旧抄本
1册 22页
棉纸 墨色
线装
高30.2厘米 × 宽19.5厘米
索书号000754

334. 保家神吉凶通用

徐洪昌抄

旧抄本

1 册 28 页

棉纸 墨色

线装

高 27.0 厘米 × 宽 19.6 厘米

索书号 000755

335. 金木水火土

水文题名：

佚名抄

旧抄本

1 册 6 页

棉纸 墨色

纸捻装

高 24.3 厘米 × 宽 14.2 厘米

索书号 000756

336. 娶亲日吉凶

佚名抄

旧抄本

1 册 19 页

棉纸 墨色

纸捻装

高 26.2 厘米 × 宽 15.5 厘米

索书号 000757

337. 正月初四日立用吉

佚名抄

旧抄本

1 册 13 页

棉纸 墨色

纸捻装

高 25.5 厘米 × 宽 13.3 厘米

索书号 000758

338. 六十甲子

佚名抄

旧抄本

1 册 78 页

棉纸 墨色

纸捻 线装组合

高 28.0 厘米 × 宽 19.5 厘米

索书号 000759

339. 正七庚甲

水文题名：

佚名抄

旧抄本

1 册 43 页

棉纸 墨色

纸捻装

高 29.4 厘米 × 宽 20.5 厘米

索书号 000760

340. 宅哭宅炅宅死

华亭抄

旧抄本

1 册 21 页

棉纸 墨色

纸捻装

高 31.1 厘米 × 宽 19.7 厘米
索书号 000761

341. 子午卯酉年子未丑寅

水文题名： 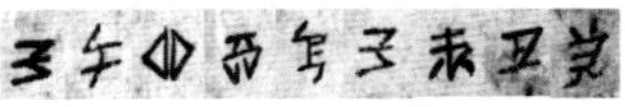
佚名抄
旧抄本
1 册 27 页
棉纸 墨色
线装
高 31.8 厘米 × 宽 19.7 厘米
索书号 000762

342. 酉正贪戌正四亥正六吉时

佚名抄
旧抄本
1 册 30 页
棉纸 墨色
线装
高 33.0 厘米 × 宽 21.7 厘米
索书号 000763

343. 子午年

水文题名： 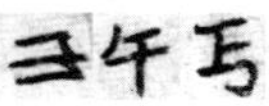
佚名抄
旧抄本
1 册 16 页
棉纸 墨色
线装
高 24.9 厘米 × 宽 29.4 厘米
索书号 000764

344. 大吉时

水文题名： 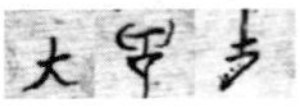
佚名抄
旧抄本
1 册 13 页
棉纸 墨色
线装
高 26.6 厘米 × 宽 19.0 厘米
索书号 000765

345. 甲子贪吉

佚名抄
旧抄本
1 册 58 页
棉纸 墨色
线装
高 31.3 厘米 × 宽 20.1 厘米
索书号 000766

346. 接亲

王成兴抄
清光绪三十年（1904）抄本
1 册 22 页
棉纸 墨色
线装
高 16.8 厘米 × 宽 21.2 厘米
索书号 000767

347. 甲子金年

潘光粲抄
民国四年（1915）抄本

1册 30页
棉纸 墨色
线装
高 32.1 厘米 × 宽 18.5 厘米
索书号 000768

348. 子午正七
佚名抄
旧抄本
1册 54页
棉纸 墨色
线装
高 28.5 厘米 × 宽 18.6 厘米
索书号 000769

349. 子日■■十八人雨鬼
水文题名： 
佚名抄
旧抄本
1册 18页
棉纸 墨色
纸捻装
高 12.2 厘米 × 宽 27.5 厘米
索书号 000770

350. 甲己正七
水文题名： 
锡封氏抄
旧抄本
1册 40页
棉纸 墨色
线装
高 26.0 厘米 × 宽 19.0 厘米
索书号 000771

351. 子午年正七庚甲
水文题名： 
佚名抄
旧抄本
1册 42页
棉纸 墨色
线装
高 30.0 厘米 × 宽 20.1 厘米
索书号 000772

352. 甲巳九月未方
韦德明抄
民国六年（1917）抄本
1册 42页
棉纸 墨色
线装
高 28.2 厘米 × 宽 19.3 厘米
索书号 000773

353. 集避凶神各在其类
佚名抄
旧抄本
1册 36页
棉纸 墨色
线装
高 29.1 厘米 × 宽 19.5 厘米
索书号 000774

354. 甲记九云大

佚名抄
旧抄本
1 册 58 页
棉纸 墨色
线装
高 27.3 厘米 × 宽 19.8 厘米
索书号 000775

355. 八山

佚名抄
旧抄本
1 册 28 页
棉纸 墨色
线装
高 29.5 厘米 × 宽 20.5 厘米
索书号 000776

356. 地龙飞

水文题名： 
杨玉芳抄
清光绪二十二年（1896）抄本
1 册 20 页
棉纸 墨色
线装
高 26.3 厘米 × 宽 15.9 厘米
索书号 000777

357. 甲子年丁卯己未

佚名抄
旧抄本
1 册 38 页
棉纸 墨色
纸捻装
高 26.5 厘米 × 宽 15.6 厘米
索书号 000778

358. 子午正七己亥

佚名抄
旧抄本
1 册 9 页
棉纸 墨色
纸捻装
高 24.5 厘米 × 宽 15.7 厘米
索书号 000779

359. 吉书

佚名抄
旧抄本
1 册 120 页
棉纸 墨色
纸捻装
高 26.5 厘米 × 宽 15.6 厘米
索书号 000780

360. 八贪

佚名抄
旧抄本
1 册 146 页
棉纸 墨色
线装
高 23.8 厘米 × 宽 15.2 厘米

索书号 000781

361. 癸寅巳夏未亥时

水文题名:
佚名抄
旧抄本
1 册 10 页
棉纸 墨色
线装
高 24.0 厘米 × 宽 29.0 厘米
索书号 000782

362. 正七庚甲

水文题名:
佚名抄
旧抄本
1 册 32 页
棉纸 墨色
线装
高 26.1 厘米 × 宽 15.1 厘米
索书号 000783

363. 尅金用吉凶万年书

鸣卿抄
旧抄本
1 册 52 页
棉纸 墨色
线装
高 26.1 厘米 × 宽 15.0 厘米
索书号 000784

364. 六十甲子

佚名抄
旧抄本
1 册 146 页
棉纸 墨色
线装
高 24.7 厘米 × 宽 14.7 厘米
索书号 000785

365. 正七合解

佚名抄
清光绪三十一年（1905）抄本
1 册 126 页
棉纸 墨色
纸捻装
高 23.7 厘米 × 宽 13.8 厘米
索书号 000786

366. 开大吉用事

佚名抄
旧抄本
1 册 52 页
棉纸 墨色
纸捻装
高 25.5 厘米 × 宽 16.0 厘米
索书号 000787

367. 正七庚甲

佚名抄
旧抄本
1 册 41 页

棉纸 墨色

纸捻装

高 28.5 厘米 × 宽 19.0 厘米

索书号 000788

368. 乙丑年贪

佚名抄

旧抄本

1 册 14 页

棉纸 墨色

纸捻装

高 28.5 厘米 × 宽 19.5 厘米

索书号 000789

369. 第六乙亥日

佚名抄

旧抄本

1 册 12 页

棉纸 墨色

纸捻装

高 28.0 厘米 × 宽 19.7 厘米

索书号 000790

370. 子午卯酉年

佚名抄

旧抄本

1 册 11 页

棉纸 墨色

线装

高 28.5 厘米 × 宽 18.5 厘米

索书号 000791

371. 子午年锤酉方第

水文题名:

韦德明抄

民国六年（1917）抄本

1 册 25 页

棉纸 墨色

线装

高 27.5 厘米 × 宽 19.0 厘米

索书号 000792

372. 正七连庚甲

佚名抄

旧抄本

1 册 30 页

棉纸 墨色

线装

高 25.7 厘米 × 宽 17.8 厘米

索书号 000793

373. 申子辰年日辛乙吉

水文题名:

佚名抄

旧抄本

1 册 52 页

棉纸 墨色

线装

高 25.8 厘米 × 宽 17.5 厘米

索书号 000794

374. 申子辰

水文题名:

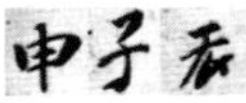

佚名抄

旧抄本

1 册 38 页

棉纸 墨色

线装

高 28.0 厘米 × 宽 19.5 厘米

索书号 000795

375. 六连封占

佚名抄

旧抄本

1 册 27 页

棉纸 墨色

线装

高 28.5 厘米 × 宽 18.8 厘米

索书号 000796

376. 甲己又年

水文题名：

佚名抄

旧抄本

1 册 6 页

棉纸 墨色

线装

高 31.5 厘米 × 宽 20.7 厘米

索书号 000797

377. 乙丑年

佚名抄

旧抄本

1 册 148 页

棉纸 墨色

线装

高 29.8 厘米 × 宽 20.0 厘米

索书号 000798

378. 岁次壬辰录

水文题名：

佚名抄

旧抄本

1 册 20 页

棉纸 墨色

线装

高 31.7 厘米 × 宽 21.0 厘米

索书号 000799

379. 甲子年文地三六文

佚名抄

清光绪二十一年（1895）抄本

1 册 24 页

棉纸 墨色

纸捻装

高 33.0 厘米 × 宽 20.0 厘米

索书号 000800

380. 六十年通书

佚名抄

清光绪二十一年（1895）抄本

1 册 43 页

棉纸 墨色

线装

高 30.7 厘米 × 宽 20.3 厘米

索书号 000801

381. 第巳癸己吉

佚名抄

旧抄本

1 册 44 页

棉纸 墨色

线装

高 28.7 厘米 × 宽 19.5 厘米

索书号 000802

382. 中甲子元

杨枝华抄

清光绪十年（1884）抄本

1 册 66 页

棉纸 墨色

线装

高 32.2 厘米 × 宽 21.0 厘米

索书号 000803

383. 甲子年贪

水文题名：

谢世荣抄

旧抄本

1 册 44 页

棉纸 墨色

线装

高 32.2 厘米 × 宽 19.5 厘米

索书号 000804

384. 戊癸壬子癸亥时

水文题名：

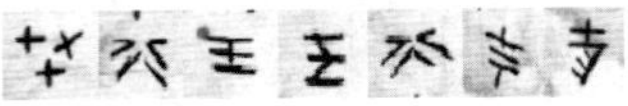

佚名抄

旧抄本

1 册 30 页

棉纸 墨色

线装

高 27.8 厘米 × 宽 19.8 厘米

索书号 000805

385. 甲庚癸年

水文题名：

佚名抄

旧抄本

1 册 20 页

棉纸 墨色

线装

高 27.0 厘米 × 宽 18.2 厘米

索书号 000806

386. 一元甲子

水文题名：

佚名抄

旧抄本

1 册 28 页

棉纸 墨色

线装

高 26.8 厘米 × 宽 18.5 厘米

索书号 000807

387. 子午卯酉年

佚名抄

旧抄本

1 册 30 页

棉纸 墨色

线装

高 31.2 厘米 × 宽 19.2 厘米

索书号 000808

388. 甲己九年

水文题名:

佚名抄

旧抄本

1 册 34 页

棉纸 墨色

线装

高 33.0 厘米 × 宽 20.2 厘米

索书号 000809

389. 水书

佚名抄

旧抄本

1 册 12 页

棉纸 墨色

线装

高 31.5 厘米 × 宽 24.5 厘米

索书号 000810

390. 甲乙年酉戌日

水文题名:

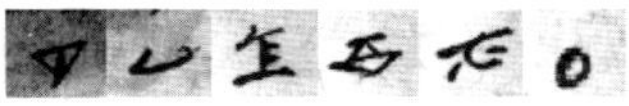

佚名抄

旧抄本

1 册 42 页

棉纸 墨色

线装

高 33.0 厘米 × 宽 24.2 厘米

索书号 000811

391. 正七贪

佚名抄

旧抄本

1 册 24 页

棉纸 墨色

线装

高 31.0 厘米 × 宽 20.1 厘米

索书号 000812

392. 子午卯酉年亥戌凶

水文题名:

吴明光抄

旧抄本

1 册 30 页

棉纸 墨色

线装

高 18.0 厘米 × 宽 31.0 厘米

索书号 000813

393. 接亲起房造屋用

佚名抄

旧抄本

1 册 20 页

棉纸 墨色

线装

高 26.1 厘米 × 宽 16.2 厘米

索书号 000814

394. 子午卯酉年

水文题名：

佚名抄

旧抄本

1 册 36 页

棉纸 墨色

线装

高 17.0 厘米 × 宽 22.5 厘米

索书号 000815

395. 火第一丙寅己乙酉庚午日凶

水文题名：

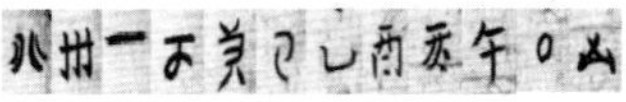

佚名抄

旧抄本

1 册 16 页

棉纸 墨色

线装

高 28.0 厘米 × 宽 19.0 厘米

索书号 000816

396. 申子未年

佚名抄

旧抄本

1 册 20 页

棉纸 墨色

线装

高 27.8 厘米 × 宽 19.2 厘米

索书号 000817

397. 申子辰年未壬乙吉

佚名抄

旧抄本

1 册 72 页

棉纸 墨色

线装

高 27.0 厘米 × 宽 19.3 厘米

索书号 000818

398. 子午卯酉年吉

水文题名：

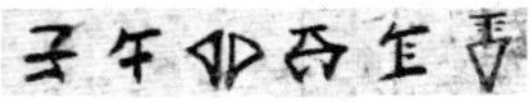

佚名抄

旧抄本

1 册 28 页

棉纸 墨色

线装

高 25.5 厘米 × 宽 18.7 厘米

索书号 000819

399. 壬寅己日

佚名抄

旧抄本

1 册 38 页

棉纸 墨色

线装

高 31.0 厘米 × 宽 19.5 厘米

索书号 000823

400. 五虎但五虎把怕忌埋葬大凶

佚名抄

旧抄本

1册 14页

棉纸 墨色

线装

高 30.0 厘米 × 宽 19.5 厘米

索书号 000824

401. 子年第一八戊申日

水文题名：

佚名抄

旧抄本

1册 42页

棉纸 墨色

线装

高 17.6 厘米 × 宽 15.0 厘米

索书号 000825

402. 正宗备妙

石映祥抄

旧抄本

1册 214页

棉纸 墨色

线装

高 15.5 厘米 × 宽 13.0 厘米

索书号 000827

403. 历书

佚名抄

旧抄本

1册 198页

棉纸 墨色

线装

高 17.5 厘米 × 宽 15.0 厘米

索书号 000828

404. 甲己年

水文题名：

佚名抄

旧抄本

1册 10页

棉纸 墨色

线装

高 16.0 厘米 × 宽 19.5 厘米

索书号 000829

405. 辰戊

水文题名：

佚名抄

旧抄本

1册 102页

棉纸 墨色

线装

高 16.0 厘米 × 宽 12.7 厘米

索书号 000830

406. 接亲字

韦光起抄

旧抄本

1册 24页

棉纸 墨色

线装

高 14.5 厘米 × 宽 18.3 厘米

索书号 000831

407. 望八字命

李永昌抄

旧抄本

1 册 46 页

棉纸 墨色

线装

高 20.8 厘米 × 宽 16.2 厘米

索书号 000832

408. 六日二时凶

水文题名：

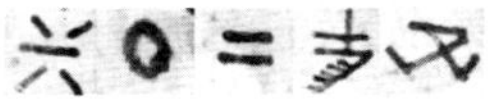

佚名抄

旧抄本

1 册 32 页

棉纸 墨色

线装

高 15.5 厘米 × 宽 20.5 厘米

索书号 000833

409. 正月戌狗

水文题名：

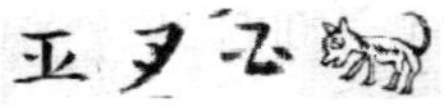

李永昌抄

旧抄本

1 册 12 页

棉纸 墨色

线装

高 24.3 厘米 × 宽 14.0 厘米

索书号 000834

410. 度数唑穴吉凶

吴品馨抄

旧抄本

1 册 12 页

棉纸 墨色

线装

高 23.3 厘米 × 宽 13.8 厘米

索书号 000835

411. 六年甲申子辰

水文题名：

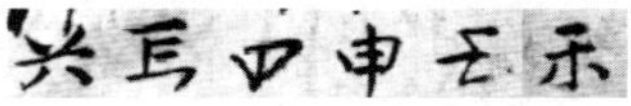

李永昌抄

民国二十四年（1935）抄本

1 册 25 页

棉纸 墨色

纸捻装

高 24.3 厘米 × 宽 15.0 厘米

索书号 000836

412. 申子辰吉

水文题名：

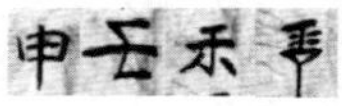

星和抄

民国二十六年（1937）抄本

1 册 21 页

棉纸 墨色

纸捻装

高 24.5 厘米 × 宽 14.3 厘米

索书号 000837

413. 甲子乙丑金吉年

佚名抄

旧抄本

1 册 48 页

棉纸 墨色

纸捻装

高 25.5 厘米 × 宽 14.5 厘米

索书号 000838

414. 徒非亚移

德卿抄

民国三十八年（1949）抄本

1 册 29 页

棉纸 墨色

纸捻装

高 27.5 厘米 × 宽 19.0 厘米

索书号 000839

415. 行月

佚名抄

清宣统元年（1909）抄本

1 册 54 页

棉纸 墨色

线装

高 24.5 厘米 × 宽 21.5 厘米

索书号 000840

416. 正七

佚名抄

旧抄本

1 册 48 页

棉纸 墨色

线装

高 31.2 厘米 × 宽 20.7 厘米

索书号 000841

417. 天元

佚名抄

民国十年（1921）抄本

1 册 38 页

棉纸 墨色

线装

高 26.2 厘米 × 宽 19.2 厘米

索书号 000842

418. 大书贪

潘凤仪抄

清道光二年（1822）抄本

1 册 43 页

棉纸 墨色

纸捻装

高 30.0 厘米 × 宽 18.5 厘米

索书号 000843

419. 万古流传大吉

韦登云抄

清光绪十五年（1889）抄本

1 册 88 页

棉纸 墨色

线装

高 26.2 厘米 × 宽 16.2 厘米

索书号 000844

420. 酉年巨凶

佚名抄

旧抄本

1 册 19 页

棉纸 墨色

线装

高 28.5 厘米 × 宽 19.8 厘米

索书号 000845

421. 甲乙日子时

水文题名：

佚名抄

旧抄本

1 册 28 页

棉纸 墨色

纸捻装

高 25.5 厘米 × 宽 18.7 厘米

索书号 000846

422. 子午正七

水文题名：

佚名抄

旧抄本

1 册 24 页

棉纸 墨色

纸捻装

高 26.7 厘米 × 宽 18.5 厘米

索书号 000847

423. 六顽

佚名抄

旧抄本

1 册 24 页

棉纸 墨色

纸捻装

高 31.8 厘米 × 宽 20.5 厘米

索书号 000848

424. 申子辰

佚名抄

清光绪十年（1884）抄本

1 册 13 页

棉纸 墨色

线装

高 31.5 厘米 × 宽 20.0 厘米

索书号 000849

425. 壬辰木

水文题名：

张直抄

旧抄本

1 册 30 页

棉纸 墨色

线装

高 29.5 厘米 × 宽 20.2 厘米

索书号 000850

426. 申子辰年

佚名抄

清光绪二十五年（1899）抄本

1 册 12 页

棉纸 墨色

线装
高 25.5 厘米 × 宽 18.8 厘米
索书号 000851

427. 年月日凶
佚名抄
旧抄本
1 册 50 页
棉纸 墨色
线装
高 27.0 厘米 × 宽 15.5 厘米
索书号 000852

428. 贪吉
水文题名： 
佚名抄
民国七年（1918）抄本
1 册 46 页
棉纸 墨色
线装
高 24.0 厘米 × 宽 13.5 厘米
索书号 000853

429. 丙子年占吉凶
佚名抄
旧抄本
1 册 36 页
棉纸 墨色
线装
高 24.0 厘米 × 宽 13.8 厘米
索书号 000854

430. 甲巳年九
佚名抄
旧抄本
1 册 68 页
棉纸 墨色
线装
高 28.0 厘米 × 宽 19.0 厘米
索书号 000855

431. 鼓响书
佚名抄
旧抄本
1 册 63 页
棉纸 墨色
线装
高 29.5 厘米 × 宽 20.0 厘米
索书号 000856

432. 陆十花甲八贪
佚名抄
清光绪三十年（1904）抄本
1 册 21 页
棉纸 墨色
线装
高 27.5 厘米 × 宽 18.7 厘米
索书号 000857

433. 申子辰九反亥卯未
水文题名： 
佚名抄
旧抄本

1 册 5 页
棉纸 墨色
纸捻装
高 25.2 厘米 × 宽 13.7 厘米
索书号 000858

434. 申子辰年凶吉

水文题名： 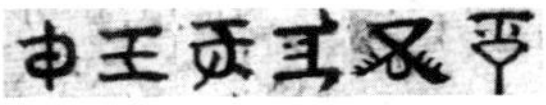
杨明超抄
旧抄本
1 册 34 页
棉纸 墨色
纸捻装
高 26.5 厘米 × 宽 14.3 厘米
索书号 000859

435. 壬辰年盘心吉

水文题名： 
杨明超抄
旧抄本
1 册 23 页
棉纸 墨色
纸捻装
高 26.5 厘米 × 宽 14.5 厘米
索书号 000860

436. 甲子

潘运先抄
民国二十九年（1940）抄本
1 册 15 页
棉纸 墨色
线装
高 26.3 厘米 × 宽 17.3 厘米
索书号 000861

437. 子午卯酉年艮■■寅日

水文题名： 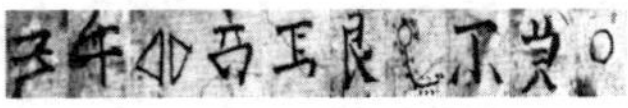
潘玉林抄
清道光二十三年（1843）抄本
1 册 16 页
棉纸 墨色
线装
高 30.0 厘米 × 宽 19.5 厘米
索书号 000862

438. 于生十二年告终通书

潘文超抄
清光绪六年（1880）抄本
1 册 55 页
棉纸 墨色
线装
高 31.5 厘米 × 宽 19.8 厘米
索书号 000863

439. 乙酉丑年

杨士贤抄
清道光三十年（1850）抄本
1 册 38 页
棉纸 墨色
线装
高 31.8 厘米 × 宽 21.0 厘米
索书号 000864

440. 申子辰年

水文题名：[illegible]
佚名抄
1册 23页
棉纸 墨色
线装
高28.3厘米 × 宽18.7厘米
索书号000865

441. 正七庚甲时

水文题名：[illegible]
佚名抄
旧抄本
1册 41页
棉纸 墨色
线装
高34.0厘米 × 宽20.7厘米
索书号000866

442. 申子未年九日

佚名抄
旧抄本
1册 28页
棉纸 墨色
纸捻装
高26.0厘米 × 宽22.5厘米
索书号000867

443. 子午年正七

水文题名：[illegible]
佚名抄
旧抄本
1册 79页
棉纸 墨色
纸捻装
高29.4厘米 × 宽19.7厘米
索书号000868

444. 申子辰年

水文题名：[illegible]
佚名抄
旧抄本
1册 25页
棉纸 墨色
纸捻装
高27.1厘米 × 宽19.1厘米
索书号000869

445. 寅申巳亥年

吴志华抄
清宣统三年（1911）抄本
1册 81页
棉纸 墨色
线装
高28.8厘米 × 宽19.0厘米
索书号000870

446. 则斗葬穹

韦德卿抄
旧抄本
1册 27页
棉纸 墨色

纸捻装
高 32.8 厘米 × 宽 19.7 厘米
索书号 000871

447. 子午卯酉年

水文题名：
佚名抄
旧抄本
1 册 11 页
棉纸 墨色
线装
高 31.5 厘米 × 宽 21.7 厘米
索书号 000872

448. 甲戊时

水文题名：
佚名抄
旧抄本
1 册 11 页
棉纸 墨色
线装
高 32.0 厘米 × 宽 21.5 厘米
索书号 000873

449. 九未十寅十一酉十二未日 女士蝠

佚名抄
旧抄本
1 册 42 页
棉纸 墨色
线装
高 32.5 厘米 × 宽 20.0 厘米
索书号 000874

450. 子午卯酉

水文题名：
佚名抄
旧抄本
1 册 33 页
棉纸 墨色
纸捻装
高 26.5 厘米 × 宽 19.0 厘米
索书号 000875

451. 嫁娶吉凶日

佚名抄
民国二十年（1931）抄本
1 册 23 页
棉纸 墨色
线装
高 26.7 厘米 × 宽 18.7 厘米
索书号 000876

452. 甲子年贪

佚名抄
旧抄本
1 册 39 页
棉纸 墨色
线装
高 29.0 厘米 × 宽 19.3 厘米
索书号 000877

453. 子午卯酉年

水文题名：
佚名抄
旧抄本
1 册 12 页
棉纸 墨色
线装
高 28.6 厘米 × 宽 20.0 厘米
索书号 000878

454. 起房讨

佚名抄
旧抄本
1 册 40 页
棉纸 墨色
线装
高 28.8 厘米 × 宽 19.0 厘米
索书号 000879

455. 接亲事

潘文秀抄
民国三十年（1941）抄本
1 册 20 页
棉纸 墨色
线装
高 27.3 厘米 × 宽 16.8 厘米
索书号 000880

456. 求则得知

佚名抄
旧抄本
1 册 44 页
棉纸 墨色
纸捻装
高 26.2 厘米 × 宽 30.4 厘米
索书号 000881

457. 子午卯酉年

水文题名：
韦老高抄
民国四年（1915）抄本
1 册 21 页
棉纸 墨色
线装
高 28.0 厘米 × 宽 19.1 厘米
索书号 000882

458. 子午卯年亥方

水文题名：
韦德明抄
旧抄本
1 册 31 页
棉纸 墨色
线装
高 28.0 厘米 × 宽 19.0 厘米
索书号 000883

459. 八贪生年

韦玉珍抄
民国三年（1914）抄本
1 册 32 页
棉纸 墨色

线装

高 29.4 厘米 × 宽 19.4 厘米

索书号 000884

460. 反书通用

佚名抄

民国二十七年（1938）抄本

1 册 67 页

棉纸 墨色

线装

高 26.6 厘米 × 宽 17.6 厘米

索书号 000885

461. 甲己年葬事 卷三

水文题名：

佚名抄

旧抄本

1 册 84 页

棉纸 墨色

线装

高 26.8 厘米 × 宽 18.0 厘米

索书号 000886

462. 玉匣七煞

佚名抄

旧抄本

1 册 47 页

棉纸 墨色

线装

高 27.0 厘米 × 宽 17.0 厘米

索书号 000887

463. 申子辰

佚名抄

旧抄本

1 册 62 页

棉纸 墨色

线装

高 27.0 厘米 × 宽 22.0 厘米

索书号 000888

464. 子午卯酉甲己

水文题名：

佚名抄

旧抄本

1 册 38 页

棉纸 墨色

线装

高 35.0 厘米 × 宽 19.5 厘米

索书号 000889

465. 子午卯酉年

佚名抄

旧抄本

1 册 50 页

棉纸 墨色

线装

高 31.9 厘米 × 宽 19.8 厘米

索书号 000890

466. 年乙丑金木■吉

佚名抄

民国十四年（1925）抄本

1 册 20 页
棉纸 墨色
纸捻装
高 25.9 厘米 × 宽 13.8 厘米
索书号 000891

467. 甲己九

水文题名： 
佚名抄
旧抄本
1 册 19 页
棉纸 墨色
线装
高 31.8 厘米 × 宽 21.5 厘米
索书号 000892

468. 甲子贪

佚名抄
旧抄本
1 册 36 页
棉纸 墨色
纸捻装
高 32.7 厘米 × 宽 19.8 厘米
索书号 000893

469. 甲己丁壬戌癸

水文题名： 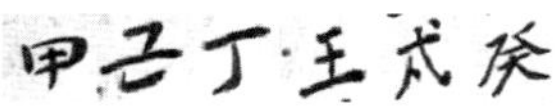
佚名抄
旧抄本
1 册 16 页
棉纸 墨色
线装
高 28.4 厘米 × 宽 19.7 厘米
索书号 000894

470. 甲己乙年

水文题名： 
佚名抄
旧抄本
1 册 6 页
棉纸 墨色
纸捻装
高 31.7 厘米 × 宽 21.1 厘米
索书号 000895

471. 风寅吉凶

吴凤■抄
旧抄本
1 册 31 页
棉纸 墨色
线装
高 31.5 厘米 × 宽 21.0 厘米
索书号 000896

472. 甲子年贪

水文题名： 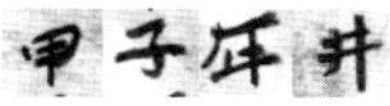
佚名抄
旧抄本
1 册 34 页
棉纸 墨色
纸捻装
高 33.2 厘米 × 宽 20.4 厘米

索书号 000897

473. 甲己九忌未方

水文题名：
佚名抄
旧抄本
1 册 20 页
棉纸 墨色
线装
高 30.6 厘米 × 宽 24.0 厘米
索书号 000898

474. 申子辰年

水文题名：
佚名抄
旧抄本
1 册 47 页
棉纸 墨色
纸捻装
高 35.0 厘米 × 宽 24.0 厘米
索书号 000899

475. 己未年四金

水文题名：
佚名抄
旧抄本
1 册 10 页
棉纸 墨色
线装
高 31.7 厘米 × 宽 20.0 厘米
索书号 000900

476. 子午年正七庚甲

水文题名：
佚名抄
旧抄本
1 册 39 页
棉纸 墨色
线装
高 35.0 厘米 × 宽 21.5 厘米
索书号 000901

477. 冬寅正七

水文题名：
佚名抄
旧抄本
1 册 33 页
棉纸 墨色
线装
高 32.0 厘米 × 宽 19.8 厘米
索书号 000902

478. 辰戌年丑方

水文题名：
佚名抄
旧抄本
1 册 81 页
棉纸 墨色
线装
高 28.0 厘米 × 宽 18.5 厘米
索书号 000903

479. 甲巳年未方

佚名抄

清光绪二十五年（1899）抄本

1册 43页

棉纸 墨色

线装

高 31.5 厘米 × 宽 18.0 厘米

索书号 000904

480. 子午正七庚甲

水文题名：

佚名抄

旧抄本

1册 45页

棉纸 墨色

纸捻装

高 29.0 厘米 × 宽 18.9 厘米

索书号 000905

481. 申子辰年

水文题名：

佚名抄

旧抄本

1册 10页

棉纸 墨色

纸捻装

高 32.5 厘米 × 宽 20.5 厘米

索书号 000906

482. 寸门书

德卿抄

旧抄本

1册 32页

棉纸 墨色

纸捻装

高 26.0 厘米 × 宽 18.0 厘米

索书号 000907

483. 戊申巳酉丁己戊午日吉

佚名抄

旧抄本

1册 20页

棉纸 墨色

线装

高 27.8 厘米 × 宽 19.4 厘米

索书号 000908

484. 申子辰年吉

水文题名：

佚名抄

旧抄本

1册 68页

棉纸 墨色

纸捻装

高 24.0 厘米 × 宽 25.0 厘米

索书号 000909

485. 子午卯酉年

水文题名：

佚名抄

旧抄本

1册 32页

棉纸 墨色

线装

高 28.5 厘米 × 宽 19.2 厘米

索书号 000910

486. 子午卯酉年三贪

佚名抄

旧抄本

1 册 22 页

棉纸 墨色

线装

高 29.8 厘米 × 宽 20.0 厘米

索书号 000911

487. 正七

水文题名：

佚名抄

旧抄本

1 册 228 页

棉纸 墨色

线装

高 27.0 厘米 × 宽 20.0 厘米

索书号 000913

488. 甲子辰年

佚名抄

旧抄本

1 册 91 页

棉纸 墨色

线装

高 27.9 厘米 × 宽 19.0 厘米

索书号 000914

489. 子午年正七

水文题名：

佚名抄

旧抄本

1 册 10 页

棉纸 墨色

线装

高 26.5 厘米 × 宽 22.5 厘米

索书号 000915

490. 甲子乙丑土金

佚名抄

旧抄本

1 册 40 页

棉纸 墨色

线装

高 26.8 厘米 × 宽 15.8 厘米

索书号 000916

491. 第一甲子贪

水文题名：

佚名抄

旧抄本

1 册 48 页

棉纸 墨色

线装

高 25.0 厘米 × 宽 14.0 厘米

索书号 000917

492. 子午卯酉年

水文题名： 
佚名抄
旧抄本
1 册 8 页
棉纸 墨色
线装
高 30.5 厘米 × 宽 20.8 厘米
索书号 000918

493. 山落散忌

佚名抄
旧抄本
1 册 44 页
棉纸 墨色
线装
高 26.2 厘米 × 宽 17.0 厘米
索书号 000919

494. 水书

佚名抄
旧抄本
1 册 18 页
棉纸 墨色
线装
高 31.0 厘米 × 宽 19.0 厘米
索书号 000920

495. 则独

佚名抄
旧抄本
1 册 148 页
棉纸 墨色
线装
高 25.8 厘米 ×16.1 厘米
索书号 000921

496. 庚午时贪

水文题名： 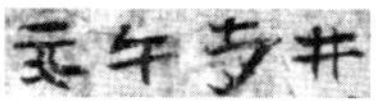
佚名抄
旧抄本
1 册 62 页
棉纸 墨色
线装
高 31.0 厘米 × 宽 19.4 厘米
索书号 000923

497. 水书

佚名抄
旧抄本
1 册 18 页
棉纸 墨色
线装
高 27.5 厘米 × 宽 29.5 厘米
索书号 000924

498. 甲己丙寅

水文题名： 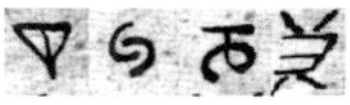
佚名抄
旧抄本
1 册 8 页
棉纸 墨色

线装

高 31.5 厘米 × 宽 20.5 厘米

索书号 000925

499. 子年第一戊申■未方卯时

佚名抄

旧抄本

1 册 2 页

棉纸 墨色

纸捻装

高 34.5 厘米 × 宽 30.5 厘米

索书号 000926

500. 子午卯酉年

水文题名：

佚名抄

旧抄本

1 册 246 页

棉纸 墨色

线装

高 24.0 厘米 × 宽 13.5 厘米

索书号 000927

501. 辛酉年

佚名抄

旧抄本

1 册 27 页

棉纸 墨色

线装

高 27.9 厘米 × 宽 18.1 厘米

索书号 000928

502. 甲己丙壬字（龙绞书）

水文题名：

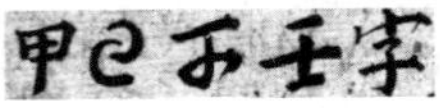

潘庆兰抄

民国六年（1917）抄本

1 册 44 页

棉纸 墨色

线装

高 25.2 厘米 × 宽 18.1 厘米

索书号 000929

503. 正四七十上

水文题名：

佚名抄

旧抄本

1 册 42 页

棉纸 墨色

线装

高 24.5 厘米 × 宽 14.0 厘米

索书号 000931

504. 申子辰年

水文题名：

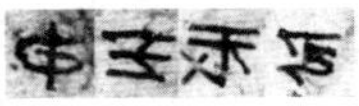

佚名抄

旧抄本

1 册 44 页

棉纸 墨色

线装

高 28.0 厘米 × 宽 20.0 厘米

索书号 000932

505. 甲乙年酉戌日

水文题名： 
佚名抄
旧抄本
1 册 46 页
棉纸 墨色
线装
高 28.8 厘米 × 宽 20.2 厘米
索书号 000934

506. 子午卯酉年甲乙吉

水文题名： 
佚名抄
旧抄本
1 册 12 页
棉纸 墨色
线装
高 27.8 厘米 × 宽 23.1 厘米
索书号 000935

507. 第一甲子年贪

佚名抄
民国二十年（1931）抄本
1 册 42 页
棉纸 墨色
线装
高 32.0 厘米 × 宽 19.8 厘米
索书号 000936

508. 壬未的定

佚名抄
旧抄本
1 册 26 页
棉纸 墨色
纸捻装
高 30.9 厘米 × 宽 20.8 厘米
索书号 000937

509. 大火破

水文题名： 
佚名抄
旧抄本
1 册 20 页
棉纸 墨色
纸捻装
高 34.0 厘米 × 宽 19.9 厘米
索书号 000938

510. 甲子年

水文题名： 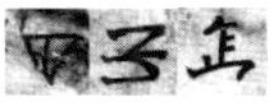
佚名抄
旧抄本
1 册 32 页
棉纸 墨色
线装
高 32.1 厘米 × 宽 21.6 厘米
索书号 000939

511. 乙丑日

佚名抄
旧抄本
1 册 12 页

棉纸 墨色

线装

高 31.7 厘米 × 宽 24.4 厘米

索书号 000940

512. 通用书凶吉

佚名抄

旧抄本

1 册 84 页

棉纸 墨色

线装

高 26.0 厘米 × 宽 15.3 厘米

索书号 000941

513. 甲子年

佚名抄

旧抄本

1 册 70 页

棉纸 墨色

线装

高 25.2 厘米 × 宽 15.0 厘米

索书号 000942

514. 子午卯酉年

佚名抄

旧抄本

1 册 28 页

棉纸 墨色

纸捻装

高 16.4 厘米 × 宽 14.7 厘米

索书号 000943

515. 第一甲子贪

水文题名：

佚名抄

旧抄本

1 册 72 页

棉纸 墨色

线装

高 25.5 厘米 × 宽 15.1 厘米

索书号 000944

516. 六十甲子

佚名抄

旧抄本

1 册 86 页

棉纸 墨色

线装

高 27.6 厘米 × 宽 15.7 厘米

索书号 000945

517. 读本看做当

佚名抄

旧抄本

1 册 46 页

棉纸 墨色

线装

高 28.0 厘米 × 宽 18.9 厘米

索书号 000946

518. 正辛亥日

佚名抄

旧抄本

1 册　6 页
棉纸　墨色
线装
高 31.7 厘米 × 宽 20.0 厘米
索书号 000947

519. 正七

佚名抄
旧抄本
1 册　32 页
棉纸　墨色
线装
高 31.8 厘米 × 宽 20.7 厘米
索书号 000948

520. 宅度六十大凶

佚名抄
旧抄本
1 册　48 页
棉纸　墨色
线装
高 29.2 厘米 × 宽 19.7 厘米
索书号 000949

521. 阴阳贪年

佚名抄
旧抄本
1 册　38 页
棉纸　墨色
线装
高 25.6 厘米 × 宽 15.4 厘米
索书号 000950

522. 子午卯酉年

水文题名：
佚名抄
旧抄本
1 册　66 页
棉纸　墨色
线装
高 15.7 厘米 × 宽 20.5 厘米
索书号 000951

523. 子午卯酉年

水文题名：
佚名抄
旧抄本
1 册　8 页
棉纸　墨色
线装
高 15.0 厘米 × 宽 20.7 厘米
索书号 000952

524. 六十甲子

佚名抄
旧抄本
1 册　22 页
棉纸　墨色
纸捻装
高 15.4 厘米 × 宽 18.5 厘米
索书号 000953

525. 午年寅方

佚名抄
旧抄本
1 册 18 页
棉纸 墨色
纸捻装
高 20.7 厘米 × 宽 16.3 厘米
索书号 000954

526. 六十二壬寅壬子日寅申卯时

佚名抄
旧抄本
1 册 26 页
棉纸 墨色
线装
高 16.6 厘米 × 宽 19.6 厘米
索书号 000955

527. 甲己年九未方贪

水文题名: 
佚名抄
旧抄本
1 册 18 页
棉纸 墨色
线装
高 16.2 厘米 × 宽 20.1 厘米
索书号 000956

528. 大火卯日凶

水文题名: 
佚名抄
旧抄本
1 册 26 页
棉纸 墨色
线装
高 16.3 厘米 × 宽 21.5 厘米
索书号 000957

529. 乙亥正三壬辰日卯时

佚名抄
旧抄本
1 册 32 页
棉纸 墨色
线装
高 16.4 厘米 × 宽 22.0 厘米
索书号 000958

530. 论年忌山安葬

佚名抄
民国五年（1916）抄本
1 册 46 页
棉纸 墨色
线装
高 15.7 厘米 × 宽 23.0 厘米
索书号 000959

531. 第一丙寅

佚名抄
旧抄本
1 册 16 页
棉纸 墨色
线装

高 17.3 厘米 × 宽 22.7 厘米
索书号 000960

532. 子午卯酉年贪文破

水文题名：[水文字]
李永昌抄
民国二十五年（1936）抄本
1 册 34 页
棉纸 墨色
线装
高 24.5 厘米 × 宽 15.2 厘米
索书号 000961

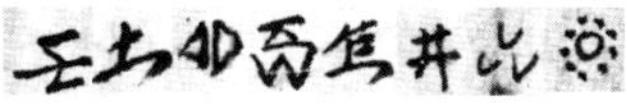

533. 正七庚甲

水文题名：[水文字]
李永昌抄
民国二十五年（1936）抄本
1 册 32 页
棉纸 墨色
线装
高 24.5 厘米 × 宽 15.1 厘米
索书号 000962

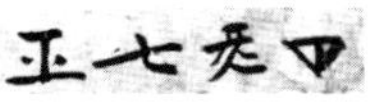

534. 申子辰吉

水文题名：[水文字]
佚名抄
旧抄本
1 册 36 页
棉纸 墨色
线装
高 22.1 厘米 × 宽 16.8 厘米
索书号 000963

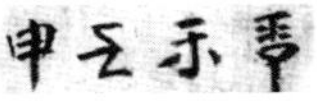

535. 灵吉通知

韦玉教抄
民国二十二年（1933）抄本
1 册 25 页
棉纸 墨色
纸捻装
高 24.8 厘米 × 宽 19.0 厘米
索书号 000964

536. 富贵大吉贪巨

佚名抄
旧抄本
1 册 29 页
棉纸 墨色
线装
高 30.6 厘米 × 宽 19.6 厘米
索书号 000965

537. 六十甲子

佚名抄
旧抄本
1 册 39 页
棉纸 墨色
线装
高 20.5 厘米 × 宽 22.5 厘米
索书号 000966

538. 春寅午戌

韦德明抄

民国六年（1917）抄本
1 册 33 页
棉纸 墨色
纸捻装
高 28.0 厘米 × 宽 19.2 厘米
索书号 000967

539. 壬辰贪

水文题名： 
佚名抄
旧抄本
1 册 20 页
棉纸 墨色
线装
高 27.6 厘米 × 宽 19.5 厘米
索书号 000968

540. 壹本辅吉

水文题名： 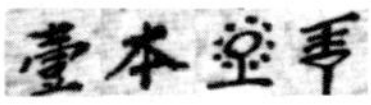
李永昌抄
旧抄本
1 册 32 页
棉纸 墨色
纸捻装
高 24.0 厘米 × 宽 20.0 厘米
索书号 000969

541. 甲子辰年

佚名抄
旧抄本
1 册 8 页
棉纸 墨色
线装
高 29.5 厘米 × 宽 20.0 厘米
索书号 000970

542. 正四七十下贪

水文题名： 
佚名抄
旧抄本
1 册 15 页
棉纸 墨色
纸捻装
高 25.5 厘米 × 宽 22.2 厘米
索书号 000971

543. 子午日卯时

佚名抄
旧抄本
1 册 38 页
棉纸 墨色
线装
高 26.5 厘米 × 宽 16.0 厘米
索书号 000972

544. 甲子文第二辛未年吉

水文题名： 
佚名抄
民国十四年（1925）抄本
1 册 58 页
棉纸 墨色
线装

高 25.0 厘米 × 宽 15.6 厘米
索书号 000973

545. 水书定桥本
韦学刚抄
旧抄本
1 册 28 页
棉纸 墨色
纸捻装
高 25.5 厘米 × 宽 22.5 厘米
索书号 000974

546. 十二年十二月八贪吉凶用法
佚名抄
旧抄本
1 册 72 页
棉纸 墨色
线装
高 24.2 厘米 × 宽 13.0 厘米
索书号 000975

547. 大水贪第一乙丑■吉
水文题名：
佚名抄
旧抄本
1 册 16 页
棉纸 墨色
线装
高 16.5 厘米 × 宽 24.7 厘米
索书号 000976

548. 子午卯酉年
水文题名：
佚名抄
旧抄本
1 册 10 页
棉纸 墨色
线装
高 15.8 厘米 × 宽 22.0 厘米
索书号 000977

549. 水书
佚名抄
旧抄本
1 册 6 页
棉纸 墨色
线装
高 16.8 厘米 × 宽 21.0 厘米
索书号 000978

550. 水书
佚名抄
旧抄本
1 册 6 页
棉纸 墨色
线装
高 15.8 厘米 × 宽 23.5 厘米
索书号 000979

551. 庚辰辛巳年选择吉凶书
佚名抄
民国二十九年（1940）抄本

1册 59页
棉纸 墨色
纸捻装
高23.2厘米 × 宽12.8厘米
索书号 000980

552. 隔见■花

佚名抄
旧抄本
1册 109页
棉纸 墨色
线装
高15.0厘米 × 宽19.6厘米
索书号 000981

553. 子年正戌

水文题名： 
韦玉连抄
清光绪二十七年（1901）抄本
1册 28页
棉纸 墨色
线装
高16.0厘米 × 宽21.3厘米
索书号 000982

554. 九火

佚名抄
旧抄本
1册 107页
棉纸 墨色
线装
高16.7厘米 × 宽14.2厘米
索书号 000983

555. 起月天罡

佚名抄
旧抄本
1册 131页
棉纸 墨色
线装
高16.7厘米 × 宽14.2厘米
索书号 000984

556. 大火破

佚名抄
旧抄本
1册 90页
棉纸 墨色
纸捻装
高18.0厘米 × 宽15.2厘米
索书号 000985

557. 地理本

佚名抄
旧抄本
1册 11页
棉纸 墨色
纸捻装
高14.8厘米 × 宽20.0厘米
索书号 000986

558. 子午年正七

水文题名：

佚名抄

1 册 28 页

棉纸 墨色

线装

高 15.0 厘米 × 宽 19.3 厘米

索书号 000987

559. 第五癸酉

佚名抄

旧抄本

1 册 76 页

棉纸 墨色

线装

高 16.3 厘米 × 宽 13.8 厘米

索书号 000988

560. 卯子日时吉

水文题名：

佚名抄

1 册 153 页

棉纸 墨色

线装

高 17.2 厘米 × 宽 14.8 厘米

索书号 000989

561. 甲子甲巳

佚名抄

旧抄本

1 册 37 页

棉纸 墨色

线装

高 17.3 厘米 × 宽 14.3 厘米

索书号 000990

562. 申子

佚名抄

旧抄本

1 册 6 页

棉纸 墨色

线装

高 17.0 厘米 × 宽 23.5 厘米

索书号 000991

563. 春夏秋冬

水文题名：

佚名抄

民国二十五年（1936）抄本

1 册 22 页

棉纸 墨色

线装

高 17.6 厘米 × 宽 20.5 厘米

索书号 000992

564. 六十未申吉

水文题名：

佚名抄

旧抄本

1 册 12 页

棉纸 墨色

纸捻装

高 13.7 厘米 × 宽 19.2 厘米
索书号 000993

565. 辛丑年

水文题名：
佚名抄
旧抄本
1 册 27 页
棉纸 墨色
纸捻装
高 29.0 厘米 × 宽 17.9 厘米
索书号 000994

566. 甲己寅卯

水文题名：
潘庆兰抄
民国九年（1920）抄本
1 册 40 页
棉纸 墨色
线装
高 29.0 厘米 × 宽 17.1 厘米
索书号 000995

567. 庚申年

佚名抄
旧抄本
1 册 140 页
棉纸 墨色
纸捻装
高 29.0 厘米 × 宽 17.1 厘米
索书号 000996

568. 计开

吴金坤抄
旧抄本
1 册 19 页
棉纸 墨色
纸捻装
高 29.0 厘米 × 宽 17.1 厘米
索书号 000997

569. 通用择日做善砂萨

杨先明抄
清光绪三十三年（1907）抄本
1 册 32 页
棉纸 墨色
线装
高 29.0 厘米 × 宽 17.1 厘米
索书号 000998

570. 甲己子年未方凶

水文题名：
佚名抄
旧抄本
1 册 9 页
棉纸 墨色
纸捻装
高 29.0 厘米 × 宽 17.1 厘米
索书号 000999

571. 申子辰年

水文题名：
佚名抄
旧抄本

1册 26页
棉纸 墨色
纸捻装
高29.0厘米 × 宽17.1厘米
索书号001000

572. 大火破巨小火巨门

佚名抄
民国七年（1918）抄本
1册 45页
棉纸 墨色
纸捻装
高29.0厘米 × 宽17.1厘米
索书号001001

573. 申子辰未壬乙吉

潘庆兰抄
民国六年（1917）抄本
1册 13页
棉纸 墨色
线装
高29.0厘米 × 宽17.1厘米
索书号001002

574. 大火破小火巨

佚名抄
旧抄本
1册 15页
棉纸 墨色
纸捻装
高29.0厘米 × 宽17.1厘米
索书号001003

575. 阴阳顺逆

佚名抄
旧抄本
1册 72页
棉纸 墨色
纸捻装
高29.0厘米 × 宽17.2厘米
索书号001004

576. 出门杀相打鸟

佚名抄
旧抄本
1册 12页
棉纸 墨色
纸捻装
高29.0厘米 × 宽17.2厘米
索书号001005

577. 天杠白木

佚名抄
旧抄本
1册 16页
棉纸 墨色
纸捻装
高29.0厘米 × 宽17.2厘米
索书号001006

578. 乙未时

佚名抄

旧抄本
1 册 27 页
棉纸 墨色
线装
高 29.0 厘米 ×17.2 厘米
索书号 001007

579. 巳酉丑年

水文题名：
佚名抄
旧抄本
1 册 20 页
棉纸 墨色
线装
高 29.0 厘米 × 宽 17.2 厘米
索书号 001008

580. 子午卯酉年正四七十下

吴奉漳抄
旧抄本
1 册 34 页
棉纸 墨色
线装
高 29.0 厘米 × 宽 17.2 厘米
索书号 001009

581. 子午年第乙酉方

水文题名：
佚名抄
旧抄本
1 册 24 页
棉纸 墨色
线装
高 29.0 厘米 × 宽 17.2 厘米
索书号 001010

582. 乙亥年

佚名抄
旧抄本
1 册 6 页
棉纸 墨色
线装
高 29.0 厘米 × 宽 17.2 厘米
索书号 001011

583. 阴阳歌语通书唱言

佚名抄
民国二十三年（1934）抄本
1 册 23 页
棉纸 墨色
线装
高 29.0 厘米 × 宽 17.2 厘米
索书号 001012

584. 乙未辛亥乙亥日凶

水文题名：
何文选抄
清光绪十九年（1893）抄本
1 册 17 页
棉纸 墨色
线装
高 29.0 厘米 × 宽 17.2 厘米

索书号 001013

585. 甲子日时

水文题名:

佚名抄

旧抄本

1 册 22 页

棉纸 墨色

纸捻装

高 29.0 厘米 × 宽 17.3 厘米

索书号 001014

586. 白木

吴金顺抄

旧抄本

1 册 63 页

棉纸 墨色

线装

高 29.0 厘米 × 宽 17.3 厘米

索书号 001015

587. 子午卯酉年

佚名抄

旧抄本

1 册 10 页

棉纸 墨色

线装

高 29.0 厘米 × 宽 17.3 厘米

索书号 001016

588. 壬寅日

佚名抄

旧抄本

1 册 16 页

棉纸 墨色

线装

高 29.0 厘米 × 宽 17.3 厘米

索书号 001017

589. 甲子年

水文题名:

佚名抄

旧抄本

1 册 42 页

棉纸 墨色

纸捻装

高 29.0 厘米 × 宽 17.3 厘米

索书号 001018

590. 甲巳年

佚名抄

旧抄本

1 册 8 页

棉纸 墨色

纸捻装

高 29.0 厘米 × 宽 17.3 厘米

索书号 001019

591. 大所公

佚名抄

旧抄本

1册 32页
棉纸 墨色
线装
高29.0厘米 × 宽17.3厘米
索书号001020

592. 接寡婆取日

佚名抄
清同治十二年（1873）抄本
1册 12页
棉纸 墨色
纸捻装
高32.0厘米 × 宽20.5厘米
索书号001021

593. 子午年正七

佚名抄
旧抄本
1册 16页
棉纸 墨色
纸捻装
高25.3厘米 × 宽20.0厘米
索书号001022

594. 巳卯选择凶 卷二

石文昌抄
旧抄本
1册 25页
棉纸 墨色
纸捻装
高32.5厘米 × 宽20.9厘米
索书号001023

595. 癸亥年辛卯日贪

佚名抄
旧抄本
1册 10页
棉纸 墨色
线装
高33.0厘米 × 宽20.0厘米
索书号001024

596. 正四七十上

佚名抄
旧抄本
1册 47页
棉纸 墨色
线装
高33.8厘米 × 宽20.0厘米
索书号001025

597. 正七庚甲日

水文题名: 
兰亭氏抄
民国四年（1915）抄本
1册 58页
棉纸 墨色
线装
高32.0厘米 × 宽19.7厘米
索书号001026

598. 年甲子金

水文题名： 
佚名抄
旧抄本
1册 81页
棉纸 墨色
线装
高 32.0 厘米 × 宽 20.7 厘米
索书号 001027

599. 正七庚甲

水文题名： 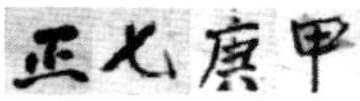
佚名抄
旧抄本
1册 30页
棉纸 墨色
线装
高 30.2 厘米 × 宽 24.2 厘米
索书号 001028

600. 贪巨甲子

水文题名： 
佚名抄
旧抄本
1册 12页
棉纸 墨色
线装
高 27.8 厘米 × 宽 18.5 厘米
索书号 001029

601. 子午卯酉年

佚名抄
旧抄本
1册 12页
棉纸 墨色
纸捻装
高 33.5 厘米 × 宽 24.2 厘米
索书号 001030

602. 甲巳年正戊日正巳日凶

韦玉珍抄
民国二十七年（1938）抄本
1册 34页
棉纸 墨色
纸捻装
高 32.0 厘米 × 宽 20.0 厘米
索书号 001031

603. 甲子贪正七九贪

水文题名：
佚名抄
旧抄本
1册 12页
棉纸 墨色
纸捻装
高 32.0 厘米 × 宽 22.4 厘米
索书号 001032

604. 正四七十

水文题名： 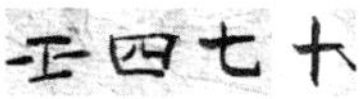
佚名抄

旧抄本

1册 30页

棉纸 墨色

线装

高 20.0 厘米 × 宽 21.6 厘米

索书号 001033

605. 子午卯酉年

水文题名：

佚名抄

旧抄本

1册 44页

棉纸 墨色

线装

高 29.5 厘米 × 宽 24.5 厘米

索书号 001034

606. 甲己九破未方

水文题名：

佚名抄

旧抄本

1册 56页

棉纸 墨色

线装

高 24.3 厘米 × 宽 14.0 厘米

索书号 001035

607. 甲午年■破

水文题名：

佚名抄

清光绪二十年（1894）抄本

1册 31页

棉纸 墨色

纸捻装

高 23.0 厘米 × 宽 13.7 厘米

索书号 001036

608. 申子辰年

水文题名：

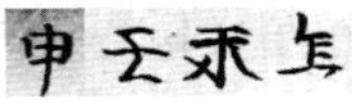

佚名抄

旧抄本

1册 34页

棉纸 墨色

纸捻装

高 14.3 厘米 × 宽 19.7 厘米

索书号 001037

609. 留立

佚名抄

旧抄本

1册 65页

棉纸 墨色

纸捻装

高 26.5 厘米 × 宽 16.5 厘米

索书号 001038

610. 申子辰年

水文题名：

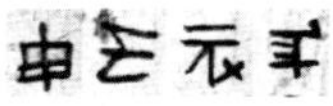

佚名抄

旧抄本

1册 9页

棉纸 墨色

线装
高 16.0 厘米 × 宽 28.5 厘米
索书号 001039

611. 子丑

水文题名：[水文]
佚名抄
旧抄本
1 册 32 页
棉纸 墨色
线装
高 28.3 厘米 × 宽 18.5 厘米
索书号 001040

612. 寸门接魂吉日

佚名抄
旧抄本
1 册 36 页
棉纸 墨色
线装
高 18.3 厘米 × 宽 23.5 厘米
索书号 001041

613. 通书选用

佚名抄
旧抄本
1 册 54 页
棉纸 墨色
纸捻装
高 26.2 厘米 × 宽 15.5 厘米
索书号 001042

614. 正四七十

水文题名：[水文]
佚名抄
民国二十六年（1937）抄本
1 册 25 页
棉纸 墨色
纸捻装
高 25.5 厘米 × 宽 16.0 厘米
索书号 001043

615. 子午卯酉

佚名抄
旧抄本
1 册 24 页
棉纸 墨色
线装
高 15.0 厘米 × 宽 19.0 厘米
索书号 001044

616. 子午卯酉年

佚名抄
旧抄本
1 册 10 页
棉纸 墨色
线装
高 15.5 厘米 × 宽 20.0 厘米
索书号 001045

617. 甲巳日甲子日九时

佚名抄
旧抄本

1 册 86 页

棉纸 墨色

纸捻装

高 15.0 厘米 × 宽 19.0 厘米

索书号 001046

618. 子午年四十吉

水文题名：

韦国隆抄

民国十九年（1930）抄本

1 册 66 页

棉纸 墨色

纸捻装

高 14.5 厘米 × 宽 18.3 厘米

索书号 001047

619. 造娶八■

佚名抄

民国三十二年（1943）抄本

1 册 133 页

棉纸 墨色

线装

高 15.5 厘米 × 宽 14.5 厘米

索书号 001048

620. 采贼盗脚

佚名抄

旧抄本

1 册 24 页

棉纸 墨色

线装

高 15.0 厘米 × 宽 19.0 厘米

索书号 001049

621. 正四七十酉方

佚名抄

清光绪二十四年（1898）抄本

1 册 34 页

棉纸 墨色

线装

高 16.0 厘米 × 宽 21.0 厘米

索书号 001050

622. 鬼名

王子珍抄

旧抄本

1 册 32 页

棉纸 墨色

纸捻装

高 14.0 厘米 × 宽 14.5 厘米

索书号 001051

623. 二十八宿通流（第一甲子）

佚名抄

旧抄本

1 册 25 页

棉纸 墨色

纸捻装

高 15.5 厘米 × 宽 13.5 厘米

索书号 001052

624. 敢字

佚名抄

清光绪二十年（1894）抄本

1 册 44 页

棉纸 墨色

线装

高 18.0 厘米 × 宽 16.5 厘米

索书号 001053

625. 宪书通用

佚名抄

清光绪二十八年（1902）抄本

1 册 33 页

棉纸 墨色

纸捻装

高 17.5 厘米 × 宽 15.0 厘米

索书号 001054

626. 正七贪九未申方（当书）

水文题名：

韦耀山抄

旧抄本

1 册 43 页

棉纸 墨色

线装

高 14.0 厘米 × 宽 18.0 厘米

索书号 001055

627. 大火

佚名抄

旧抄本

1 册 70 页

棉纸 墨色

线装

高 13.5 厘米 × 宽 18.0 厘米

索书号 001056

628. 子午卯酉年

水文题名：

佚名抄

旧抄本

1 册 56 页

棉纸 墨色

线装

高 11.5 厘米 × 宽 19.0 厘米

索书号 001057

629. 甲子时

佚名抄

旧抄本

1 册 44 页

棉纸 墨色

纸捻装

高 14.5 厘米 × 宽 18.0 厘米

索书号 001058

630. 放鬼又日时退头

佚名抄

民国抄本

1 册 48 页

棉纸 墨色

线装

高 27.0 厘米 × 宽 18.5 厘米

索书号 001059

631. 看方时用

佚名抄

民国抄本

1 册　12 页

棉纸　墨色

线装

高 30.5 厘米 × 宽 20.6 厘米

索书号 001060

632. 申子辰年

水文题名：

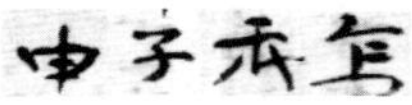

韦懋全抄

民国抄本

1 册　32 页

棉纸　墨色

线装

高 24.0 厘米 × 宽 13.9 厘米

索书号 001061

633. 术灵公

佚名抄

民国抄本

1 册　50 页

棉纸　墨色

线装

高 26.5 厘米 × 宽 15.2 厘米

索书号 001062

634. 五虎上下

佚名抄

民国二十四年（1935）抄本

1 册　54 页

棉纸　墨色

纸捻装

高 24.6 厘米 × 宽 14.0 厘米

索书号 001063

635. 甲子二八碑

水文题名：

廷英抄

民国六年（1917）抄本

1 册　14 页

棉纸　墨色

纸捻装

高 23.5 厘米 × 宽 13.1 厘米

索书号 001064

636. 计反书

杨先荣抄

民国抄本

1 册　34 页

棉纸　墨色

纸捻装

高 24.5 厘米 × 宽 14.0 厘米

索书号 001065

637. 子午年酉方

水文题名：

佚名抄

清光绪十五年（1889）抄本
1册 14页
棉纸 墨色
线装
高 24.5 厘米 × 宽 14.5 厘米
索书号 001066

638. 嫁娶择日

佚名抄
旧抄本
1册 34页
棉纸 墨色
线装
高 24.6 厘米 × 宽 14.4 厘米
索书号 001067

639. 丧葬仪式

佚名抄
清抄本
1册 78页
棉纸 墨色
纸捻装
高 27.1 厘米 × 宽 18.1 厘米
索书号 001068

640. 腾订蛋法

佚名抄
民国四年（1915）抄本
1册 16页
棉纸 墨色
纸捻装
高 27.0 厘米 × 宽 18.0 厘米
索书号 001069

641. 亲书

佚名抄
旧抄本
1册 10页
棉纸 墨色
纸捻装
高 25.0 厘米 × 宽 21.0 厘米
索书号 001070

642. 九吉

佚名抄
清抄本
1册 10页
棉纸 墨色
线装
高 17.0 厘米 × 宽 26.5 厘米
索书号 001071

643. 历书

佚名抄
清抄本
1册 124页
棉纸 墨色
线装
高 27.0 厘米 × 宽 19.0 厘米
索书号 001072

644. 子午卯酉年

佚名抄

清抄本

1 册 29 页

棉纸 墨色

纸捻装

高 28.2 厘米 × 宽 18.9 厘米

索书号 001073

645. 己丑日

佚名抄

清抄本

1 册 56 页

棉纸 墨色

线装

高 20.0 厘米 × 宽 29.0 厘米

索书号 001074

646. 送娘或送鬼

佚名抄

清光绪元年（1875）抄本

1 册 10 页

棉纸 墨色

纸捻装

高 28.9 厘米 × 宽 19.5 厘米

索书号 001075

647. 三教圣贤神位

佚名抄

清抄本

1 册 70 页

棉纸 墨色

线装

高 28.3 厘米 × 宽 19.6 厘米

索书号 001076

648. 占敖冬

佚名抄

旧抄本

1 册 24 页

棉纸 墨色

线装

高 24.0 厘米 × 宽 18.5 厘米

索书号 001077

649. 四经透解

佚名抄

旧抄本

1 册 30 页

棉纸 墨色

线装

高 15.9 厘米 × 宽 14.6 厘米

索书号 001078

650. 论宫利年月日时

佚名抄

旧抄本

1 册 44 页

棉纸 墨色

线装

高 16.0 厘米 × 宽 14.8 厘米

索书号 001079

651. 杂录吉凶日

佚名抄
民国二十六年（1937）抄本
1 册 56 页
棉纸 墨色
线装
高 16.0 厘米 × 宽 13.7 厘米
索书号 001080

652. 占六宫官符忌

佚名抄
旧抄本
1 册 60 页
棉纸 墨色
线装
高 16.5 厘米 × 宽 14.0 厘米
索书号 001081

653. 二十艺句解

佚名抄
清抄本
1 册 64 页
棉纸 墨色
线装
高 23.5 厘米 × 宽 15.1 厘米
索书号 001082

654. 水通在内有符扫鬼

佚名抄
旧抄本
1 册 60 页
棉纸 墨色
线装
高 17.5 厘米 × 宽 23.0 厘米
索书号 001083

655. 还乔应用

佚名抄
清抄本
1 册 52 页
棉纸 墨色
纸捻装
高 23.9 厘米 × 宽 13.5 厘米
索书号 001085

656. 占移锅唱

佚名抄
旧抄本
1 册 68 页
棉纸 墨色
线装
高 16.7 厘米 × 宽 14.4 厘米
索书号 001087

657. 癸巳亥六年大吉

佚名抄
旧抄本
1 册 16 页
棉纸 墨色
纸捻装
高 25.1 厘米 × 宽 22.7 厘米
索书号 001088

658. 子午年第三戊戌日

佚名抄
清光绪十一年（1885）抄本
1册 25页
棉纸 墨色
纸捻装
高29.5厘米 × 宽19.0厘米
索书号001089

659. 九巳则屠六十年安葬大凶

佚名抄
民国二十一年（1932）抄本
1册 15页
棉纸 墨色
纸捻装
高27.5厘米 × 宽18.7厘米
索书号001090

660. 方寅辛卯

佚名抄
旧抄本
1册 48页
棉纸 墨色
纸捻装
高24.9厘米 × 宽20.2厘米
索书号001091

661. 五寅 上下全集

佚名抄
旧抄本
1册 47页
棉纸 墨色
纸捻装
高15.4厘米 × 宽14.2厘米
索书号001092

662. 甲五寅

佚名抄
民国十八年（1929）抄本
1册 31页
棉纸 墨色
纸捻装
高24.1厘米 × 宽18.5厘米
索书号001093

663. 甲子

佚名抄
旧抄本
1册 7页
棉纸 墨色
纸捻装
高32.3厘米 × 宽21.8厘米
索书号001094

664. 乙未九吉

佚名抄
旧抄本
1册 36页
棉纸 墨色
纸捻装
高24.6厘米 × 宽18.9厘米
残本

索书号 001095

665. 丑寅吉

佚名抄
旧抄本
1 册 20 页
棉纸 墨色
线装
高 24.0 厘米 × 宽 13.0 厘米
索书号 001096

666. 历书

佚名抄
民国十四年（1925）抄本
1 册 15 页
棉纸 墨色
线装
高 26.0 厘米 × 宽 18.1 厘米
索书号 001097

667. 水书

佚名抄
旧抄本
1 册 56 页
棉纸 墨色
纸捻装
高 26.0 厘米 × 宽 17.0 厘米
索书号 001098

668. 申子辰年

佚名抄
旧抄本
1 册 10 页
棉纸 墨色
线装
高 26.8 厘米 × 宽 18.4 厘米
索书号 001099

669. 寅午戌年

佚名抄
旧抄本
1 册 41 页
棉纸 墨色
线装
高 17.2 厘米 × 宽 14.0 厘米
索书号 001100

670. 丰用安葬

佚名抄
旧抄本
1 册 71 页
棉纸 墨色
线装
高 24.3 厘米 × 宽 14.8 厘米
索书号 001101

671. 八贪六马

佚名抄
旧抄本
1 册 40 页

棉纸 墨色
线装
高 25.2 厘米 × 宽 14.0 厘米
索书号 001102

672. 七元甲子年贪文破

佚名抄
旧抄本
1 册 45 页
棉纸 墨色
纸捻装
高 22.1 厘米 × 宽 12.3 厘米
索书号 001103

673. 甲子年贪

佚名抄
清光绪二十八年（1902）抄本
1 册 61 页
棉纸 墨色
纸捻装
高 25.0 厘米 × 宽 14.4 厘米
索书号 001104

674. 正七连庚甲

佚名抄
旧抄本
1 册 27 页
棉纸 墨色
纸捻装
高 26.3 厘米 × 宽 15.7 厘米
索书号 001105

675. 养贯

佚名抄
旧抄本
1 册 73 页
棉纸 墨色
纸捻装
高 26.0 厘米 × 宽 15.2 厘米
索书号 001106

676. 钱送容戊忌

佚名抄
旧抄本
1 册 28 页
棉纸 墨色
线装
高 22.0 厘米 × 宽 13.8 厘米
索书号 001107

677. 逢贪

佚名抄
清抄本
1 册 26 页
棉纸 墨色
纸捻装
高 15.6 厘米 × 宽 24.2 厘米
索书号 001108

678. 六十年妙甲

佚名抄
清宣统元年（1909）抄本
1 册 125 页

棉纸 墨色
纸捻、线装混合
高 26.0 厘米 × 宽 28.7 厘米
索书号 001109

679. 择日书

佚名抄
民国抄本
1 册 62 页
棉纸 墨色
纸捻、线装混合
高 28.7 厘米 × 宽 20.3 厘米
索书号 001110

680. 祭解

佚名抄
民国六年（1917）抄本
1 册 33 页
棉纸 墨色
纸捻装
高 23.5 厘米 × 宽 21.0 厘米
索书号 001111

681. 占转身用

佚名抄
旧抄本
1 册 86 页
棉纸 墨色
线装
高 20.0 厘米 × 宽 24.6 厘米
索书号 001112

682. 安葬书

佚名抄
旧抄本
1 册 26 页
棉纸 墨色
线装
高 28.5 厘米 × 宽 19.0 厘米
索书号 001113

683. 择时书

佚名抄
旧抄本
1 册 18 页
棉纸 墨色
线装
高 29.2 厘米 × 宽 23.5 厘米
索书号 001114

684. 六十引腊名

佚名抄
旧抄本
1 册 24 页
棉纸 墨色
线装
高 26.3 厘米 × 宽 29.2 厘米
索书号 001115

685. 八贪乙公乙母

佚名抄
旧抄本
1 册 32 页

棉纸 墨色
纸捻装
高 26.0 厘米 × 宽 26.7 厘米
索书号 001116

686. 贪狼
佚名抄
旧抄本
1 册 17 页
棉纸 墨色
纸捻装
高 17.5 厘米 × 宽 15.0 厘米
索书号 001117

687. 正四七十上
佚名抄
旧抄本
1 册 5 页
棉纸 墨色
纸捻装
高 26.5 厘米 × 宽 21.0 厘米
索书号 001118

688. 申子辰年
佚名抄
旧抄本
1 册 9 页
棉纸 墨色
线装
高 20.0 厘米 × 宽 24.5 厘米
索书号 001119

689. 起房字
尊亭氏抄
民国二年（1913）抄本
1 册 26 页
棉纸 墨色
纸捻装
高 27.6 厘米 × 宽 19.4 厘米
索书号 001120

690. 春寅午戌
佚名抄
旧抄本
1 册 21 页
棉纸 墨色
纸捻装
高 26.3 厘米 × 宽 19.0 厘米
索书号 001121

691. 第一甲子
佚名抄
旧抄本
1 册 65 页
棉纸 墨色
线装
高 32.6 厘米 × 宽 21.0 厘米
索书号 001122

692. 十二金年
罗康抄

旧抄本
1册 26页
棉纸 墨色
纸捻装
高 26.5 厘米 × 宽 19.5 厘米
索书号 001123

693. 葬事贫穷备要

佚名抄
旧抄本
1册 56页
棉纸 墨色
纸捻装
高 26.5 厘米 × 宽 15.3 厘米
索书号 001124

694. 正四七十

佚名抄
旧抄本
1册 47页
棉纸 墨色
线装
高 35.0 厘米 × 宽 20.7 厘米
索书号 001125

695. 甲巳年九时未方

佚名抄
旧抄本
1册 50页
棉纸 墨色
线装
高 36.0 厘米 × 宽 23.5 厘米
索书号 001126

696. 连男连女在内

佚名抄
旧抄本
1册 8页
棉纸 墨色
线装
高 30.5 厘米 × 宽 20.5 厘米
索书号 001127

697. 占小儿忌初

佚名抄
旧抄本
1册 22页
棉纸 墨色
纸捻装
高 17.5 厘米 × 宽 15.0 厘米
索书号 001128

698. 陆道根源

杨荣知抄
旧抄本
1册 54页
棉纸 墨色
纸捻装
高 24.0 厘米 × 宽 13.7 厘米
索书号 001130

699. 正七庚甲

水文题名：

佚名抄

旧抄本

1 册 65 页

棉纸 墨色

纸捻装

高 25.5 厘米 × 宽 15.0 厘米

索书号 001131

700. 甲子计本

佚名抄

旧抄本

1 册 44 页

棉纸 墨色

纸捻装

高 22.8 厘米 × 宽 12.0 厘米

索书号 001132

701. 捌贪阴汤

厚安抄

旧抄本

1 册 84 页

棉纸 墨色

纸捻装

高 26.5 厘米 × 宽 17.8 厘米

索书号 001133

702. 把贪金堂

厚安抄

旧抄本

1 册 31 页

棉纸 墨色

纸捻装

高 26.7 厘米 × 宽 17.5 厘米

索书号 001134

703. 子午卯酉年

水文题名：

李永昌抄

旧抄本

1 册 30 页

棉纸 墨色

纸捻装

高 23.5 厘米 × 宽 13.8 厘米

索书号 001135

704. 嫁娶通用吉凶

佚名抄

旧抄本

1 册 78 页

棉纸 墨色

纸捻装

高 18.2 厘米 × 宽 16.0 厘米

索书号 001136

705. 十二年金

佚名抄

清光绪二十七年（1901）抄本

1 册 16 页

棉纸 墨色

纸捻装

高 14.0 厘米 × 宽 25.3 厘米
索书号 001137

706. 寅卯方时
佚名抄
清抄本
1 册 18 页
棉纸 墨色
纸捻装
高 12.5 厘米 × 宽 22.2 厘米
索书号 001138

707. 九反后凶
佚名抄
旧抄本
1 册 34 页
棉纸 墨色
纸捻装
高 17.0 厘米 × 宽 20.0 厘米
索书号 001139

708. 占偷花六害
佚名抄
清抄本
1 册 58 页
棉纸 墨色
纸捻装
高 20.0 厘米 × 宽 17.5 厘米
索书号 001140

709. 白木
佚名抄
旧抄本
1 册 21 页
棉纸 墨色
纸捻装
高 17.5 厘米 × 宽 14.8 厘米
索书号 001141

710. 占■收兵念用
佚名抄
旧抄本
1 册 23 页
棉纸 墨色
纸捻装
高 18.8 厘米 × 宽 16.8 厘米
索书号 001142

711. 八大暗曜
佚名抄
旧抄本
1 册 114 页
棉纸 墨色
线装
高 24.3 厘米 × 宽 14.3 厘米
索书号 001144

712. 正七连庚甲
佚名抄
旧抄本
1 册 32 页

棉纸 墨色
纸捻装
高 25.8 厘米 × 宽 15.5 厘米
索书号 001145

713. 地理三盘

佚名抄
清光绪三十一年（1905）抄本
1 册 35 页
棉纸 墨色
线装
高 24.5 厘米 × 宽 14.5 厘米
索书号 001146

714. 阴阳论

佚名抄
旧抄本
1 册 52 页
棉纸 墨色
线装
高 14.8 厘米 × 宽 22.7 厘米
索书号 001147

715. 应用庙鬼

佚名抄
旧抄本
1 册 51 页
棉纸 墨色
纸捻装
高 18.2 厘米 × 宽 14.4 厘米
索书号 001148

716. 二十四节气表

佚名抄
民国抄本
1 册 28 页
棉纸 墨色
线装
高 14.5 厘米 × 宽 27.0 厘米
索书号 001149

717. 吉时凶

佚名抄
清光绪二十九年（1903）抄本
1 册 125 页
棉纸 墨色
线装
高 12.7 厘米 × 宽 14.0 厘米
索书号 001150

718. 新订崇正辟谬通书

佚名抄
旧抄本
1 册 58 页
棉纸 墨色
线装
高 25.5 厘米 × 宽 14.9 厘米
索书号 001152

719. 占推日吉凶全本通用

佚名抄
清抄本
1 册 43 页

棉纸 墨色

线装

高 20.6 厘米 × 宽 15.7 厘米

索书号 001153

720. 九火凶

水文题名：

佚名抄

旧抄本

1 册 96 页

棉纸 墨色

线装

高 18.7 厘米 × 宽 22.0 厘米

索书号 001154

721. 甲子年贪

韦秉忠抄

清抄本

1 册 20 页

棉纸 墨色

纸捻装

高 27.0 厘米 × 宽 18.0 厘米

索书号 001156

722. 掌诀吉凶

佚名抄

民国三十五年（1946）抄本

1 册 132 页

棉纸 墨色

纸捻装

高 15.0 厘米 × 宽 13.3 厘米

索书号 001158

723. 子午卯酉年

佚名抄

民国七年（1918）抄本

1 册 107 页

棉纸 墨色

纸捻装

高 15.3 厘米 × 宽 12.7 厘米

索书号 001159

724. 八山吉凶

佚名抄

清宣统元年（1909）抄本

1 册 105 页

棉纸 墨色

线装

高 24.8 厘米 × 宽 15.9 厘米

索书号 001160

725. 占今哭日凶

佚名抄

清抄本

1 册 23 页

棉纸 墨色

线装

高 23.3 厘米 × 宽 16.3 厘米

索书号 001161

726. 开丧吉用

佚名抄

清抄本
1 册 57 页
棉纸 墨色
线装
高 15.7 厘米 × 宽 20.3 厘米
索书号 001162

727. 壬子

佚名抄
旧抄本
1 册 10 页
棉纸 墨色
线装
高 15.6 厘米 × 宽 20.3 厘米
索书号 001163

728. 己巳年

佚名抄
民国三十一年（1942）抄本
1 册 14 页
棉纸 墨色
纸捻装
高 20.0 厘米 × 宽 14.2 厘米
索书号 001164

729. 嫁娶通用吉凶

佚名抄
旧抄本
1 册 62 页
棉纸 墨色
纸捻装
高 18.0 厘米 × 宽 16.3 厘米
索书号 001165

730. 祭用方凶

佚名抄
旧抄本
1 册 49 页
棉纸 墨色
线装
高 13.6 厘米 × 宽 18.2 厘米
索书号 001166

731. 则头方穹

佚名抄
清光绪二年（1876）抄本
1 册 47 页
棉纸 墨色
纸捻装
高 17.8 厘米 × 宽 14.8 厘米
索书号 001167

732. 正四七十

佚名抄
清光绪二年（1876）抄本
1 册 40 页
棉纸 墨色
线装
高 17.8 厘米 × 宽 14.8 厘米
索书号 001168

733. 开山吉凶

佚名抄
旧抄本
1 册 13 页
棉纸 墨色
纸捻装
高 27.5 厘米 × 宽 19.9 厘米
索书号 001169

734. 反书通用

蒙胜祥抄
旧抄本
1 册 11 页
棉纸 墨色
线装
高 33.4 厘米 × 宽 22.6 厘米
索书号 001170

735. 其中有应

佚名抄
民国二十四年（1935）抄本
1 册 18 页
棉纸 墨色
纸捻装
高 31.7 厘米 × 宽 19.0 厘米
索书号 001171

736. 门品在中

佚名抄
旧抄本
1 册 39 页
棉纸 墨色
线装
高 26.2 厘米 × 宽 18.7 厘米
索书号 001172

737. 大火破

佚名抄
旧抄本
1 册 22 页
棉纸 墨色
线装
高 26.5 厘米 × 宽 19.0 厘米
索书号 001173

738. 寅申巳亥年

佚名抄
民国三十年（1941）抄本
1 册 35 页
棉纸 墨色
纸捻装
高 27.3 厘米 × 宽 17.9 厘米
索书号 001174

739. 甲已乙本

水文题名：
佚名抄
民国三十年（1941）抄本
1 册 35 页
棉纸 墨色
纸捻装
高 27.3 厘米 × 宽 17.9 厘米

索书号 001175

740. 门品在中

佚名抄
旧抄本
1 册 40 页
棉纸 墨色
线装
高 29.0 厘米 × 宽 19.5 厘米
索书号 001176

741. 子午卯酉年

佚名抄
旧抄本
1 册 26 页
棉纸 墨色
线装
高 32.0 厘米 × 宽 20.0 厘米
索书号 001177

742. 正七

佚名抄
旧抄本
1 册 10 页
棉纸 墨色
线装
高 34.1 厘米 × 宽 20.0 厘米
索书号 001178

743. 水书

佚名抄
旧抄本
1 册 47 页
棉纸 墨色
线装
高 32.2 厘米 × 宽 18.6 厘米
索书号 001179

744. 反书通用

佚名抄
民国十九年（1930）抄本 杨光才藏本
1 册 29 页
棉纸 墨色
线装
高 32.0 厘米 × 宽 19.7 厘米
索书号 001180

745. 彩绘图

佚名绘
旧绘本
皮纸 1 页
棉纸 红色 黑色
高 90.0 厘米 × 宽 50.0 厘米
索书号 001181

746. 子午卯酉年

水文题名：
佚名抄
旧抄本
1 册 88 页
棉纸 墨色
线装

高 23.0 厘米 × 宽 12.3 厘米
索书号 001184

747. 又口贪用

佚名抄
旧抄本
1 册 57 页
棉纸 墨色
线装
高 28.5 厘米 × 宽 11.3 厘米
索书号 001185

748. 癸三癸吉三六凶

水文题名： 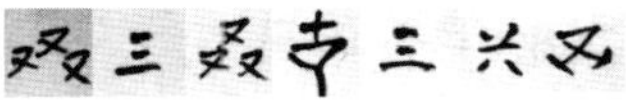
佚名抄
旧抄本
1 册 36 页
棉纸 墨色
线装
高 23.5 厘米 × 宽 16.1 厘米
索书号 001186

749. 甲己九未方凶

水文题名： 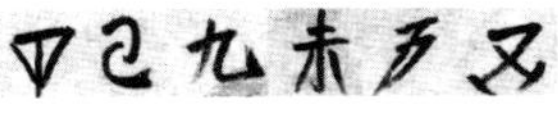
佚名抄
旧抄本
1 册 38 页
棉纸 墨色
线装
高 23.5 厘米 × 宽 18.0 厘米
索书号 001187

750. 丑未辰戌

水文题名： 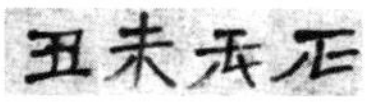
佚名抄
旧抄本
1 册 38 页
棉纸 墨色
线装
高 24.5 厘米 × 宽 20.0 厘米
索书号 001188

751. 埋葬凶日时

佚名抄
旧抄本
1 册 38 页
棉纸 墨色
线装
高 24.5 厘米 × 宽 20.0 厘米
索书号 001189

752. 寅午戌年

佚名抄
旧抄本
1 册 36 页
棉纸 墨色
线装
高 23.5 厘米 × 宽 17.0 厘米
索书号 001190

753. 甲乙寅卯时日

水文题名： 
佚名抄

旧抄本
1册 54页
棉纸 墨色
线装
高23.2厘米 × 宽16.5厘米
索书号001191

754. 卯酉年

佚名抄
旧抄本
1册 38页
棉纸 墨色
线装
高23.5厘米 × 宽14.3厘米
索书号001192

755. 庚辰日

水文题名： 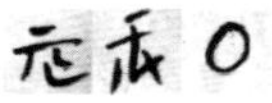
佚名抄
旧抄本
1册 34页
棉纸 墨色
线装
高23.8厘米 × 宽18.1厘米
索书号001193

756. 第五乙丑

佚名抄
旧抄本
1册 36页
棉纸 墨色
线装
高23.5厘米 × 宽18.2厘米
索书号001194

757. 宜用时进亲吉

佚名抄
旧抄本
1册 34页
棉纸 墨色
线装
高23.5厘米 × 宽18.4厘米
索书号001195

758. 甲子年日

水文题名： 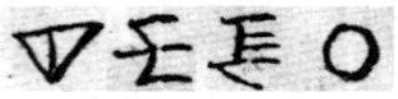
佚名抄
旧抄本
1册 36页
棉纸 墨色
线装
高23.5厘米 × 宽16.8厘米
索书号001196

759. 子午卯酉年

水文题名： 
佚名抄
旧抄本
1册 34页
棉纸 墨色
线装
高23.5厘米 × 宽16.1厘米

索书号 001197

760. 亥时

佚名抄

旧抄本

1 册 36 页

棉纸 墨色

线装

高 23.4 厘米 × 宽 18.2 厘米

索书号 001198

761. 通书甲巳戊对方垦便用

潘文邦抄

旧抄本

1 册 24 页

棉纸 墨色

线装

高 27.7 厘米 × 宽 19.1 厘米

索书号 001199

762. 第一甲午日

水文题名：

佚名抄

旧抄本

1 册 10 页

棉纸 墨色

线装

高 28.2 厘米 × 宽 19.2 厘米

索书号 001200

763. 宜看宿日

佚名抄

清光绪十九年（1893）抄本

1 册 36 页

棉纸 墨色

纸捻装

高 17.6 厘米 × 宽 20.3 厘米

索书号 001201

764. 坐黑

兴贵抄

旧抄本

1 册 34 页

棉纸 墨色

线装

高 18.1 厘米 × 宽 17.0 厘米

索书号 001202

765. 八宫方凶

兴贵抄

旧抄本

1 册 20 页

棉纸 墨色

线装

高 15.2 厘米 × 宽 19.3 厘米

索书号 001203

766. 用天罡书开路

佚名抄

清光绪十二年（1886）抄本

1 册 65 页

棉纸 墨色

线装

高 26.5 厘米 × 宽 26.0 厘米

索书号 001214

767. 甲子乙丑金

韦阿领抄

清光绪十三年（1887）抄本

1 册 22 页

棉纸 墨色

纸捻装

高 28.3 厘米 × 宽 19.7 厘米

索书号 001215

768. 子午卯酉年

佚名抄

清光绪十三年（1887）抄本

1 册 30 页

棉纸 墨色

线装

高 27.2 厘米 × 宽 19.5 厘米

索书号 001216

769. 寅午戌日

水文题名：

佚名抄

旧抄本

1 册 45 页

棉纸 墨色

纸捻装

高 30.2 厘米 × 宽 20.0 厘米

索书号 001217

770. 正七庚甲

潘士开抄

旧抄本

1 册 44 页

棉纸 墨色

线装

高 30.0 厘米 × 宽 19.0 厘米

索书号 001218

771. 子年子八

水文题名：

潘士开抄

旧抄本

1 册 20 页

棉纸 墨色

纸捻装

高 29.8 厘米 × 宽 19.3 厘米

索书号 001219

772. 子午卯酉年

水文题名：

佚名抄

旧抄本

1 册 16 页

棉纸 墨色

线装

高 31.3 厘米 × 宽 19.3 厘米

索书号 001220

773. 甲子年癸卯贪

水文题名：

佚名抄

旧抄本

1册 22页

棉纸 墨色

线装

高 31.7 厘米 × 宽 19.5 厘米

索书号 001221

774. 十二金巳酉丑吉

水文题名：

潘光才抄

旧抄本

1册 13页

棉纸 墨色

线装

高 32.5 厘米 × 宽 19.5 厘米

索书号 001222

775. 子午正丁贪

水文题名：

潘光才抄

旧抄本

1册 26页

棉纸 墨色

线装

高 31.3 厘米 × 宽 19.2 厘米

索书号 001223

776. 正四七贪

水文题名：

潘光才抄

旧抄本

1册 14页

棉纸 墨色

线装

高 30.8 厘米 × 宽 19.4 厘米

索书号 001224

777. 申子辰年申日凶

水文题名：

潘文开抄

旧抄本

1册 12页

棉纸 墨色

线装

高 31.0 厘米 × 宽 19.7 厘米

索书号 001225

778. 文曲星三木

水文题名：

潘光才抄

旧抄本

1册 28页

棉纸 墨色

线装

高 32.3 厘米 × 宽 19.5 厘米

索书号 001226

779. 六十甲子通书

潘光才抄

旧抄本

1 册 45 页

棉纸 墨色

纸捻装

高 28.0 厘米 × 宽 19.5 厘米

索书号 001227

780. 癸中寅

潘光才抄

旧抄本

1 册 92 页

棉纸 墨色

线装

高 21.0 厘米 × 宽 15.0 厘米

索书号 001228

781. 万事不求人

潘光才抄

旧抄本

1 册 34 页

棉纸 墨色

线装

高 26.3 厘米 × 宽 21.3 厘米

索书号 001229

782. 六十甲子

潘光才抄

旧抄本

1 册 26 页

棉纸 墨色

线装

高 14.5 厘米 × 宽 38.0 厘米

索书号 001230

783. 正七

吴锦元抄

民国五年（1916）抄本

1 册 36 页

棉纸 墨色

线装

高 27.5 厘米 × 宽 19.0 厘米

索书号 001231

784. 正七全本

吴锦元抄

民国八年（1919）抄本

1 册 80 页

棉纸 墨色

纸捻装

高 27.0 厘米 × 宽 14.8 厘米

索书号 001232

785. 吉凶应用忌日一卷

吴锦元抄

民国十九年（1930）抄本

1 册 26 页

棉纸 墨色

纸捻装

高 25.0 厘米 × 宽 28.0 厘米

索书号 001233

786. 壬辰旺高降

吴锦元抄
旧抄本
1册 30页
棉纸 墨色
线装
高25.3厘米 × 宽24.0厘米
索书号001234

787. 九己元

水文题名: 
吴锦元抄
旧抄本
1册 24页
棉纸 墨色
线装
高25.8厘米 × 宽24.0厘米
索书号001235

788. 六宫

吴锦元抄
旧抄本
1册 30页
棉纸 墨色
线装
高25.5厘米 × 宽24.0厘米
索书号001236

789. 万年历

水文题名: 
何正清抄
民国十一年（1922）抄本
1册 107页
棉纸 墨色
纸捻装
高14.0厘米 × 宽15.7厘米
索书号001237

790. 对金用本书

潘荣资抄
民国二十三年（1934）抄本
1册 27页
棉纸 墨色
纸捻装
高26.2厘米 × 宽18.0厘米
索书号001238

791. 子年丑寅方

潘荣资抄
民国二十三年（1934）抄本
1册 44页
棉纸 墨色
线装
高27.6厘米 × 宽18.2厘米
索书号001239

792. 子午卯酉年金水

水文题名: 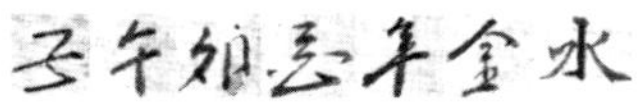
潘荣资抄
民国二十三年（1934）抄本
1册 18页
棉纸 墨色

线装

高 27.0 厘米 × 宽 18.0 厘米

索书号 001240

793. 甲巳丙寅

潘金亮抄

民国二十二年（1933）抄本

1 册 52 页

棉纸 墨色

纸捻装

高 27.2 厘米 × 宽 17.5 厘米

索书号 001241

794. 甲金堂

潘荣资抄

民国二十三年（1934）抄本

1 册 36 页

棉纸 墨色

纸捻装

高 27.2 厘米 × 宽 18.5 厘米

索书号 001242

795. 乙辛丁辰日

水文题名：

潘荣资抄

民国二十三年（1934）抄本

1 册 52 页

棉纸 墨色

线装

高 27.6 厘米 × 宽 18.0 厘米

索书号 001243

796. 大瓦逢凶本

潘荣资抄

民国二十三年（1934）抄本

1 册 38 页

棉纸 墨色

纸捻装

高 26.0 厘米 × 宽 17.0 厘米

索书号 001244

797. 戊山贪巨古（姑夺凶）

潘荣资抄

民国二十三年（1934）抄本

1 册 29 页

棉纸 墨色

线装

高 27.4 厘米 × 宽 17.4 厘米

索书号 001245

798. 申子辰年子日

水文题名：

潘荣资抄

民国二十三年（1934）抄本

1 册 28 页

棉纸 墨色

线装

高 27.5 厘米 × 宽 18.2 厘米

索书号 001246

799. 甲乙年巨弼

水文题名：

潘荣资抄

民国二十三年（1934）抄本
1册 22页
棉纸 墨色
纸捻装
高 26.5 厘米 × 宽 17.0 厘米
索书号 001247

800. 戊山贪巨古

潘荣资抄
民国二十三年（1934）抄本
1册 48页
棉纸 墨色
纸捻装
高 26.4 厘米 × 宽 18.0 厘米
索书号 001248

801. 大吉

潘荣资抄
民国二十三年（1934）抄本
1册 18页
棉纸 墨色
纸捻装
高 15.6 厘米 × 宽 17.4 厘米
索书号 001249

802. 六十年通书

潘荣资抄
民国二十四年（1935）抄本
1册 40页
棉纸 墨色
线装
高 27.2 厘米 × 宽 17.5 厘米
索书号 001250

803. 百木时凶

潘荣资抄
旧抄本
1册 38页
棉纸 墨色
线装
高 15.4 厘米 × 宽 17.4 厘米
索书号 001251

804. 第九忌流连

水文题名:
佚名抄
民国二十年（1931）抄本
1册 54页
棉纸 墨色
纸捻装
高 25.0 厘米 × 宽 14.0 厘米
索书号 001252

805. 甲己日甲子时

水文题名:
佚名抄
民国二十三年（1934）抄本
1册 54页
棉纸 墨色朱色
线装
高 28.0 厘米 × 宽 18.4 厘米
索书号 001253

806. 大瓦百木

潘金亮抄
民国二十三年（1934）抄本
1 册 26 页
棉纸 墨色
线装
高 26.2 厘米 × 宽 17.9 厘米
索书号 001254

807. 甲巳日甲子时

王国明抄
民国二十四年（1935）抄本
1 册 40 页
棉纸 墨色
纸捻装
高 27.8 厘米 × 宽 17.0 厘米
索书号 001255

808. 甲戌乙亥

王国明抄
民国二十四年（1935）抄本
1 册 34 页
棉纸 墨色
纸捻装
高 27.0 厘米 × 宽 17.0 厘米
索书号 001256

809. 接亲本

潘金亮抄
民国三十年（1941）抄本
1 册 26 页
棉纸 墨色
纸捻装
高 17.9 厘米 × 宽 23.9 厘米
索书号 001257

810. 九己元

水文题名：
陆永昌抄
民国三十三年（1944）抄本
1 册 34 页
棉纸 墨色
纸捻装
高 28.0 厘米 × 宽 15.0 厘米
索书号 001258

811. 小子时

佚名抄
民国三十八年（1949）抄本
1 册 162 页
棉纸 墨色
线装
高 22.6 厘米 × 宽 13.0 厘米
索书号 001259

812. 反通书象吉选择

佚名抄
旧抄本
1 册 30 页
棉纸 墨色
线装
高 26.5 厘米 × 宽 30.5 厘米

索书号 001260

813. 锁项

佚名抄
旧抄本
1 册 46 页
棉纸 墨色
线装
高 26.3 厘米 × 宽 30.0 厘米
索书号 001261

814. 正文全集

胡孝明抄
清光绪二十四年（1898）抄本
1 册 112 页
棉纸 墨色
线装
高 26.0 厘米 × 宽 28.5 厘米
索书号 001262

815. 午八年

佚名抄
旧抄本
1 册 48 页
棉纸 墨色
线装
高 26.2 厘米 × 宽 29.0 厘米
索书号 001263

816. 古老历史水书

佚名抄
旧抄本
1 册 11 页
棉纸 墨色
线装
高 26.5 厘米 × 宽 27.5 厘米
索书号 001264

817. 接婚吉日

杨通海抄
旧抄本
1 册 20 页
棉纸 墨色
线装
高 27.8 厘米 × 宽 23.2 厘米
索书号 001265

818. 择日

佚名抄
旧抄本
1 册 24 页
棉纸 墨色
线装
高 25.3 厘米 × 宽 24.8 厘米
索书号 001266

819. 六十甲子

佚名抄
旧抄本
1 册 133 页
棉纸 墨色
纸捻装

高 23.5 厘米 × 宽 24.2 厘米
索书号 001268

820. 水书吉
佚名抄
旧抄本
1 册 33 页
棉纸 墨色
线装
高 26.5 厘米 × 宽 22.7 厘米
索书号 001269

821. 人年八贪吉
水文题名： 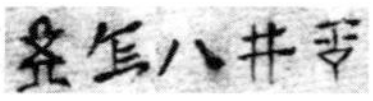
佚名抄
旧抄本
1 册 22 页
棉纸 墨色
线装
高 26.2 厘米 × 宽 22.5 厘米
索书号 001270

822. 缓坎
佚名抄
旧抄本
1 册 35 页
棉纸 墨色
线装
高 27.0 厘米 × 宽 23.0 厘米
索书号 001271

823. 缓坎
佚名抄
旧抄本
1 册 36 页
棉纸 墨色
线装
高 28.0 厘米 × 宽 22.0 厘米
索书号 001272

824. 缓坎
佚名抄
旧抄本
1 册 32 页
棉纸 墨色
线装
高 25.0 厘米 × 宽 22.0 厘米
索书号 001273

825. 甲己戌辰方
水文题名： 
潘广均抄
旧抄本
1 册 12 页
棉纸 墨色
纸捻装
高 38.5 厘米 × 宽 27.8 厘米
索书号 001274

826. 正七本登
佚名抄
旧抄本

1册 22页
棉纸 墨色
线装
高 39.8 厘米 × 宽 23.5 厘米
索书号 001275

827. 正七亥甲日

佚名抄
旧抄本
1册 44页
棉纸 墨色
线装
高 36.2 厘米 × 宽 26.2 厘米
索书号 001276

828. 水煞木七年乙土鬼棺凶

水文题名:
佚名抄
旧抄本
1册 15页
棉纸 墨色
纸捻装
高 33.0 厘米 × 宽 21.0 厘米
索书号 001277

829. 复此捷解图吉

佚名抄
旧抄本
1册 27页
棉纸 墨色
纸捻装
高 31.5 厘米 × 宽 22.0 厘米
索书号 001278

830. 寅午戌日玉

潘文抄
旧抄本
1册 44页
棉纸 墨色
纸捻装
高 28.4 厘米 × 宽 19.0 厘米
索书号 001279

831. 正七连庚甲 卷二

王德魁抄
旧抄本
1册 64页
棉纸 墨色
线装
高 28.0 厘米 × 宽 20.0 厘米
索书号 001280

832. 壬辰十二大吉卷四

王德魁抄
旧抄本
1册 64页
棉纸 墨色
线装
高 28.5 厘米 × 宽 18.5 厘米
索书号 001281

833. 白文通书焊郎

潘文彬抄

旧抄本

1 册 48 页

棉纸 墨色

线装

高 29.5 厘米 × 宽 19.5 厘米

索书号 001282

834. 正四七十贪

石明德抄

旧抄本

1 册 40 页

棉纸 墨色

纸捻装

高 27.0 厘米 × 宽 19.5 厘米

索书号 001283

835. 做当吉凶

蒙辅臣抄

旧抄本

1 册 42 页

棉纸 墨色

线装

高 27.5 厘米 × 宽 19.4 厘米

索书号 001284

836. 观歹瓦吉凶

水文题名：

蒙辅臣抄

旧抄本

1 册 16 页

棉纸 墨色

线装

高 26.0 厘米 × 宽 19.5 厘米

索书号 001285

837. 清黄家

佚名抄

旧抄本

1 册 20 页

棉纸 墨色

线装

高 27.0 厘米 × 宽 19.5 厘米

索书号 001286

838. 壬辰

佚名抄

旧抄本

1 册 30 页

棉纸 墨色

线装

高 27.0 厘米 × 宽 19.2 厘米

索书号 001287

839. 万岁用

佚名抄

旧抄本

1 册 70 页

棉纸 墨色

线装

高 26.0 厘米 × 宽 18.6 厘米

索书号 001288

840. 白黑寸门

佚名抄

旧抄本

1 册 40 页

棉纸 墨色

线装

高 26.4 厘米 × 宽 13.9 厘米

索书号 001289

841. 天年用

佚名抄

旧抄本

1 册 28 页

棉纸 墨色

线装

高 26.8 厘米 × 宽 19.5 厘米

索书号 001290

842. 二十八宿

佚名抄

旧抄本

1 册 18 页

棉纸 墨色

纸捻装

高 27.4 厘米 × 宽 16.2 厘米

索书号 001291

843. 金堂大旺点提

佚名抄

旧抄本

1 册 24 页

棉纸 墨色

线装

高 22.0 厘米 × 宽 19.7 厘米

索书号 001292

844. 寅申巳亥年

佚名抄

旧抄本

1 册 24 页

棉纸 墨色

线装

高 25.8 厘米 × 宽 17.6 厘米

索书号 001293

845. 反书选时

杨盛华抄

旧抄本

1 册 132 页

棉纸 墨色

纸捻装

高 26.5 厘米 × 宽 14.5 厘米

索书号 001294

846. 择日时

韦炳森抄

旧抄本

1 册 50 页

棉纸 墨色

线装

高 26.5 厘米 × 宽 17 厘米
索书号 001295

847. 甲子放■

水文题名： 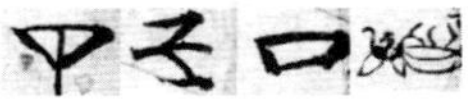
佚名抄
旧抄本
1 册 61 页
棉纸 墨色
纸捻装
高 26.2 厘米 × 宽 13.0 厘米
索书号 001296

848. 子年鬼辰巳

水文题名： 
佚名抄
旧抄本
1 册 96 页
棉纸 墨色
纸捻装
高 26.6 厘米 × 宽 15.0 厘米
索书号 001297

849. 保福择老坟

佚名抄
旧抄本
1 册 80 页
棉纸 墨色
线装
高 26.2 厘米 × 宽 13.0 厘米
索书号 001298

850. 春寅午日凶

佚名抄
旧抄本
1 册 46 页
棉纸 墨色
纸捻装
高 25.2 厘米 × 宽 14.5 厘米
索书号 001299

851. 子午卯酉

水文题名： 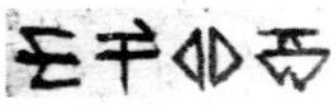
佚名抄
旧抄本
1 册 38 页
棉纸 墨色
纸捻装
高 23.7 厘米 × 宽 16.3 厘米
索书号 001300

852. 甲己年乙亥

水文题名： 
蒙天进抄
旧抄本
1 册 56 页
棉纸 墨色
纸捻装
高 23.5 厘米 × 宽 13.3 厘米
索书号 001301

853. 甲丙戊

水文题名：

佚名抄
旧抄本
1 册 24 页
棉纸 墨色
纸捻装
高 22.8 厘米 × 宽 13.1 厘米
索书号 001302

854. 子午年正七庚甲

蒙玉麟抄
旧抄本
1 册 78 页
棉纸 墨色
纸捻装
高 23.3 厘米 × 宽 13.1 厘米
索书号 001303

855. 水书吉

佚名抄
旧抄本
1 册 39 页
棉纸 墨色
线装
高 23.5 厘米 × 宽 13.3 厘米
索书号 001304

856. 陆铎凶日

佚名抄
旧抄本
1 册 38 页
棉纸 墨色
线装
高 22.8 厘米 × 宽 13.1 厘米
索书号 001305

857. 八字

佚名抄
旧抄本
1 册 45 页
棉纸 墨色
线装
高 18.1 厘米 × 宽 12.3 厘米
索书号 001306

858. 打瓦卡尖

佚名抄
旧抄本
1 册 34 页
棉纸 墨色
线装
高 15.4 厘米 × 宽 13.4 厘米
索书号 001307

859. 三壬本

佚名抄
旧抄本
1 册 44 页
棉纸 墨色
线装
高 16.8 厘米 × 宽 28.8 厘米
索书号 001308

860. 六十时

杨昌秀抄

旧抄本

1 册 62 页

棉纸 墨色

纸捻装

高 17.0 厘米 × 宽 27.8 厘米

索书号 001309

861. 寅亥年子寅方

佚名抄

旧抄本

1 册 28 页

棉纸 墨色

纸捻装

高 16.3 厘米 × 宽 28.5 厘米

索书号 001310

862. 择道书

佚名抄

旧抄本

1 册 16 页

棉纸 墨色

纸捻装

高 15.6 厘米 × 宽 20.9 厘米

索书号 001311

863. 未戌年丑方

水文题名：

佚名抄

旧抄本

1 册 16 页

棉纸 墨色

线装

高 15.3 厘米 × 宽 21.6 厘米

索书号 001312

864. 壬辰

水文题名：

佚名抄

旧抄本

1 册 38 页

棉纸 墨色

纸捻装

高 17.0 厘米 × 宽 21.0 厘米

索书号 001313

865. 金年火

佚名抄

旧抄本

1 册 17 页

棉纸 墨色

线装

高 15.8 厘米 × 宽 19.8 厘米

索书号 001314

866. 正七丑时■吉

水文题名：

佚名抄

旧抄本

1 册 14 页

棉纸 墨色

线装
高 14.8 厘米 × 宽 18.5 厘米
索书号 001315

867. 看病法吉凶

佚名抄
旧抄本
1 册 146 页
棉纸 墨色
纸捻装
高 18.0 厘米 × 宽 20.5 厘米
索书号 001316

868. 甲庚癸年丙壬丁日

水文题名:
佚名抄
旧抄本
1 册 54 页
棉纸 墨色
线装
高 17.4 厘米 × 宽 14.5 厘米
索书号 001317

869. 二十八宿行畜总论

佚名抄
旧抄本
1 册 76 页
棉纸 墨色
纸捻装
高 17.5 厘米 × 宽 16.2 厘米
索书号 001318

870. 古第

佚名抄
旧抄本
1 册 96 页
棉纸 墨色
纸捻装
高 13.0 厘米 × 宽 14.0 厘米
索书号 001319

871. 正七■亥甲日

佚名抄
旧抄本
1 册 27 页
棉纸 墨色
线装
高 26.5 厘米 × 宽 20.8 厘米
索书号 001325

872. 七元二十八宿

佚名抄
民国二十年（1931）抄本
1 册 78 页
棉纸 墨色
线装
高 12.6 厘米 × 宽 13.5 厘米
索书号 001326

873. 探巨凶

佚名抄

旧抄本
1册 30页
棉纸 墨色
线装
高13.9厘米 × 宽18.9厘米
索书号001327

874. 立房接亲书

佚名抄
旧抄本
1册 22页
棉纸 墨色
线装
高26.0厘米 × 宽18.5厘米
索书号001328

875. 八金堂吉凶

佚名抄
民国四年（1915）抄本
1册 20页
棉纸 墨色
纸捻装
高15.9厘米 × 宽14.5厘米
索书号001329

876. 六十甲子

佚名抄
旧抄本
1册 164页
棉纸 墨色
纸捻装
高14.5厘米 × 宽26.2厘米
索书号001330

877. 子午卯酉年探文破

水文题名：
佚名抄
旧抄本
1册 34页
棉纸 墨色
纸捻装
高25.0厘米 × 宽13.8厘米
索书号001331

878. 寸门吉课

韦有珍抄
民国七年（1918）抄本
1册 41页
棉纸 墨色
纸捻装
高16.9厘米 × 宽21.0厘米
索书号001332

879. 探六连

佚名抄
旧抄本
1册 33页
棉纸 墨色
线装
高15.5厘米 × 宽23.7厘米
索书号001333

880. 掌法大全

潘凤儒抄
民国三十五年（1946）抄本
1册 30页
棉纸 墨色
纸捻装
高27.2厘米 × 宽18.0厘米
索书号001334

881. 忌杀师

佚名抄
清光绪十九年（1893）抄本
1册 38页
棉纸 墨色
线装
高19.0厘米 × 宽13.5厘米
索书号001335

882. 受业弟子姚阅读

佚名抄
民国九年（1920）抄本
1册 53页
棉纸 墨色
纸捻装
高25.8厘米 × 宽17.5厘米
索书号001336

883. 子午卯酉年

佚名抄
旧抄本
1册 10页
棉纸 墨色
纸捻装
高26.6厘米 × 宽28.2厘米
索书号001337

884. 吉凶时

韦自宽抄
旧抄本
1册 41页
棉纸 墨色
线装
高19.5厘米 × 宽14.8厘米
索书号001338

885. 六十甲子

佚名抄
民国二十八年（1939）抄本
1册 97页
棉纸 墨色
纸捻装
高24.5厘米 × 宽27.5厘米
索书号001339

886. 巳酉丑年

水文题名：
佚名抄
旧抄本
1册 60页
棉纸 墨色
纸捻装
高24.5厘米 × 宽28.6厘米

索书号 001340

887. 丁年亥甲日

佚名抄
旧抄本
1 册 99 页
棉纸 墨色
纸捻装
高 24.9 厘米 × 宽 14.4 厘米
索书号 001341

888. 姚学荣抄书

姚学荣抄
清光绪二十九年（1903）抄本
1 册 18 页
棉纸 墨色
纸捻装
高 11.5 厘米 × 宽 19.0 厘米
索书号 001342

889. 放鱼吉凶卡木 用合鸟仓吉日

佚名抄
旧抄本
1 册 42 页
棉纸 墨色
线装
高 25.2 厘米 × 宽 15.8 厘米
索书号 001343

890. 正七庚甲

水文题名：

佚名抄
旧抄本
1 册 28 页
棉纸 墨色
线装
高 32.6 厘米 × 宽 19.9 厘米
索书号 001344

891. 贪六十吉

佚名抄
旧抄本
1 册 42 页
棉纸 墨色
线装
高 23.1 厘米 × 宽 23.5 厘米
索书号 001345

892. 六十甲子

佚名抄
旧抄本
1 册 38 页
棉纸 墨色
纸捻装
高 31.7 厘米 × 宽 24.0 厘米
索书号 001346

893. 申子辰吉书

水文题名：
潘润身抄
旧抄本
1 册 18 页

棉纸 墨色

线装

高 28.5 厘米 × 宽 25.5 厘米

索书号 001347

894. 简明适用算

潘润身抄

旧抄本

1 册 41 页

棉纸 墨色

线装

高 28.5 厘米 × 宽 26.5 厘米

索书号 001348

895. 吉书

潘润身抄

旧抄本

1 册 38 页

棉纸 墨色

线装

高 28.5 厘米 × 宽 25.6 厘米

索书号 001349

896. 甲子一丑金日

佚名抄

旧抄本

1 册 11 页

棉纸 墨色

纸捻装

高 26.3 厘米 × 宽 17.6 厘米

索书号 001350

897. 都嘴寸门

佚名抄

旧抄本

1 册 11 页

棉纸 墨色

线装

高 26.3 厘米 × 宽 17.6 厘米

索书号 001351

898. 吴兴钓福应

佚名抄

旧抄本

1 册 125 页

棉纸 墨色

线装

高 21.2 厘米 × 宽 13.0 厘米

索书号 001352

899. 接亲吉凶

蒙国文抄

旧抄本

1 册 38 页

棉纸 墨色

线装

高 27.0 厘米 × 宽 14.7 厘米

索书号 001353

900. 屋屋荒荒吉门

潘国岁抄

旧抄本

1 册 19 页

棉纸 墨色

线装

高 26.6 厘米 × 宽 18.2 厘米

索书号 001354

901. 正七庚甲

水文题名:

佚名抄

旧抄本

1 册 70 页

棉纸 墨色

线装

高 25.0 厘米 × 宽 15.3 厘米

索书号 001355

902. 正七连庚甲

永香抄

民国九年（1920）抄本

1 册 58 页

棉纸 墨色

纸捻装

高 25.8 厘米 × 宽 14.2 厘米

索书号 001356

903. 寅丑辰午年甲庚方

佚名抄

旧抄本

1 册 22 页

棉纸 墨色

线装

高 28.2 厘米 × 宽 17.5 厘米

索书号 001357

904. 底当

佚名抄

旧抄本

1 册 39 页

棉纸 墨色

纸捻装

高 15.5 厘米 × 宽 39.5 厘米

索书号 001358

905. 生年人忌三杀

佚名抄

旧抄本

1 册 86 页

棉纸 墨色

线装

高 26.2 厘米 × 宽 16.5 厘米

索书号 001359

906. 许愿使用

佚名抄

民国十一年（1922）抄本

1 册 18 页

棉纸 墨色

纸捻装

高 20.3 厘米 × 宽 14.5 厘米

索书号 001360

907. 八山吉凶

佚名抄

旧抄本
1 册 24 页
棉纸 墨色
纸捻装
高 26.0 厘米 × 宽 18.0 厘米
索书号 001361

908. 正七庚甲年

水文题名：
佚名抄
旧抄本
1 册 21 页
棉纸 墨色
线装
高 28.2 厘米 × 宽 19.3 厘米
索书号 001362

909. 正七庚甲

佚名抄
旧抄本
1 册 21 页
棉纸 墨色
线装
高 28.1 厘米 × 宽 19.0 厘米
索书号 001363

910. 造屋择用

佚名抄
民国七年（1918）抄本
1 册 23 页
棉纸 墨色
纸捻装
高 27.5 厘米 × 宽 19.1 厘米
索书号 001364

911. 通书看日起时吉凶吉

佚名抄
旧抄本
1 册 59 页
棉纸 墨色
线装
高 26.3 厘米 × 宽 15.4 厘米
索书号 001365

912. 盛柒书本

盛柒抄
民国四年（1915）抄本
1 册 20 页
棉纸 墨色
纸捻装
高 16.0 厘米 × 宽 14.3 厘米
索书号 001366

913. 癸丑年十月时凶

水文题名：
佚名抄
旧抄本
1 册 54 页
棉纸 墨色
纸捻装
高 17.0 厘米 × 宽 14.4 厘米
索书号 001367

914. 正七连庚甲

佚名抄

旧抄本

1 册 21 页

棉纸 墨色

线装

高 22.6 厘米 × 宽 19.5 厘米

索书号 001368

915. 正七朗读本（二）

佚名抄

旧抄本

1 册 28 页

棉纸 墨色

线装

高 24.6 厘米 × 宽 20.2 厘米

索书号 001369

916. 正七朗读本（三）

佚名抄

旧抄本

1 册 30 页

棉纸 墨色

线装

高 23.2 厘米 × 宽 20.1 厘米

索书号 001370

917. 水书吉

佚名抄

旧抄本

1 册 24 页

棉纸 墨色

线装

高 22.5 厘米 × 宽 19.6 厘米

索书号 001371

918. 巳午未年卯方

水文题名：

佚名抄

旧抄本

1 册 31 页

棉纸 墨色

纸捻装

高 19.5 厘米 × 宽 21.1 厘米

索书号 001373

919. 崩忌寸门不用

蒙天进抄

旧抄本

1 册 77 页

棉纸 墨色

纸捻装

高 23.1 厘米 × 宽 13.9 厘米

索书号 001374

920. 引腊六十

佚名抄

旧抄本

1 册 18 页

棉纸 墨色

线装

高 15.0 厘米 × 宽 20.9 厘米

索书号 001375

921. 甲子日鬼小

水文题名：

佚名抄

民国抄本

1 册 29 页

棉纸 墨色

纸捻装

高 23.8 厘米 × 宽 13.5 厘米

索书号 001376

922. 子年人凶

水文题名：

佚名抄

民国十一年（1922）抄本

1 册 42 页

棉纸 墨色

纸捻装

高 16.0 厘米 × 宽 13.5 厘米

索书号 001377

923. 问时吉凶

盛柒抄

民国二十三年（1934）抄本

1 册 81 页

棉纸 墨色

纸捻装

高 15.1 厘米 × 宽 14.5 厘米

索书号 001378

924. 子午年正七

佚名抄

旧抄本

1 册 32 页

棉纸 墨色

线装

高 27.0 厘米 × 宽 18.5 厘米

索书号 001379

925. 闲宿

韦治云抄

旧抄本

1 册 57 页

棉纸 墨色

线装

高 16.8 厘米 × 宽 13.3 厘米

索书号 001380

926. 辛巳年

水文题名：

昌发祥抄

旧抄本

1 册 104 页

棉纸 墨色

线装

高 14.1 厘米 × 宽 15.5 厘米

索书号 001381

927. 寸门大旺

佚名抄

旧抄本

1 册 42 页
棉纸 墨色
线装
高 22.5 厘米 × 宽 13.2 厘米
索书号 001382

928. 甲子丙寅

水文题名：
韦国如抄
旧抄本
1 册 50 页
棉纸 墨色
纸捻装
高 26.8 厘米 × 宽 16.7 厘米
索书号 001383

929. 寸樊大吉

潘风仪抄
清宣统三年（1911）抄本
1 册 28 页
棉纸 墨色
纸捻装
高 15.3 厘米 × 宽 13.0 厘米
索书号 001384

930. 甲辰

佚名抄
旧抄本
1 册 24 页
棉纸 墨色
线装
高 20.0 厘米 × 宽 29.2 厘米
索书号 001385

931. 掌诀

佚名抄
旧抄本
1 册 36 页
棉纸 墨色
纸捻装
高 28.3 厘米 × 宽 19.5 厘米
索书号 001386

932. 砧匙用时吉凶

韦学辉抄
旧抄本
1 册 24 页
棉纸 墨色
线装
高 29.5 厘米 × 宽 16.0 厘米
索书号 001387

933. 甲子日■■未

水文题名：
佚名抄
旧抄本
1 册 15 页
棉纸 墨色
纸捻装
高 34.6 厘米 × 宽 27.5 厘米
索书号 001388

934. 申子辰年

佚名抄
旧抄本
1册 26页
棉纸 墨色
纸捻装
高25.0厘米 × 宽20.3厘米
索书号 001389

935. 六十年吉日七第择用本

佚名抄
旧抄本
1册 24页
棉纸 墨色
纸捻装
高23.0厘米 × 宽20.5厘米
索书号 001390

936. 壬辰卷

韦珍华抄
旧抄本
1册 52页
棉纸 墨色
线装
高29.0厘米 × 宽21.2厘米
索书号 001391

937. 二十八宿

潘荣资抄
民国二十三年（1934）抄本
1册 18页
棉纸 墨色
纸捻装
高24.5厘米 × 宽14.2厘米
索书号 001400

938. 甲■壬子年

佚名抄
民国二十一年（1932）抄本
1册 22页
棉纸 墨色
线装
高17.0厘米 × 宽14.2厘米
索书号 001401

939. 几样时用

国明抄
民国二十四年（1935）抄本
1册 39页
棉纸 墨色
线装
高23.0厘米 × 宽13.0厘米
索书号 001402

940. 耙造用

佚名抄
清光绪三年（1877）抄本
1册 23页
棉纸 墨色
纸捻装
高14.8厘米 × 宽18.0厘米
索书号 001405

941. 释道书抄读

佚名抄
旧抄本
1 册 20 页
棉纸 墨色
线装
高 20.6 厘米 × 宽 16.3 厘米
索书号 001406

942. 释道书抄书读

佚名抄
旧抄本
1 册 14 页
棉纸 墨色
线装
高 15.5 厘米 × 宽 20.5 厘米
索书号 001407

943. 子年时午方三戊

水文题名：
潘荣资抄
旧抄本
1 册 25 页
棉纸 墨色
线装
高 12.3 厘米 × 宽 17.5 厘米
索书号 001408

944. 当内鬼当大兄大吉

潘荣资抄
旧抄本
1 册 32 页
棉纸 墨色
线装
高 12.0 厘米 × 宽 17.5 厘米
索书号 001409

945. 壬未乾

水文题名：
蒙玉麟抄
旧抄本
1 册 54 页
棉纸 墨色
线装
高 22.8 厘米 × 宽 13.8 厘米
索书号 001410

946. 申子辰年

佚名抄
清光绪三十一年（1905）抄本
1 册 22 页
棉纸 墨色
线装
高 26.0 厘米 × 宽 19.0 厘米
索书号 001468

947. 天干年定天干日吉凶

佚名抄
清抄本
1 册 29 页
棉纸 墨色
纸捻装

高 28.5 厘米 × 宽 20.0 厘米
索书号 001469

948. 甲己九吉辰方

佚名抄
清抄本
1 册 62 页
棉纸 墨色
线装
高 28.5 厘米 × 宽 19.5 厘米
索书号 001470

949. 子辰

佚名抄
清光绪三十二年（1906）抄本
1 册 29 页
棉纸 墨色
线装
高 27.0 厘米 × 宽 18.5 厘米
索书号 001471

950. 十二年吉凶日时

佚名抄
清抄本
1 册 18 页
棉纸 墨色
纸捻装
高 16.0 厘米 × 宽 12.0 厘米
索书号 001472

951. 则斗

佚名抄
清光绪二年（1876）抄本
1 册 48 页
棉纸 墨色
纸捻装
高 31.0 厘米 × 宽 21.0 厘米
索书号 001473

952. 甲要己金堂

佚名抄
清抄本
1 册 21 页
棉纸 墨色
纸捻装
高 31.5 厘米 × 宽 19.5 厘米
索书号 001474

953. 六十日建房吉凶

吴光右抄
清光绪十五年（1889）抄本
1 册 10 页
棉纸 墨色
线装
高 29.0 厘米 × 宽 20.0 厘米
索书号 001475

954. 接亲

锦成抄
清光绪十五年（1889）抄本
1 册 31 页

棉纸 墨色

纸捻装

高 32.0 厘米 × 宽 20.5 厘米

索书号 001476

955. 六十年安葬吉日方

佚名抄

清抄本

1 册 18 页

棉纸 墨色

纸捻装

高 33.0 厘米 × 宽 19.0 厘米

索书号 001477

956. 九星放歌

佚名抄

清抄本

1 册 10 页

棉纸 墨色

线装

高 28.0 厘米 × 宽 19.0 厘米

索书号 001478

957. 三吉第丁丑日方凶

佚名抄

清抄本

1 册 10 页

棉纸 墨色

线装

高 27.5 厘米 × 宽 20.0 厘米

索书号 001479

958. 丁一己卯午

佚名抄

清抄本

1 册 13 页

棉纸 墨色

线装

高 29.5 厘米 × 宽 20.0 厘米

索书号 001480

959. 十二时勾方

佚名抄

清抄本

1 册 13 页

棉纸 墨色

线装

高 29.0 厘米 × 宽 20.0 厘米

索书号 001481

960. 八山凶吉

佚名抄

清抄本

1 册 10 页

棉纸 墨色

纸捻装

高 28.5 厘米 × 宽 20.0 厘米

索书号 001482

961. 官印

佚名抄

清抄本

1 册 48 页

棉纸 墨色
线装
高 32.5 厘米 × 宽 20.0 厘米
索书号 001483

962. 省任

陆荣海抄
清抄本
1 册 14 页
棉纸 墨色
线装
高 33.0 厘米 × 宽 20.0 厘米
索书号 001484

963. 甲己九未

水文题名：
佚名抄
清抄本
1 册 9 页
棉纸 墨色
线装
高 27.0 厘米 × 宽 18.5 厘米
索书号 001485

964. 十二破火

佚名抄
清抄本
1 册 36 页
棉纸 墨色
线装
高 26.0 厘米 × 宽 19.0 厘米
索书号 001486

965. 申子辰年

水文题名：
佚名抄
清抄本
1 册 25 页
棉纸 墨色
纸捻装
高 27.0 厘米 × 宽 18.5 厘米
索书号 001487

966. 甲子乙丑金年

水文题名：
佚名抄
清抄本
1 册 10 页
棉纸 墨色
线装
高 32.0 厘米 × 宽 22.5 厘米
索书号 001488

967. 甲己年

水文题名：
佚名抄
清抄本
1 册 34 页
棉纸 墨色
线装
高 32.0 厘米 × 宽 20.0 厘米
索书号 001489

968. 八贪

水文题名：

佚名抄

清抄本

1 册 34 页

棉纸 墨色

线装

高 32.8 厘米 × 宽 21.0 厘米

索书号 001490

969. 子午卯酉年

水文题名：

佚名抄

清光绪十三年（1887）抄本

1 册 25 页

棉纸 墨色

线装

高 30.0 厘米 × 宽 20.0 厘米

索书号 001491

970. 九甲己

水文题名：

佚名抄

清抄本

1 册 46 页

棉纸 墨色

纸捻装

高 27.5 厘米 × 宽 18.0 厘米

索书号 001492

971. 大火戌山

水文题名：

佚名抄

清抄本

1 册 30 页

棉纸 墨色

纸捻装

高 29.0 厘米 × 宽 20.0 厘米

索书号 001493

972. 甲子贪狼年

佚名抄

清宣统二年（1910）抄本

1 册 14 页

棉纸 墨色

纸捻装

高 31.5 厘米 × 宽 18.0 厘米

索书号 001494

973. 八山凶方

佚名抄

清抄本

1 册 21 页

棉纸 墨色

线装

高 30.5 厘米 × 宽 20.0 厘米

索书号 001495

974. 四季六十甲子吉凶

佚名抄

清抄本

1 册 8 页
棉纸 墨色
线装
高 27.5 厘米 × 宽 19.0 厘米
索书号 001496

975. 择吉

佚名抄
清光绪三十年（1904）抄本
1 册 46 页
棉纸 墨色
线装
高 26.0 厘米 × 宽 18.5 厘米
索书号 001497

976. 正四七十

陆荣海抄
清抄本
1 册 19 页
棉纸 墨色
线装
高 26.5 厘米 × 宽 24.0 厘米
索书号 001498

977. 正五九

佚名抄
清抄本
1 册 10 页
棉纸 墨色
线装
高 29.5 厘米 × 宽 24.0 厘米
索书号 001499

978. 五行年二十八宿吉凶

佚名抄
清抄本
1 册 24 页
棉纸 墨色
线装 布包
高 32.7 厘米 × 宽 20.3 厘米
索书号 001500

979. 武曲

佚名抄
清抄本
1 册 25 页
棉纸 墨色
线装
高 29.5 厘米 × 宽 20.3 厘米
索书号 001501

980. 春三月

佚名抄
清抄本
1 册 19 页
棉纸 墨色
线装
高 33.0 厘米 × 宽 19.5 厘米
索书号 001502

981. 子午卯酉年

佚名抄

清抄本
1册 28页
棉纸 墨色
纸捻装
高 34.0 厘米 × 宽 20.0 厘米
索书号 001503

982. 子午卯酉

水文题名：
佚名抄
清抄本
1册 18页
棉纸 墨色
纸捻装
高 32.0 厘米 × 宽 20.3 厘米
索书号 001504

983. 大火辰正吉

佚名抄
清抄本
1册 28页
棉纸 墨色
线装
高 31.0 厘米 × 宽 20.0 厘米
索书号 001505

984. 莫先得

佚名抄
清抄本
1册 41页
棉纸 墨色
线装
高 39.5 厘米 × 宽 19.5 厘米
索书号 001506

985. 寅丑辰午甲庚方

水文题名：
佚名抄
清抄本
1册 40页
棉纸 墨色
线装
高 33.0 厘米 × 宽 18.0 厘米
索书号 001507

986. 逐月蚕田十二宫

佚名抄
清抄本
1册 25页
棉纸 墨色
纸捻装
高 29.5 厘米 × 宽 19.5 厘米
索书号 001508

987. 正七庚甲子凶

佚名抄
清抄本
1册 57页
棉纸 墨色
线装
高 28.5 厘米 × 宽 19.0 厘米
索书号 001509

988. 万年历

佚名抄

清宣统二年（1910）抄本

1 册 45 页

棉纸 墨色

纸捻装

高 15.3 厘米 × 宽 12.5 厘米

索书号 001510

989. 修造吉日

吴锦元抄

清抄本

1 册 36 页

棉纸 墨色

纸捻装

高 25.5 厘米 × 宽 23.5 厘米

索书号 001511

990. 寸门时

佚名抄

清抄本

1 册 46 页

棉纸 墨色

纸捻装

高 27.0 厘米 × 宽 16.2 厘米

索书号 001512

991. 六十引腊名

佚名抄

清抄本

1 册 36 页

棉纸 墨色

纸捻装

高 28.0 厘米 × 宽 19.0 厘米

索书号 001513

992. 六十甲子五行

佚名抄

清抄本

1 册 13 页

棉纸 墨色

线装

高 15.5 厘米 × 宽 11.0 厘米

索书号 001514

993. 当当

佚名抄

清宣统二年（1910）抄本

1 册 33 页

棉纸 墨色

纸捻装

高 27.5 厘米 × 宽 18.5 厘米

索书号 001515

994. 正四七十廉子时癸丑时吉

水文题名：

佚名抄

清抄本

1 册 20 页

棉纸 墨色

纸捻装

高 30.0 厘米 × 宽 19.5 厘米

索书号 001516

995. 酉年卯

佚名抄

清抄本

1 册 14 页

棉纸 墨色

线装

高 26.5 厘米 × 宽 20.0 厘米

索书号 001517

996. 亥子丑年

佚名抄

清抄本

1 册 20 页

棉纸 墨色

纸捻装

高 27.5 厘米 × 宽 20.8 厘米

索书号 001518

997. 壬寅年文

水文题名：

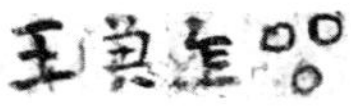

佚名抄

清抄本

1 册 6 页

棉纸 墨色

线装

高 26.5 厘米 × 宽 17.5 厘米

索书号 001519

998. 大旺

佚名抄

清抄本

1 册 15 页

棉纸 墨色

线装

高 26.5 厘米 × 宽 18.5 厘米

索书号 001520

999. 正寅二戊三戊

佚名抄

清抄本

1 册 62 页

棉纸 墨色

纸捻装

高 24.0 厘米 × 宽 14.0 厘米

索书号 001521

1000. 正七连庚甲

水文题名：

佚名抄

清抄本

1 册 59 页

棉纸 墨色

线装

高 25.5 厘米 × 宽 14.0 厘米

索书号 001522

1001. 金堂

佚名抄

清抄本

1册 41页
棉纸 墨色
纸捻装
高 26.0 厘米 × 宽 13.5 厘米
索书号 001523

1002. 九高

佚名抄
清抄本
1册 28页
棉纸 墨色
纸捻装
高 24.5 厘米 × 宽 14.0 厘米
索书号 001524

1003. 随时便用

吴锦元抄
清抄本
1册 30页
棉纸 墨色
线装
高 26.0 厘米 × 宽 15.0 厘米
索书号 001525

1004. 贪六水元

水文题名：
佚名抄
清抄本
1册 38页
棉纸 墨色
纸捻装
高 24.0 厘米 × 宽 12.0 厘米
索书号 001526

1005. 乙庚年

水文题名：
佚名抄
清抄本
1册 38页
棉纸 墨色
线装
高 24.3 厘米 × 宽 16.0 厘米
索书号 001527

1006. 水书

佚名抄
清抄本
1册 36页
棉纸 墨色
纸捻装 布包
高 29.2 厘米 × 宽 20.0 厘米
索书号 001528

1007. 六十花甲纳音

佚名抄
清抄本
1册 41页
棉纸 墨色
线装
高 27.0 厘米 × 宽 15.0 厘米
索书号 001529

1008. 年方九星吉日

佚名抄
清抄本
1 册　50 页
棉纸　墨色
纸捻装
高 22.2 厘米 × 宽 14.5 厘米
索书号 001530

1009. 各年宜忌方

佚名抄
清抄本
1 册　17 页
棉纸　墨色
纸捻装
高 16.0 厘米 × 宽 26.0 厘米
索书号 001531

1010. 戊辰年二月立本记

陆正荣抄
清抄本
1 册　26 页
棉纸　墨色
纸捻装
高 18.0 厘米 × 宽 26.0 厘米
索书号 001532

1011. 甲子年贪狼

水文题名:
佚名抄
清抄本
1 册　16 页
棉纸　墨色
线装
高 17.8 厘米 × 宽 22.5 厘米
索书号 001533

1012. 大丑午年壬申凶

佚名抄
清抄本
1 册　10 页
棉纸　墨色
线装
高 18.0 厘米 × 宽 20.3 厘米
索书号 001534

1013. 申子辰年丑午时吉

水文题名:
佚名抄
清抄本
1 册　34 页
棉纸　墨色
线装
高 13.0 厘米 × 宽 15.5 厘米
索书号 001535

1014. 六十年吉凶方

佚名抄
清抄本
1 册　28 页
棉纸　墨色
线装

高 14.5 厘米 × 宽 19.5 厘米
索书号 001536

1015. 高脚

韦光富抄
清抄本
1 册 20 页
棉纸 墨色
线装
高 15.2 厘米 × 宽 19.2 厘米
索书号 001537

1016. 六十日吉凶

佚名抄
清宣统三年（1911）抄本
1 册 29 页
棉纸 墨色
线装
高 14.5 厘米 × 宽 19.0 厘米
索书号 001538

1017. 壬寅年

佚名抄
清抄本
1 册 24 页
棉纸 墨色
线装
高 14.3 厘米 × 宽 19.0 厘米
索书号 001539

1018. 随时开

吴锦成抄
清抄本
1 册 24 页
棉纸 墨色
纸捻装
高 16.2 厘米 × 宽 10.5 厘米
索书号 001540

1019. 分外亲深用

佚名抄
清宣统三年（1911）抄本
1 册 24 页
棉纸 墨色
线装
高 13.5 厘米 × 宽 18.8 厘米
索书号 001541

1020. 阴阳

佚名抄
清抄本
1 册 20 页
棉纸 墨色
纸捻装
高 18.3 厘米 × 宽 16.0 厘米
索书号 001542

1021. 子午卯酉土水水吉

水文题名：
佚名抄
清抄本

1册 15页
棉纸 墨色
线装
高 14.7 厘米 × 宽 18.5 厘米
索书号 001543

1022. 六十甲子吉凶

佚名抄
清抄本
1册 12页
棉纸 墨色
线装
高 19.7 厘米 × 宽 15.5 厘米
索书号 001544

1023. 申子辰年金人凶

水文题名：
佚名抄
清抄本
1册 61页
棉纸 墨色
线装
高 17.8 厘米 × 宽 16.0 厘米
索书号 001545

1024. 七元甲子男女吉凶

佚名抄
清抄本
1册 72页
棉纸 墨色
线装
高 18.0 厘米 × 宽 14.5 厘米
索书号 001546

1025. 六十甲子男女吉凶

佚名抄
清宣统三年（1911）抄本
1册 36页
棉纸 墨色
纸捻装
高 16.0 厘米 × 宽 14.0 厘米
索书号 001547

1026. 大旺

佚名抄
清抄本
1册 48页
棉纸 墨色
纸捻装
高 20.0 厘米 × 宽 13.0 厘米
索书号 001548

1027. 看改保福

水文题名：
潘万程抄
民国元年（1912）抄本
1册 20页
棉纸 墨色
纸捻装
高 29.5 厘米 × 宽 19.2 厘米
索书号 001549

1028. 选择吉日撮要别瓜贪百八

佚名抄
民国三十年（1941）抄本
1册 51页
棉纸 墨色
线装
高25.2厘米 × 宽21.5厘米
索书号001550

1029. 丁

佚名抄
民国抄本
1册 13页
棉纸 墨色
线装
高16.2厘米 × 宽20.3厘米
索书号001551

1030. 七元甲子

佚名抄
民国七年（1918）抄本
1册 14页
棉纸 墨色
线装
高13.5厘米 × 宽20.5厘米
索书号001552

1031. 都腊

韦德昌抄
民国抄本
1册 28页
棉纸 墨色
线装
高22.0厘米 × 宽22.5厘米
索书号001553

1032. 大火

水文题名：
韦老钱抄
民国六年（1917）抄本
1册 18页
棉纸 墨色
线装
高31.5厘米 × 宽21.5厘米
索书号001554

1033. 乙卯年通书

佚名抄
民国四年（1915）抄本
1册 21页
棉纸 墨色
线装
高27.0厘米 × 宽22.0厘米
索书号001555

1034. 九穷

陆朝向抄
民国抄本
1册 66页
棉纸 墨色
线装
高21.0厘米 × 宽23.5厘米

索书号 001556

1035. 年龄起宫掌

佚名抄
民国抄本
1 册 26 页
棉纸 墨色
纸捻装
高 18.5 厘米 × 宽 23.0 厘米
索书号 001557

1036. 不辅吉

水文题名：
佚名抄
民国抄本
1 册 22 页
棉纸 墨色
线装
高 14.0 厘米 × 宽 23.5 厘米
索书号 001558

1037. 逢贪吉

水文题名：
佚名抄
民国二十八年（1939）抄本
1 册 30 页
棉纸 墨色
纸捻装
高 23.0 厘米 × 宽 13.5 厘米
索书号 001559

1038. 五锤

佚名抄
民国十年（1921）抄本
1 册 51 页
棉纸 墨色
纸捻装
高 14.7 厘米 × 宽 13.0 厘米
索书号 001561

1039. 甲子贪九吉

王国安抄
民国二十四年（1935）抄本
1 册 17 页
棉纸 墨色
纸捻装
高 16.7 厘米 × 宽 14.0 厘米
索书号 001562

1040. 六十甲子

陆荣海抄
民国抄本
1 册 53 页
棉纸 墨色
纸捻装
高 32.0 厘米 × 宽 21.5 厘米
索书号 001563

1041. 破军六存年

水文题名：
韦德昌抄
民国三十四年（1945）抄本

1册 48页
棉纸 墨色
纸捻装
高 22.0 厘米 × 宽 24.0 厘米
索书号 001564

附 录

1042. 正七

水文题名：
韩兴良抄
1982 年抄本
1册 21页
棉纸 墨色
线装
高 30.0 厘米 × 宽 21.7 厘米
索书号 000033

1043. 大旺书 一卷吉

韦家余抄
1981 年抄本
1册 74页
棉纸 墨色
线装
高 26.2 厘米 × 宽 20.0 厘米
索书号 000061

1044. 申子辰年未方

水文题名：
韦家余抄
1981 年抄本
1册 38页
棉纸 墨色
线装
高 25.6 厘米 × 宽 20.2 厘米
索书号 000062

1045. 大吉贪 二卷吉

韦家余抄
1981 年抄本
1册 43页
棉纸 墨色
线装
高 25.7 厘米 × 宽 19.9 厘米
索书号 000063

1046. 辰戌年丑日方 二卷

水文题名：
韦家余抄
1981 年抄本
1册 34页
棉纸 墨色
线装
高 25.7 厘米 × 宽 19.6 厘米
索书号 000064

1047. 改鬼吉 三卷吉

韦家余抄

1981 年抄本

1 册 46 页

棉纸 墨色

线装

高 25.6 厘米 × 宽 19.9 厘米

索书号 000065

1048. 沙朋 三卷凶

韦家余抄

1981 年抄本

1 册 28 页

棉纸 墨色

线装

高 25.6 厘米 × 宽 19.6 厘米

索书号 000066

1049. 接亲吉凶 四卷吉

韦家余抄

1981 年抄本

1 册 67 页

棉纸 墨色

线装

高 17.1 厘米 × 宽 15.0 厘米

索书号 000067

1050. 起房书 五卷吉

韦家余抄

1981 年抄本

1 册 99 页

棉纸 墨色

线装

高 17.0 厘米 × 宽 15.0 厘米

索书号 000068

1051. 堂华 五卷

韦家余抄

1981 年抄本

1 册 30 页

棉纸 墨色

线装

高 25.7 厘米 × 宽 19.9 厘米

索书号 000069

1052. 化命甲子 六卷吉（算命推八字书）

韦家余抄

1981 年抄本

1 册 58 页

棉纸 墨色

线装

高 17.2 厘米 × 宽 15.0 厘米

索书号 000070

1053. 甲己丙寅六卷

水文题名：[illegible]

佚名抄

1981 年抄本

1 册 36 页

棉纸 墨色

纸捻装

高 25.9 厘米 × 宽 20.2 厘米

索书号 000071

1054. 水书 七卷吉

佚名抄

1981 年抄本

1 册 21 页

棉纸 墨色

纸捻装

高 17.1 厘米 × 宽 15.0 厘米

索书号 000072

1055. 也腊则斗六十

佚名抄

1981 年抄本

1 册 46 页

棉纸 墨色

纸捻装

高 25.4 厘米 × 宽 20.1 厘米

索书号 000073

1056. 壬辰大旺 八卷吉

水文题名：壬辰大旺

佚名抄

1981 年抄本

1 册 28 页

棉纸 墨色

纸捻装

高 25.7 厘米 × 宽 20.1 厘米

索书号 000074

1057. 壬辰吉凶 八卷

水文题名：壬辰吉凶

佚名抄

1981 年抄本

1 册 41 页

棉纸 墨色

纸捻装

高 26.0 厘米 × 宽 20.2 厘米

索书号 000075

1058. 贪巨海 九卷

水文题名：井巨海

佚名抄

1981 年抄本

1 册 11 页

棉纸 墨色

纸捻装

高 26.0 厘米 × 宽 20.1 厘米

索书号 000076

1059. 欢书 九卷凶

佚名抄

1981 年抄本

1 册 28 页

棉纸 墨色

纸捻装

高 25.7 厘米 × 宽 20.0 厘米

索书号 000077

1060. 开山吉 十卷

佚名抄

1981 年抄本

1 册 29 页

棉纸 墨色

纸捻装
高 26.0 厘米 × 宽 20.2 厘米
索书号 000078

1061. 吉凶 十一卷

佚名抄
1981 年抄本
1 册 24 页
棉纸 墨色
纸捻装
高 25. 8 厘米 × 宽 20.1 厘米
索书号 000079

1062. 作当吉 十二卷吉

佚名抄
1981 年抄本
1 册 30 页
棉纸 墨色
纸捻装
高 25.7 厘米 × 宽 20.0 厘米
索书号 000080

1063. 正七连庚甲 十三卷

水文题名：正七連庚甲
韦家余抄
1981 年抄本
1 册 36 页
棉纸 墨色
线装
高 26.2 厘米 × 宽 20.4 厘米
索书号 000081

1064. 龙吉

水文题名：
潘世钦抄
新钞本
1 册 9 页
棉纸 墨色
线装
高 15.0 厘米 × 宽 12.5 厘米
索书号 000082

1065. 灭门

潘世钦抄
1980 年抄本
1 册 29 页
棉纸 墨色
线装
高 18.6 厘米 × 宽 15.5 厘米
索书号 000083

1066. 壬申

水文题名：壬甲
潘世钦抄
新钞本
1 册 31 页
棉纸 墨色
线装
高 17.8 厘米 × 宽 15.7 厘米
索书号 000084

1067. 说项

潘世钦抄

1976 年抄本

1 册 30 页

棉纸 墨色

线装

高 26.7 厘米 × 宽 14.2 厘米

索书号 000085

1068. 龙犬

潘世钦抄

1976 年抄本

1 册 21 页

棉纸 墨色

线装

高 26.9 厘米 × 宽 14.2 厘米

索书号 000086

1069. 寅丑一金可对必良

潘世钦抄

1976 年抄本

1 册 18 页

棉纸 墨色

线装

高 27.0 厘米 × 宽 14.3 厘米

索书号 000087

1070. 海头

潘世钦抄

1976 年抄本

1 册 32 页

棉纸 墨色

线装

高 26.9 厘米 × 宽 14.5 厘米

索书号 000088

1071. 时日相克

潘世钦抄

1976 年抄本

1 册 11 页

棉纸 墨色

线装

高 26.7 厘米 × 宽 14.1 厘米

索书号 000089

1072. 顺逆行

潘世钦抄

1976 年抄本

1 册 18 页

棉纸 墨色

线装

高 26.7 厘米 × 宽 14.4 厘米

索书号 000090

1073. 九忌

潘世钦抄

1976 年抄本

1 册 14 页

棉纸 墨色

线装

高 26.5 厘米 × 宽 14.0 厘米

索书号 000091

1074. 漏尸山

潘世钦抄

1976 年抄本

1 册 42 页

棉纸 墨色

线装

高 26.7 厘米 × 宽 14.3 厘米

索书号 000092

1075. 二爻引贯月

潘世钦抄

1976 年抄本

1 册 38 页

棉纸 墨色

线装

高 26.7 厘米 × 宽 14.1 厘米

索书号 000093

1076. 五寅

潘世钦抄

1976 年抄本

1 册 13 页

棉纸 墨色

线装

高 26.7 厘米 × 宽 14.4 厘米

索书号 000094

1077. 引蜡遁山爻

潘世钦抄

1976 年抄本

1 册 29 页

棉纸 墨色

线装

高 26.5 厘米 × 宽 14.5 厘米

索书号 000095

1078. 瞎眼山坎山

潘世钦抄

1976 年抄本

1 册 22 页

棉纸 墨色

线装

高 25.6 厘米 × 宽 14.3 厘米

索书号 000096

1079. 十二生命忌寸门

潘世钦抄

1976 年抄本

1 册 23 页

棉纸 墨色

线装

高 26.8 厘米 × 宽 14.3 厘米

索书号 000097

1080. 宜头五虎金巳元弟

潘世钦抄

1976 年抄本

1 册 45 页

棉纸 墨色

线装

高 26.1 厘米 × 宽 14.4 厘米

索书号 000098

1081. 众忌

潘世钦抄
1976 年抄本
1 册 27 页
棉纸 墨色
线装
高 26.7 厘米 × 宽 14.6 厘米
索书号 000099

1082. 杂忌

潘世钦抄
1976 年抄本
1 册 29 页
棉纸 墨色
线装
高 26.7 厘米 × 宽 14.7 厘米
索书号 000100

1083. 头生干起葬

潘世钦抄
1976 年抄本
1 册 30 页
棉纸 墨色
线装
高 26.7 厘米 × 宽 14.5 厘米
索书号 000101

1084. 百木忌

潘世钦抄
1976 年抄本
1 册 29 页
棉纸 墨色
线装
高 26.7 厘米 × 宽 14.4 厘米
索书号 000102

1085. 十二辅吉

水文题名：
潘世钦抄
1950—1999 年抄本
1 册 15 页
棉纸 墨色
线装
高 27.0 厘米 × 宽 14.5 厘米
索书号 000103

1086. 沙朋六十

潘世钦抄
1950—1999 年抄本
1 册 47 页
棉纸 墨色
线装
高 26.7 厘米 × 宽 14.5 厘米
索书号 000104

1087. 甲子凶

水文题名：
韦绍林抄
1950 年抄本
1 册 40 页
棉纸 墨色
线装

高 25.7 厘米 × 宽 29.2 厘米
索书号 000108

1088. 子午四十吉

水文题名：
韦绍林抄
1950 年抄本
1 册 43 页
棉纸 墨色
线装
高 28.5 厘米 × 宽 25.0 厘米
索书号 000109

1089. 日上起时通吉凶

韦绍林抄
1950 年抄本
1 册 43 页
棉纸 墨色
线装
高 29.0 厘米 × 宽 24.2 厘米
索书号 000111

1090. 取年生算金用吉凶克

韦绍林抄
1950 年抄本
1 册 26 页
棉纸 墨色
线装
高 31.0 厘米 × 宽 24.3 厘米
索书号 000112

1091. 甲己生年

水文题名：
韦绍林抄
1950 年抄本
1 册 26 页
棉纸 墨色
线装
高 31.5 厘米 × 宽 24.2 厘米
索书号 000113

1092. 八贪三巨

水文题名：
韦绍林抄
1950 年抄本
1 册 27 页
棉纸 墨色
线装
高 31.2 厘米 × 宽 24.5 厘米
索书号 000114

1093. 时凶庚寅

水文题名：
韦绍林抄
1950 年抄本
1 册 18 页
棉纸 墨色
纸捻装
高 22.6 厘米 × 宽 25.2 厘米
索书号 000115

1094. 第一甲子日吉

水文题名：

韦绍林抄

1951 年抄本

1 册 18 页

棉纸 墨色

纸捻装

高 34.4 厘米 × 宽 22.8 厘米

索书号 000116

1095. 八贪年吉 卷一

水文题名：

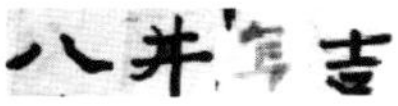

韦的拾抄

1956 年抄本

1 册 16 页

棉纸 墨色

纸捻装

高 34.2 厘米 × 宽 22.7 厘米

索书号 000131

1096. 八贪年吉 卷二

水文题名：

韦的拾抄

1956 年抄本

1 册 15 页

棉纸 墨色

纸捻装

高 34.7 厘米 × 宽 22.8 厘米

索书号 000132

1097. 八贪年吉卷三

水文题名：

韦的拾抄

1956 年抄本

1 册 16 页

棉纸 墨色

纸捻装

高 35.0 厘米 × 宽 23.2 厘米

索书号 000133

1098. 正七

水文题名：

佚名抄

1988 年抄本

1 册 39 页

棉纸 墨色

纸捻装

高 28.7 厘米 × 宽 18.1 厘米

索书号 000134

1099. 正七白书

韦光项抄

1988 年抄本

1 册 50 页

棉纸 墨色

线装

高 26.7 厘米 × 宽 15.1 厘米

索书号 000135

1100. 二十八宿

韦光项抄

1988 年抄本
1 册 24 页
棉纸 墨色
线装
高 26.6 厘米 × 宽 15.1 厘米
索书号 000136

1101. 立房书

韦光项抄
1987 年抄本
1 册 49 页
棉纸 墨色
线装
高 17.7 厘米 × 宽 15.0 厘米
索书号 000137

1102. 遁宫集

韦光秀抄
1988 年抄本
1 册 58 页
棉纸 墨色
纸捻装
高 17.7 厘米 × 宽 14.9 厘米
索书号 000138

1103. 安埋便用吉凶

韦光秀抄
1950—1999 年抄本
1 册 141 页
棉纸 墨色
线装
高 17.8 厘米 × 宽 14.8 厘米
索书号 000139

1104. 第十二上贪

韦天辉抄
1950—1999 年抄本
1 册 38 页
棉纸 墨色
线装
高 17.8 厘米 × 宽 18.2 厘米
索书号 000143

1105. 临时便用

韦天辉抄
1981 年抄本
1 册 24 页
棉纸 墨色
线装
高 18.1 厘米 × 宽 17.9 厘米
索书号 000144

1106. 子午卯酉快用日

水文题名: 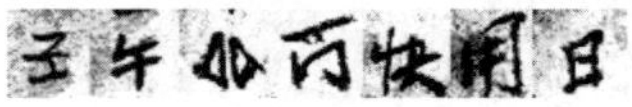
韦天辉抄
1950—1999 年抄本
1 册 11 页
棉纸 墨色
纸捻装
高 17.7 厘米 × 宽 17.5 厘米
索书号 000145

1107. 九翻

韦天辉抄

1981 年抄本

1 册 37 页

棉纸 墨色

线装

高 17.3 厘米 × 宽 18.4 厘米

索书号 000146

1108. 子午卯酉辰辰

水文题名：

韦天辉抄

1981 年抄本

1 册 25 页

棉纸 墨色

线装

高 35.3 厘米 × 宽 18.8 厘米

索书号 000147

1109. 书屋

韦天辉抄

1981 年抄本

1 册 38 页

棉纸 墨色

线装

高 34.6 厘米 × 宽 18.4 厘米

索书号 000148

1110. 贪百八

水文题名：

韦天辉抄

1981 年抄本

1 册 45 页

棉纸 墨色

线装

高 33.5 厘米 × 宽 18.5 厘米

索书号 000149

1111. 甲子乙丑■吉

水文题名：

韦天辉抄

1981 年抄本

1 册 24 页

棉纸 墨色

线装

高 33.3 厘米 × 宽 18.5 厘米

索书号 000150

1112. 辰戌年四丑方

水文题名：

韦天辉抄

1981 年抄本

1 册 87 页

棉纸 墨色

线装

高 33.3 厘米 × 宽 18.5 厘米

索书号 000151

1113. 大吉通书日

韦天辉抄

1981 年抄本

1 册 43 页

棉纸 墨色

线装

高 34.3 厘米 × 宽 18.0 厘米

索书号 000152

1114. 贪狼

水文题名：

韦天辉抄

1950—1999 年抄本

1 册 25 页

棉纸 墨色

线装

高 33.8 厘米 × 宽 18.3 厘米

索书号 000153

1115. 贪母六十金水未申

韦天辉抄

1982 年抄本

1 册 28 页

棉纸 墨色

线装

高 33.5 厘米 × 宽 18.0 厘米

索书号 000154

1116. 忌杀牛敬祖公

韦天辉抄

1982 年抄本

1 册 19 页

棉纸 墨色

线装

高 34.3 厘米 × 宽 18.0 厘米

索书号 000155

1117. 甲己年九月未方

水文题名：

韦天辉抄

1981 年抄本

1 册 45 页

棉纸 墨色

线装

高 34.1 厘米 × 宽 17.4 厘米

索书号 000156

1118. 子午卯酉亥则勒

韦天辉抄

1981 年抄本

1 册 28 页

棉纸 墨色

线装

高 34.2 厘米 × 宽 18.7 厘米

索书号 000157

1119. 当大旺

韦天辉抄

1981 年抄本

1 册 21 页

棉纸 墨色

线装

高 27.4 厘米 × 宽 18.0 厘米

索书号 000158

1120. 推怪

韦天辉抄
1981 年抄本
1 册 15 页
棉纸 墨色
纸捻装
高 24.0 厘米 × 宽 18.0 厘米
索书号 000159

1121. 辰戌年丑方

水文题名：[水文]
韦天辉抄
1981 年抄本
1 册 54 页
棉纸 墨色
线装
高 35.0 厘米 × 宽 18.5 厘米
索书号 000161

1122. 塞事

韦天辉抄
1981 年抄本
1 册 29 页
棉纸 墨色
线装
高 33.2 厘米 × 宽 18.0 厘米
索书号 000162

1123. 春寅午戌

水文题名：[水文]
韦天益抄
1981 年抄本
1 册 26 页
棉纸 墨色
线装
高 36.0 厘米 × 宽 24.0 厘米
索书号 000163

1124. 子午卯酉亥则勒

韦天益抄
1981 年抄本
1 册 31 页
棉纸 墨色
线装
高 34.1 厘米 × 宽 18.5 厘米
索书号 000164

1125. 子午年■酉方

水文题名：[水文]
韦天益抄
1981 年抄本
1 册 24 页
棉纸 墨色
线装
高 33.5 厘米 × 宽 18.5 厘米
索书号 000165

1126. 九翻

韦天益抄
1981 年抄本
1 册 39 页
棉纸 墨色

线装
高 17.9 厘米 × 宽 18.5 厘米
索书号 000166

1127. 临时便用

韦天益抄
1981 年抄本
1 册 22 页
棉纸 墨色
线装
高 24.0 厘米 × 宽 18.5 厘米
索书号 000167

1128. 甲子时

水文题名: 
韦天益抄
1981 年抄本
1 册 64 页
棉纸 墨色
纸捻装
高 33.9 厘米 × 宽 18.0 厘米
索书号 000168

1129. 甲己年九月未方

水文题名: 
韦天益抄
1981 年抄本
1 册 43 页
棉纸 墨色
线装
高 35.0 厘米 × 宽 17.6 厘米
索书号 000169

1130. 塞事

韦天益抄
1981 年抄本
1 册 29 页
棉纸 墨色
线装
高 33.5 厘米 × 宽 18.5 厘米
索书号 000170

1131. 子午卯酉年辰辰

水文题名: 
韦天益抄
1981 年抄本
1 册 30 页
棉纸 墨色
线装
高 35.5 厘米 × 宽 18.5 厘米
索书号 000171

1132. 贪狼（贪未申年宜贪）

水文题名: 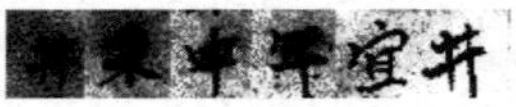
韦天益抄
1981 年抄本
1 册 35 页
棉纸 墨色
线装
高 33.5 厘米 × 宽 18.0 厘米
索书号 000172

1133. 贪百八

水文题名：

韦天益抄

1981 年抄本

1 册 48 页

棉纸 墨色

线装

高 33.5 厘米 × 宽 18.3 厘米

索书号 000173

1134. 贪母六十金水未申

韦天益抄

1981 年抄本

1 册 30 页

棉纸 墨色

线装

高 34.2 厘米 × 宽 18.0 厘米

索书号 000174

1135. 大吉通书

韦天益抄

1981 年抄本

1 册 44 页

棉纸 墨色

线装

高 35.0 厘米 × 宽 17.5 厘米

索书号 000175

1136. 当大旺

韦天益抄

1981 年抄本

1 册 26 页

棉纸 墨色

线装

高 26.5 厘米 × 宽 18.0 厘米

索书号 000176

1137. 第十二上贪

韦天益抄

1981 年抄本

1 册 40 页

棉纸 墨色

线装

高 18.0 厘米 × 宽 18.3 厘米

索书号 000177

1138. 正七庚甲六乙文

水文题名：

韦天高抄

1968 年抄本

1 册 24 页

棉纸 墨色

线装

高 23.5 厘米 × 宽 18.5 厘米

索书号 000178

1139. 甲子日金

水文题名：

韦天高抄

1981 年抄本

1 册 68 页

棉纸 墨色

线装
高 33.5 厘米 × 宽 18.3 厘米
索书号 000179

1140. 当大旺

杨胜廷抄
1968 年抄本
1 册 24 页
棉纸 墨色
纸捻装
高 26.0 厘米 × 宽 16.8 厘米
索书号 000182

1141. 吉时禁忌知识

佚名抄
1987 年抄本
1 册 20 页
棉纸 墨色
线装
高 18.3 厘米 × 宽 18.3 厘米
索书号 000189

1142. 壬辰

石文锋抄
1980 年抄本
1 册 18 页
棉纸 墨色
纸捻装
高 25.5 厘米 × 宽 25.7 厘米
索书号 000199

1143. 二十八宿

石文锋抄
1982 年抄本
1 册 14 页
棉纸 墨色
纸捻装
高 34.9 厘米 × 宽 21.7 厘米
索书号 000200

1144. 邓书

佚名抄
1982 年抄本
1 册 16 页
棉纸 墨色
线装
高 35.0 厘米 × 宽 17.8 厘米
索书号 000204

1145. 辰戌年丑方

石文锋抄
1983 年抄本
1 册 77 页
棉纸 墨色
线装
高 33.9 厘米 × 宽 24.2 厘米
索书号 000215

1146. 贪吵都借

石文锋抄
1950—1999 年抄本
1 册 24 页

棉纸 墨色

纸捻装

高 26.3 厘米 × 宽 19.0 厘米

索书号 000219

1147. 贪巨六十庚甲

潘昌茂抄

1968 年抄本

1 册 20 页

棉纸 墨色

线装

高 19.2 厘米 × 宽 19.0 厘米

索书号 000224

1148. 庚申己亥年

石文翰抄

1971 年抄本

1 册 30 页

棉纸 墨色

线装

高 27.3 厘米 × 宽 18.4 厘米

索书号 000225

1149. 告相寅问

石文翰抄

1968 年抄本

1 册 30 页

棉纸 墨色

纸捻装

高 26.5 厘米 × 宽 16.9 厘米

索书号 000226

1150. 贪百八

水文题名：

石文翰抄

1964 年抄本

1 册 38 页

棉纸 墨色

线装

高 32.0 厘米 × 宽 21.3 厘米

索书号 000227

1151. 贪母

石文翰抄

1964 年抄本

1 册 26 页

棉纸 墨色

线装

高 31.0 厘米 × 宽 21.5 厘米

索书号 000228

1152. 第一甲子■

水文题名：

石文翰抄

1963 年抄本

1 册 27 页

棉纸 墨色

线装

高 26.8 厘米 × 宽 21.2 厘米

索书号 000229

1153. 忌砍牛

石文翰抄

1982 年抄本

1 册 22 页

棉纸 墨色

线装

高 33.7 厘米 × 宽 17.8 厘米

索书号 000230

1154. 春夏秋冬

石文翰抄

1963 年抄本

1 册 38 页

棉纸 墨色

线装

高 32.9 厘米 × 宽 18.3 厘米

索书号 000231

1155. 正七戊寅日

石文翰抄

1973 年抄本

1 册 32 页

棉纸 墨色

纸捻装

高 30.0 厘米 × 宽 19.9 厘米

索书号 000232

1156. 辰甲年贪

水文题名：

石文翰抄

1971 年抄本

1 册 10 页

棉纸 墨色

线装

高 27.4 厘米 × 宽 18.2 厘米

索书号 000233

1157. 甲子日金

水文题名：

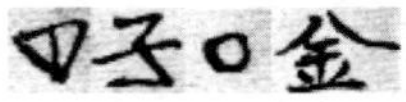

石文翰抄

1964 年抄本

1 册 63 页

棉纸 墨色

线装

高 27.0 厘米 × 宽 21.5 厘米

索书号 000234

1158. 书屋

石文翰抄

1965 年抄本

1 册 38 页

棉纸 墨色

线装

高 26.5 厘米 × 宽 21.0 厘米

索书号 000235

1159. 甲辰年

石文翰抄

1964 年抄本

1 册 28 页

棉纸 墨色

线装

高 16.0 厘米 × 宽 21.0 厘米

索书号 000236

1160. 申子辰年

石文翰抄

1972 年抄本

1 册 46 页

棉纸 墨色

纸捻装

高 18.0 厘米 × 宽 18.0 厘米

索书号 000237

1161. 第十二上贪

石文翰抄

1968 年抄本

1 册 38 页

棉纸 墨色

线装

高 18.0 厘米 × 宽 16.5 厘米

索书号 000238

1162. 甲辰年

石文翰抄

1964 年抄本

1 册 20 页

棉纸 墨色

线装

高 26.0 厘米 × 宽 16.5 厘米

索书号 000239

1163. 戊山忌午方

水文题名：

石文翰抄

1964 年抄本

1 册 14 页

棉纸 墨色

线装

高 21.2 厘米 × 宽 20.0 厘米

索书号 000240

1164. 子午卯酉破文贪

水文题名：

石文翰抄

1963 年抄本

1 册 23 页

棉纸 墨色

线装

高 27.2 厘米 × 宽 21.7 厘米

索书号 000241

1165. 贪吵都借

石文翰抄

1963 年抄本

1 册 33 页

棉纸 墨色

线装

高 27.0 厘米 × 宽 21.7 厘米

索书号 000242

1166. 甲己丙寅

水文题名：

姚昌培抄

1995 年抄本

1 册 43 页

棉纸 墨色

线装
高 27.3 厘米 × 宽 17.0 厘米
索书号 000243

1167. 未申贪大吉

水文题名：
姚昌培抄
1987 年抄本
1 册 18 页
棉纸 墨色
线装
高 27.0 厘米 × 宽 15.8 厘米
索书号 000244

1168. 壬戌年

水文题名：
姚昌培抄
1950—1999 年抄本
1 册 18 页
棉纸 墨色
线装
高 27.2 厘米 × 宽 17.0 厘米
索书号 000245

1169. 起造通书

姚昌培抄
1992 年抄本
1 册 24 页
棉纸 墨色
线装
高 27.3 厘米 × 宽 17.1 厘米
索书号 000246

1170. 日十时

姚昌培抄
1950—1999 年抄本
1 册 55 页
棉纸 墨色
线装
高 27.0 厘米 × 宽 17.0 厘米
索书号 000247

1171. 武禄

姚昌培抄
1982 年抄本
1 册 31 页
棉纸 墨色
线装
高 27.0 厘米 × 宽 17.0 厘米
索书号 000248

1172. 子午卯酉正四七十上

佚名抄
1982 年抄本
1 册 35 页
棉纸 墨色
线装
高 24.3 厘米 × 宽 16.2 厘米
索书号 000249

1173. 百八■朗要日埋葬吉

佚名抄

1982 年抄本

1 册 41 页

棉纸 墨色

线装

高 27.1 厘米 × 宽 17.0 厘米

索书号 000250

1174. 子午卯酉

姚昌培抄

1950—1999 年抄本

1 册 44 页

棉纸 墨色

线装

高 26.8 厘米 × 宽 17.0 厘米

索书号 000251

1175. 甲己年九月未方

水文题名:

姚昌培抄

1950—1999 年抄本

1 册 42 页

棉纸 墨色

线装

高 26.8 厘米 × 宽 16.8 厘米

索书号 000252

1176. 子午卯酉年

姚昌培抄

1988 年抄本

1 册 44 页

棉纸 墨色

线装

高 26.3 厘米 × 宽 18.5 厘米

索书号 000253

1177. 吉凶

姚昌培抄

1950—1999 年抄本

1 册 30 页

棉纸 墨色

线装

高 26.8 厘米 × 宽 16.8 厘米

索书号 000254

1178. 甲子年

姚昌培抄

1984 年抄本

1 册 42 页

棉纸 墨色

线装

高 26.8 厘米 × 宽 16.8 厘米

索书号 000255

1179. 甲子乙丑壬戌年

水文题名:

姚昌培抄

1950—1999 年抄本

1 册 22 页

棉纸 墨色

线装

高 26.5 厘米 × 宽 16.8 厘米

索书号 000256

1180. 男女日吉

姚昌培抄

1982 年抄本

1 册 30 页

棉纸 墨色

线装

高 26.5 厘米 × 宽 16.8 厘米

索书号 000257

1181. 子辰寅丑

水文题名：

姚昌培抄

1950—1999 年抄本

1 册 26 页

棉纸 墨色

线装

高 27.3 厘米 × 宽 17.0 厘米

索书号 000258

1182. 年壬辰

姚昌培抄

1950—1999 年抄本

1 册 20 页

棉纸 墨色

线装

高 26.8 厘米 × 宽 16.7 厘米

索书号 000259

1183. 正七庚甲

水文题名：

姚昌培抄

1979 年抄本

1 册 30 页

棉纸 墨色

线装

高 33.0 厘米 × 宽 26.5 厘米

索书号 000260

1184. 五寅回亥卯未

姚昌能抄

1963 年抄本

1 册 17 页

棉纸 墨色

线装

高 22.2 厘米 × 宽 16.7 厘米

索书号 000261

1185. 甲己年九月未方

水文题名：

姚昌周抄

1950—1999 年抄本

1 册 40 页

棉纸 墨色

线装

高 28.8 厘米 × 宽 18.7 厘米

索书号 000263

1186. 正七庚甲

水文题名：

佚名抄

1979 年抄本

1 册 37 页

棉纸 墨色

线装

高 30.0 厘米 × 宽 22.6 厘米

索书号 000266

1187. 春寅午戌

韦锦仁抄

1981 年抄本

1 册 23 页

棉纸 墨色

线装

高 33.7 厘米 × 宽 17.1 厘米

索书号 000267

1188. 法事所忌日时凶

杨光明抄

1951 年抄本

1 册 7 页

棉纸 墨色

线装

高 21.5 厘米 × 宽 20.8 厘米

索书号 000268

1189. 看方吉凶

姚昌周抄

1950—1999 年抄本

1 册 15 页

棉纸 墨色

线装

高 30.5 厘米 × 宽 18.4 厘米

索书号 000269

1190. 六宫

姚昌周抄

1982 年抄本

1 册 33 页

棉纸 墨色

线装

高 29.4 厘米 × 宽 23.8 厘米

索书号 000270

1191. 日时记葬

姚昌周抄

1982 年抄本

1 册 56 页

棉纸 墨色

线装

高 28.2 厘米 × 宽 23.3 厘米

索书号 000271

1192. 甲己丙寅

水文题名：

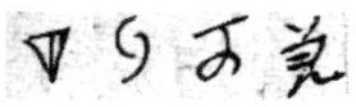

佚名抄

1982 年抄本

1 册 33 页

棉纸 墨色

线装

高 28.6 厘米 × 宽 23.2 厘米

索书号 000272

1193. 看方吉凶

佚名抄

1982 年抄本

1册 25页
棉纸 墨色
线装
高 29.2 厘米 × 宽 22.8 厘米
索书号 000273

1194. 正四七十上

姚昌周抄
1950—1999 年抄本
1册 12页
棉纸 墨色
线装
高 26.6 厘米 × 宽 16.6 厘米
索书号 000275

1195. 子午卯酉年

佚名抄
1982 年抄本
1册 45页
棉纸 墨色
线装
高 22.8 厘米 × 宽 15.7 厘米
索书号 000276

1196. 百八贪朗要日埋葬吉

佚名抄
1982 年抄本
1册 43页
棉纸 墨色
线装
高 22.9 厘米 × 宽 15.5 厘米
索书号 000277

1197. 论本择日安葬与用吉利

佚名抄
1981 年抄本
1册 37页
棉纸 墨色
线装
高 22.5 厘米 × 宽 15.4 厘米
索书号 000278

1198. 子午卯酉年正四七十上

姚昌照抄
1980 年抄本
1册 44页
棉纸 墨色
线装
高 26.9 厘米 × 宽 17.4 厘米
索书号 000280

1199. 春寅午戌

石文锋抄
1970 年抄本
1册 36页
棉纸 墨色
线装
高 33.0 厘米 × 宽 26.0 厘米
索书号 000281

1200. 水书

佚名抄

1988 年抄本
1 册 16 页
棉纸 墨色
线装
高 35.5 厘米 × 宽 26.5 厘米
索书号 000282

1201. 甲己年九月未方

水文题名：
姚昌照抄
1982 年抄本
1 册 48 页
棉纸 墨色
线装
高 37.6 厘米 × 宽 23.5 厘米
索书号 000283

1202. 百八贪朗要日埋葬吉

姚昌照抄
1982 年抄本
1 册 36 页
棉纸 墨色
线装
高 27.0 厘米 × 宽 20.0 厘米
索书号 000284

1203. 论本择与安葬与用神吉利

姚昌照抄
1982 年抄本
1 册 36 页
棉纸 墨色
纸捻装
高 27.3 厘米 × 宽 20.0 厘米
索书号 000285

1204. 日时记土葬

姚昌照 抄
1982 年抄本
1 册 48 页
棉纸 墨色
纸捻装
高 30.0 厘米 × 宽 23.0 厘米
索书号 000286

1205. 心月狐六■亥日吉

姚昌照抄
1982 年抄本
1 册 29 页
棉纸 墨色
线装
高 30.0 厘米 × 宽 24.2 厘米
索书号 000287

1206. 甲己丙寅

水文题名：
姚昌照抄
1982 年抄本
1 册 37 页
棉纸 墨色
纸捻装
高 32.0 厘米 × 宽 26.8 厘米
索书号 000288

1207. 正七庚甲

姚昌照抄

1979 年抄本

1 册 28 页

棉纸 墨色

纸捻装

高 36.3 厘米 × 宽 26.5 厘米

索书号 000289

1208. 子午卯酉金龙

水文题名：

潘国辉抄

1950 年抄本

1 册 23 页

棉纸 墨色

线装

高 21.3 厘米 × 宽 21.3 厘米

索书号 000302

1209. 甲子日用太公门口也用吉日

潘国辉抄

1950 年抄本

1 册 39 页

棉纸 墨色

线装

高 31.6 厘米 × 宽 21.0 厘米

索书号 000305

1210. 贪武辅子金水

水文题名：

姚昌锡抄

1970 年抄本

1 册 10 页

棉纸 墨色

线装

高 23.7 厘米 × 宽 18.2 厘米

索书号 000337

1211. 甲己九月未方

水文题名：

姚胜波抄

1964 年抄本

1 册 40 页

棉纸 墨色

线装

高 28.5 厘米 × 宽 21.0 厘米

索书号 000338

1212. 子午卯酉年正四七十甲乙辅富贵大吉

姚昌锡抄

1982 年抄本

1 册 44 页

棉纸 墨色

线装

高 30.5 厘米 × 宽 18.0 厘米

索书号 000339

1213. 日时忌用

姚昌锡抄

1964 年抄本

1 册 20 页

棉纸 墨色

纸捻装

高 24.8 厘米 × 宽 18.5 厘米

索书号 000341

1214. 断蛋吉凶

姚昌锡抄

1950—1999 年抄本

1 册 30 页

棉纸 墨色

线装

高 18.0 厘米 × 宽 18.0 厘米

索书号 000342

1215. 年用年女日

姚昌锡抄

1981 年抄本

1 册 26 页

棉纸 墨色

线装

高 24.3 厘米 × 宽 18.3 厘米

索书号 000343

1216. 门吉

佚名抄

1950—1999 年抄本

1 册 38 页

棉纸 墨色

线装

高 25.2 厘米 × 宽 19.0 厘米

索书号 000344

1217. 日时忌用

姚昌锡抄

1964 年抄本

1 册 14 页

棉纸 墨色

线装

高 24.7 厘米 × 宽 18.2 厘米

索书号 000345

1218. 庚寅年吉凶

水文题名：

姚胜波抄

1964 年抄本

1 册 16 页

棉纸 墨色

线装

高 27.2 厘米 × 宽 20.0 厘米

索书号 000346

1219. 二十八宿流连歌诀

佚名抄

1981 年抄本

1 册 22 页

棉纸 墨色

线装

高 24.5 厘米 × 宽 18.5 厘米

索书号 000348

1220. 贪百八

水文题名：

潘家裕抄
1981 年抄本
1 册 47 页
棉纸 墨色
纸捻装
高 27.3 厘米 × 宽 17.0 厘米
索书号 000350

1221. 子午卯酉破文贪阴阳

水文题名:
潘家裕抄
1950—1999 年抄本
1 册 38 页
棉纸 墨色
线装
高 26.6 厘米 × 宽 17.2 厘米
索书号 000351

1222. 年用男女日吉

韦克怀抄
1964 年抄本
1 册 22 页
棉纸 墨色
线装
高 26.0 厘米 × 宽 18.2 厘米
索书号 000352

1223. 五九吉

姚胜芬抄
1987 年抄本
1 册 30 页
棉纸 墨色
线装
高 34.2 厘米 × 宽 19.5 厘米
索书号 000354

1224. 生年月时日

姚胜芬抄
1987 年抄本
1 册 22 页
棉纸 墨色
线装
高 31.6 厘米 × 宽 17.8 厘米
索书号 000355

1225. 冬寅午戌

水文题名:
姚胜芬抄
1981 年抄本
1 册 45 页
棉纸 墨色
线装
高 29.8 厘米 × 宽 17.8 厘米
索书号 000356

1226. 贪吵都借

潘文秀抄
1973 年抄本
1 册 34 页
棉纸 墨色
纸捻装
高 27.5 厘米 × 宽 18.0 厘米

索书号 000357

1227. 拿壮拿忌方

姚胜芬抄
1987 年抄本
1 册 11 页
棉纸 墨色
纸捻装
高 24.4 厘米 × 宽 17.8 厘米
索书号 000358

1228. 看公正看五寅

姚胜芬抄
1987 年抄本
1 册 18 页
棉纸 墨色
纸捻装
高 20.5 厘米 × 宽 18.0 厘米
索书号 000359

1229. 戌亥年五十一丑

潘文均抄
1976 年抄本
1 册 34 页
棉纸 墨色
线装
高 33.8 厘米 × 宽 17.2 厘米
索书号 000360

1230. 水书

潘文均抄
1950—1999 年抄本
1 册 26 页
棉纸 墨色
线装
高 33.7 厘米 × 宽 17.1 厘米
索书号 000361

1231. 申子辰年

潘文均抄
1976 年抄本
1 册 49 页
棉纸 墨色
线装
高 33.8 厘米 × 宽 17.2 厘米
索书号 000362

1232. 子午卯酉年

水文题名:
潘文均抄
1950—1999 年抄本
1 册 41 页
棉纸 墨色
线装
高 33.2 厘米 × 宽 17.0 厘米
索书号 000364

1233. 子午卯酉年丑未方

潘文均抄
1950—1999 年抄本
1 册 15 页
棉纸 墨色

线装

高 33.7 厘米 × 宽 17.2 厘米

索书号 000365

1234. 子午卯酉年

潘文均抄

1950—1999 年抄本

1 册 41 页

棉纸 墨色

线装

高 34.2 厘米 × 宽 17.4 厘米

索书号 000367

1235. 甲己九月未方己

潘文均抄

1950—1999 年抄本

1 册 47 页

棉纸 墨色

线装

高 35.0 厘米 × 宽 17.4 厘米

索书号 000368

1236. 五寅看日吉凶

水文题名：

潘光美抄

1952 年抄本

1 册 14 页

棉纸 墨色

线装

高 29.4 厘米 × 宽 29.0 厘米

索书号 000390

1237. 年用男女日用品

姚昌能抄

1983 年抄本

1 册 26 页

棉纸 墨色

线装

高 27.4 厘米 × 宽 19.6 厘米

索书号 000402

1238. 大火破门

姚昌能抄

1964 年抄本

1 册 17 页

棉纸 墨色

线装

高 30.0 厘米 × 宽 20.6 厘米

索书号 000403

1239. 甲己九月未方

姚昌能抄

1964 年抄本

1 册 2 页

棉纸 墨色

线装

高 27.8 厘米 × 宽 20.2 厘米

索书号 000404

1240. 子午卯酉年

水文题名：

姚昌能抄

1964 年抄本

1 册 29 页

棉纸 墨色

线装

高 27.7 厘米 × 宽 19.7 厘米

索书号 000405

1241. 子午卯酉年

水文题名：

姚昌能抄

1964 年抄本

1 册 47 页

棉纸 墨色

线装

高 27.9 厘米 × 宽 19.8 厘米

索书号 000406

1242. 上元甲第一甲子

水文题名：

姚胜利抄

1983 年抄本

1 册 33 页

棉纸 墨色

线装

高 26.8 厘米 × 宽 20.0 厘米

索书号 000407

1243. 申寅午戌大吉

水文题名：

姚胜利抄

1983 年抄本

1 册 33 页

棉纸 墨色

线装

高 24.0 厘米 × 宽 18.2 厘米

索书号 000408

1244. 第一甲寅破

姚胜利抄

1983 年抄本

1 册 24 页

棉纸 墨色

线装

高 26.7 厘米 × 宽 20.1 厘米

索书号 000409

1245. 子午卯酉年

水文题名：

姚胜利抄

1986 年抄本

1 册 5 页

棉纸 墨色

线装

高 29.9 厘米 × 宽 17.7 厘米

索书号 000410

1246. 忌时入棺

水文题名：

姚胜利抄

1984 年抄本

1 册 30 页

棉纸 墨色

线装

高 16.9 厘米 × 宽 23.7 厘米
索书号 000411

1247. 正七上甲子

姚胜利抄
1984 年抄本
1 册 30 页
棉纸 墨色
线装
高 18.0 厘米 × 宽 18.0 厘米
索书号 000412

1248. 贪五九

姚胜利抄
1983 年抄本
1 册 29 页
棉纸 墨色
线装
高 29.0 厘米 × 宽 18.2 厘米
索书号 000413

1249. 推怪

水文题名： 
姚胜利抄
1983 年抄本
1 册 25 页
棉纸 墨色
线装
高 26.5 厘米 × 宽 20.0 厘米
索书号 000414

1250. 生年用时日

姚胜利抄
1984 年抄本
1 册 19 页
棉纸 墨色
线装
高 28.5 厘米 × 宽 21.0 厘米
索书号 000415

1251. 文言诗书

姚胜利抄
1983 年抄本
1 册 35 页
棉纸 墨色
线装
高 26.8 厘米 × 宽 20.1 厘米
索书号 000416

1252. 告相寅相

姚胜利抄
1984 年抄本
1 册 30 页
棉纸 墨色
线装
高 27.0 厘米 × 宽 20.7 厘米
索书号 000417

1253. 子午年

姚胜利抄
1983 年抄本
1 册 25 页

棉纸 墨色
线装
高 26.8 厘米 × 宽 20.1 厘米
索书号 000418

1254. 子年八辅吉

姚胜利抄
1984 年抄本
1 册 10 页
棉纸 墨色
线装
高 25.6 厘米 × 宽 19.6 厘米
索书号 000419

1255. 五■生年月日时

姚胜利抄
1986 年抄本
1 册 19 页
棉纸 墨色
线装
高 29.2 厘米 × 宽 18.2 厘米
索书号 000420

1256. 文武■■吉凶

水文题名： 
姚胜利抄
1984 年抄本
1 册 16 页
棉纸 墨色
线装
高 27.0 厘米 × 宽 22.5 厘米
索书号 000421

1257. 子午卯酉年亥方

水文题名： 
姚胜利抄
1987 年抄本
1 册 35 页
棉纸 墨色
线装
高 33.8 厘米 × 宽 18.0 厘米
索书号 000422

1258. 子午年酉方第五巳酉日时

姚胜利抄
1983 年抄本
1 册 23 页
棉纸 墨色
线装
高 34.9 厘米 × 宽 20.6 厘米
索书号 000423

1259. 归路

潘再标抄
1963 年抄本
1 册 29 页
棉纸 墨色
纸捻装
高 27.8 厘米 × 宽 18.0 厘米
索书号 000431

1260. 第一甲寅破

水文题名： 
潘再标抄
1963 年抄本
1 册 23 页
棉纸 墨色
纸捻装
高 27.8 厘米 × 宽 17.6 厘米
索书号 000432

1261. 看生年用

潘再标抄
1963 年抄本
1 册 42 页
棉纸 墨色
纸捻装
高 28.5 厘米 × 宽 18.8 厘米
索书号 000433

1262. 吉日利时

潘再标抄
1975 年抄本
1 册 79 页
棉纸 墨色
纸捻装
高 22.6 厘米 × 宽 15.7 厘米
索书号 000434

1263. 子午卯酉年

水文题名：
潘再标抄
1962 年抄本
1 册 42 页
棉纸 墨色
纸捻装
高 28.1 厘米 × 宽 17.8 厘米
索书号 000435

1264. 子午卯酉年亥亥

水文题名： 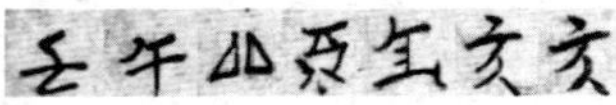
潘再标抄
1962 年抄本
1 册 35 页
棉纸 墨色
纸捻装
高 28.2 厘米 × 宽 18.0 厘米
索书号 000436

1265. 子午年锤酉方

水文题名： 
潘再标抄
1962 年抄本
1 册 26 页
棉纸 墨色
线装
高 27.5 厘米 × 宽 17.2 厘米
索书号 000437

1266. 子午卯酉年第一丙辰■

潘再标抄
1962 年抄本
1 册 30 页

棉纸 墨色
线装
高 27.8 厘米 × 宽 17.4 厘米
索书号 000438

1267. 看日用神本
潘再标抄
1962 年抄本
1 册 24 页
棉纸 墨色
线装
高 27.3 厘米 × 宽 17.3 厘米
索书号 000439

1268. 甲己九月未方
潘再标抄
1962 年抄本
1 册 41 页
棉纸 墨色
纸捻装
高 28.5 厘米 × 宽 18.0 厘米
索书号 000440

1269. 甲己年贪
潘再标抄
1963 年抄本
1 册 32 页
棉纸 墨色
纸捻装
高 27.0 厘米 × 宽 18.0 厘米
索书号 000441

1270. 二十八宿星择要
潘再标抄
1961 年抄本
1 册 28 页
棉纸 墨色
线装
高 26.8 厘米 × 宽 17.8 厘米
索书号 000442

1271. 增订返书流年用六十花甲
姚广显抄
1950 年抄本
1 册 39 页
棉纸 墨色
线装
高 22.1 厘米 × 宽 24.5 厘米
索书号 000449

1272. 增订流年看安葬老人择日用
杨光和抄
1964 年抄本
1 册 34 页
棉纸 墨色
线装
高 22.7 厘米 × 宽 20.3 厘米
索书号 000455

1273. 择日通书
佚名抄
1979 年抄本
1 册 30 页

棉纸 墨色

线装

高 26.0 厘米 × 宽 17.2 厘米

索书号 000459

1274. 砍七煞

杨光明抄

1969 年抄本

1 册 47 页

棉纸 墨色

线装

高 17.2 厘米 × 宽 16.6 厘米

索书号 000460

1275. 贪四吉

水文题名：

杨光明抄

1950—1999 年抄本

1 册 28 页

棉纸 墨色

线装

高 26.5 厘米 × 宽 19.2 厘米

索书号 000462

1276. 根本富贵读本

杨光明抄

1951 年抄本

1 册 20 页

棉纸 墨色

线装

高 26.6 厘米 × 宽 19.8 厘米

索书号 000463

1277. 增订返书流年用日时吉凶六十花甲

佚名抄

1951 年抄本

1 册 64 页

棉纸 墨色

线装

高 27.0 厘米 × 宽 22.6 厘米

索书号 000473

1278. 氐寅丑书

水文题名：

佚名抄

1960 年抄本

1 册 30 页

棉纸 墨色

线装

高 36.2 厘米 × 宽 19.0 厘米

索书号 000476

1279. 子年子八日吉

水文题名：

佚名抄

1963 年抄本

1 册 16 页

棉纸 墨色

线装

高 36.0 厘米 × 宽 20.0 厘米

索书号 000477

1280. 开亥子

佚名抄
1960 年抄本
1 册 22 页
棉纸 墨色
线装
高 37.0 厘米 × 宽 20.0 厘米
索书号 000478

1281. 氏亥子书

佚名抄
1960 年抄本
1 册 26 页
棉纸 墨色
线装
高 36.5 厘米 × 宽 19.0 厘米
索书号 000479

1282. 新屋用日

潘昌茂抄
1960 年抄本
1 册 12 页
棉纸 墨色
线装
高 38.0 厘米 × 宽 19.0 厘米
索书号 000480

1283. 亥子书

潘昌茂抄
1961 年抄本
1 册 24 页
棉纸 墨色
线装
高 36.0 厘米 × 宽 19.5 厘米
索书号 000481

1284. 春庚午辰

潘昌茂抄
1968 年抄本
1 册 26 页
棉纸 墨色
线装
高 38.0 厘米 × 宽 19.0 厘米
索书号 000482

1285. 正五九子日方

佚名抄
1962 年抄本
1 册 18 页
棉纸 墨色
线装
高 38.5 厘米 × 宽 18.5 厘米
索书号 000483

1286. 丙辰年讨

水文题名：丙辰年讨
潘俞安抄
1976 年抄本
1 册 12 页
棉纸 墨色
线装
高 37.5 厘米 × 宽 19.5 厘米

索书号 000484

1287. 甲己甲子时

水文题名：

潘昌茂抄

1960 年抄本

1 册 15 页

棉纸 墨色

线装

高 38.8 厘米 × 宽 37.5 厘米

索书号 000485

1288. 贪典低书

佚名抄

1960 年抄本

1 册 18 页

棉纸 墨色

线装

高 38.0 厘米 × 宽 36.8 厘米

索书号 000486

1289. 结婚嫁娶宜用

何朝荣抄

1963 年抄本

1 册 28 页

棉纸 墨色

线装

高 27.0 厘米 × 宽 19.3 厘米

索书号 000487

1290. 定时吉凶摘要

何朝荣抄

1963 年抄本

1 册 30 页

棉纸 墨色

线装

高 29.3 厘米 × 宽 19.7 厘米

索书号 000488

1291. 贪未申年宜贪

何朝荣抄

1963 年抄本

1 册 28 页

棉纸 墨色

线装

高 29.0 厘米 × 宽 19.5 厘米

索书号 000489

1292. 当大旺

何朝荣抄

1963 年抄本

1 册 24 页

棉纸 墨色

线装

高 27.0 厘米 × 宽 22.2 厘米

索书号 000490

1293. 推怪

何朝荣抄

1963 年抄本

1 册 16 页

棉纸 墨色

线装

高 26.8 厘米 × 宽 16.5 厘米

索书号 000491

1294. 子午卯酉年丑方

水文题名：

佚名抄

1961 年抄本

1 册 17 页

棉纸 墨色

线装

高 25.8 厘米 × 宽 20.5 厘米

索书号 000492

1295. 壬午时破

水文题名：

何朝荣抄

1961 年抄本

1 册 38 页

棉纸 墨色

线装

高 29.5 厘米 × 宽 19.5 厘米

索书号 000493

1296. 第十二上贪

何朝荣抄

1963 年抄本

1 册 21 页

棉纸 墨色

线装

高 22.5 厘米 × 宽 26.8 厘米

索书号 000494

1297. 戌山忌午辰丑

何朝荣抄

1963 年抄本

1 册 22 页

棉纸 墨色

线装

高 27.0 厘米 × 宽 22.3 厘米

索书号 000495

1298. 九翻

何朝荣抄

1983 年抄本

1 册 33 页

棉纸 墨色

线装

高 18.8 厘米 × 宽 21.8 厘米

索书号 000496

1299. 临时便用

何朝荣抄

1983 年抄本

1 册 24 页

棉纸 墨色

线装

高 18.0 厘米 × 宽 22.0 厘米

索书号 000497

1300. 花红字

何朝荣抄

1983 年抄本

1 册 18 页

棉纸 墨色

线装

高 20.5 厘米 × 宽 16.0 厘米

索书号 000498

1301. 忌砍牛

何朝荣抄

1983 年抄本

1 册 18 页

棉纸 墨色

线装

高 29.8 厘米 × 宽 19.3 厘米

索书号 000499

1302. 子午卯酉等破坟贪

何朝荣抄

1983 年抄本

1 册 16 页

棉纸 墨色

线装

高 27.2 厘米 × 宽 25.2 厘米

索书号 000500

1303. 创造新宅

何朝荣抄

1983 年抄本

1 册 36 页

棉纸 墨色

线装

高 32.3 厘米 × 宽 25.7 厘米

索书号 000501

1304. 塞事

何朝荣抄

1983 年抄本

1 册 29 页

棉纸 墨色

线装

高 33.0 厘米 × 宽 26.8 厘米

索书号 000502

1305. 子午卯酉用三贪

何朝荣抄

1963 年抄本

1 册 21 页

棉纸 墨色

线装

高 27.5 厘米 × 宽 25.5 厘米

索书号 000503

1306. 春寅午戌年大败

何朝荣抄

1983 年抄本

1 册 15 页

棉纸 墨色

线装

高 32.5 厘米 × 宽 27.0 厘米

索书号 000504

1307. 辰戌丑方

水文题名：
何朝荣抄
1961 年抄本
1 册 28 页
棉纸 墨色
线装
高 33.0 厘米 × 宽 26.8 厘米
索书号 000505

1308. 贪百八

何朝荣抄
1963 年抄本
1 册 39 页
棉纸 墨色
纸捻装
高 33.0 厘米 × 宽 26.7 厘米
索书号 000506

1309. 六十年贪巨

佚名抄
1950—1999 年抄本
1 册 52 页
棉纸 墨色
线装
高 30.0 厘米 × 宽 23.8 厘米
索书号 000507

1310. 申子辰年

水文题名：
佚名抄
1961 年抄本
1 册 14 页
棉纸 墨色
线装
高 33.5 厘米 × 宽 23.6 厘米
索书号 000508

1311. 春寅午戌年

水文题名：
佚名抄
1961 年抄本
1 册 20 页
棉纸 墨色
线装
高 32.5 厘米 × 宽 27.2 厘米
索书号 000509

1312. 大吉通书

佚名抄
1963 年抄本
1 册 28 页
棉纸 墨色
线装
高 33.5 厘米 × 宽 23.2 厘米
索书号 000510

1313. 贪母

何朝荣抄
1963 年抄本
1 册 21 页
棉纸 墨色

线装

高 33.3 厘米 × 宽 27.0 厘米

索书号 000511

1314. 甲巳九月未方巳

水文题名：

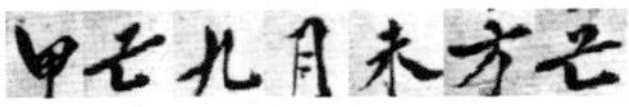

佚名抄

1962 年抄本

1 册 34 页

棉纸 墨色

纸捻装

高 33.0 厘米 × 宽 25.5 厘米

索书号 000512

1315. 申子辰年

水文题名：

佚名抄

1961 年抄本

1 册 68 页

棉纸 墨色

线装

高 33.0 厘米 × 宽 27.0 厘米

索书号 000513

1316. 贪年吉

水文题名：

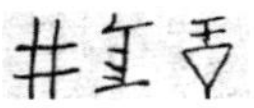

佚名抄

1990 年抄本

1 册 32 页

棉纸 墨色

线装

高 29.5 厘米 × 宽 24.5 厘米

索书号 000527

1317. 剪背带用娘娘吉日凶日

佚名抄

1986 年抄本

1 册 52 页

棉纸 墨色

线装

高 19.5 厘米 × 宽 14.0 厘米

索书号 000530

1318. 择吉紧要

韩荣宽抄

1968 年抄本

1 册 32 页

棉纸 墨色

线装

高 17.5 厘米 × 宽 29.9 厘米

索书号 000550

1319. 子午正七亥甲

佚名抄

1950—1999 年抄本

1 册 8 页

棉纸 墨色

线装

高 27.0 厘米 × 宽 20.5 厘米

索书号 000560

1320. 壬辰日

佚名抄

1950—1999 年抄本

1 册 18 页

棉纸 墨色

线装

高 18.9 厘米 × 宽 25.0 厘米

索书号 000561

1321. 正七亥甲

陆廷章抄

1950—1999 年抄本

1 册 36 页

棉纸 墨色

线装

高 27.5 厘米 × 宽 19.9 厘米

索书号 000562

1322. 戊吉卷

水文题名：

韩兴良抄

1982 年抄本

1 册 39 页

棉纸 墨色

线装

高 29.2 厘米 × 宽 21.3 厘米

索书号 000592

1323. 正七

吴兴本抄

1950—1999 年抄本

1 册 58 页

棉纸 墨色

线装

高 36.0 厘米 × 宽 27.5 厘米

索书号 000592-2

1324. 五子年六十年吉日

佚名抄

1950—1999 年抄本

1 册 22 页

棉纸 墨色

纸捻装

高 16.5 厘米 × 宽 20.5 厘米

索书号 000593

1325. 七元吉日

佚名抄

1950—1999 年抄本

1 册 24 页

棉纸 墨色

纸捻装

高 16.0 厘米 × 宽 23.7 厘米

索书号 000594

1326. 四正三合年吉凶日

佚名抄

1950—1999 年抄本

1 册 46 页

棉纸 墨色

纸捻装

高 24.2 厘米 × 宽 13.7 厘米

索书号 000595

1327. 春夏秋冬七元拦门书

佚名抄

1950—1999 年抄本

1 册 44 页

棉纸 墨色

纸捻装

高 24.0 厘米 × 宽 13.5 厘米

索书号 000596

1328. 三合年拦门吉日

佚名抄

1950—1999 年抄本

1 册 34 页

棉纸 墨色

纸捻装

高 23.8 厘米 × 宽 13.2 厘米

索书号 000597

1329. 三合年春夏秋冬吉日

佚名抄

1950—1999 年抄本

1 册 32 页

棉纸 墨色

纸捻装

高 23.3 厘米 × 宽 12.8 厘米

索书号 000598

1330. 三合年七元吉日

水文题名：

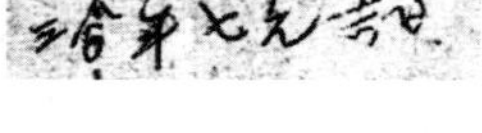

佚名抄

1950—1999 年抄本

1 册 46 页

棉纸 墨色

纸捻装

高 23.5 厘米 × 宽 13.2 厘米

索书号 000599

1331. 四正三合年七元吉日

佚名抄

1950—1999 年抄本

1 册 46 页

棉纸 墨色

纸捻装

高 23.3 厘米 × 宽 13.0 厘米

索书号 000600

1332. 三合七元拦门用吉日时

佚名抄

1950—1999 年抄本

1 册 34 页

棉纸 墨色

纸捻装

高 23.0 厘米 × 宽 12.8 厘米

索书号 000601

1333. 六十年吉日

佚名抄

1961 年抄本

1 册 34 页

棉纸 墨色

纸捻装

高 22.5 厘米 × 宽 13.5 厘米

索书号 000602

1334. 六十年吉日挡书

佚名抄

1950—1999 年抄本

1 册 38 页

棉纸 墨色

纸捻装

高 23.0 厘米 × 宽 13.0 厘米

索书号 000603

1335. 七元吉凶日方

佚名抄

1950—1999 年抄本

1 册 34 页

棉纸 墨色

纸捻装

高 23.3 厘米 × 宽 13.0 厘米

索书号 000604

1336. 五子年月贪巨吉日

水文题名：

佚名抄

1950—1999 年抄本

1 册 28 页

棉纸 墨色

纸捻装

高 23.0 厘米 × 宽 12.5 厘米

索书号 000605

1337. 开山吉凶日

水文题名：

佚名抄

1950—1999 年抄本

1 册 46 页

棉纸 墨色

纸捻装

高 23.5 厘米 × 宽 13.5 厘米

索书号 000606

1338. 七元吉凶日

佚名抄

1950—1999 年抄本

1 册 46 页

棉纸 墨色

纸捻装

高 23.1 厘米 × 宽 12.8 厘米

索书号 000607

1339. 五子六十年日时吉凶方

佚名抄

1950—1999 年抄本

1 册 46 页

棉纸 墨色

纸捻装

高 23.0 厘米 × 宽 12.7 厘米

索书号 000608

1340. 五子年金木水火土年七元吉日

佚名抄

1950—1999 年抄本

1 册 46 页
棉纸 墨色
纸捻装
高 23.7 厘米 × 宽 13.3 厘米
索书号 000609

1341. 甲己年七元凶日

佚名抄
1950—1999 年抄本
1 册 34 页
棉纸 墨色
纸捻装
高 23.0 厘米 × 宽 13.5 厘米
索书号 000610

1342. 七元吉凶日

佚名抄
1950—1999 年抄本
1 册 46 页
棉纸 墨色
纸捻装
高 23.7 厘米 × 宽 13.5 厘米
索书号 000611

1343. 凶星日六十日贪巨

佚名抄
1950—1999 年抄本
1 册 46 页
棉纸 墨色
纸捻装
高 23.0 厘米 × 宽 13.0 厘米
索书号 000612

1344. 正四七十月正五九月日时吉

佚名抄
1950—1999 年抄本
1 册 34 页
棉纸 墨色
纸捻装
高 22.8 厘米 × 宽 12.5 厘米
索书号 000613

1345. 七元吉凶日

佚名抄
1950—1999 年抄本
1 册 46 页
棉纸 墨色
纸捻装
高 22.7 厘米 × 宽 13.0 厘米
索书号 000614

1346. 大小火金水日凶五子六十年吉日

佚名抄
1950—1999 年抄本
1 册 46 页
棉纸 墨色
纸捻装
高 23.0 厘米 × 宽 13.0 厘米
索书号 000615

1347. 四正年正四七十月吉凶日

佚名抄

1950—1999 年抄本
1 册 46 页
棉纸 墨色
纸捻装
高 23.0 厘米 × 宽 12.8 厘米
索书号 000616

1348. 十干年吉凶日时

佚名抄
1950—1999 年抄本
1 册 32 页
棉纸 墨色
纸捻装
高 23.0 厘米 × 宽 12.8 厘米
索书号 000617

1349. 四正对冲年孟仲季月吉凶日

佚名抄
1950—1999 年抄本
1 册 29 页
棉纸 墨色
纸捻装
高 23.6 厘米 × 宽 12.8 厘米
索书号 000618

1350. 三合年吉凶日

佚名抄
1950—1999 年抄本
1 册 28 页
棉纸 墨色
纸捻装
高 17.0 厘米 × 宽 14.0 厘米
索书号 000619

1351. 三合四正年吉凶日

佚名抄
1950—1999 年抄本
1 册 34 页
棉纸 墨色
纸捻装
高 22.8 厘米 × 宽 13.0 厘米
索书号 000620

1352. 五子年贪巨吉日

佚名抄
1950—1999 年抄本
1 册 34 页
棉纸 墨色
纸捻装
高 23.5 厘米 × 宽 13.3 厘米
索书号 000621

1353 . 六宫忌日时凶

佚名抄
1950—1999 年抄本
1 册 45 页
棉纸 墨色
纸捻装
高 23.0 厘米 × 宽 13.5 厘米
索书号 000622

1354. 四正三合年吉凶日

佚名抄

1950—1999 年抄本

1 册 40 页

棉纸 墨色

纸捻装

高 24.3 厘米 × 宽 13.5 厘米

索书号 000623

1355. 三合四正贪巨吉凶日

佚名抄

1950—1999 年抄本

1 册 48 页

棉纸 墨色

纸捻装

高 24.5 厘米 × 宽 13.7 厘米

索书号 000624

1356. 四正三合年凶日

佚名抄

1950—1999 年抄本

1 册 46 页

棉纸 墨色

纸捻装

高 24.3 厘米 × 宽 13.3 厘米

索书号 000625

1357. 三合年七元吉日

佚名抄

1950—1999 年抄本

1 册 34 页

棉纸 墨色

纸捻装

高 24.5 厘米 × 宽 13.8 厘米

索书号 000626

1358. 三合四正年十天干吉日

佚名抄

1950—1999 年抄本

1 册 46 页

棉纸 墨色

纸捻装

高 24.6 厘米 × 宽 13.5 厘米

索书号 000628

1359. 六宫廿四山忌日六宫对冲年七元吉凶时

佚名抄

1950—1999 年抄本

1 册 16 页

棉纸 墨色

纸捻装

高 27.0 厘米 × 宽 23.0 厘米

索书号 000629

1360. 四正三合年孟仲季月吉凶日

佚名抄

1950—1999 年抄本

1 册 20 页

棉纸 墨色

纸捻装

高 27.0 厘米 × 宽 24.7 厘米

索书号 000630

1361. 三合四正年孟仲季月日方时吉

佚名抄
1950—1999 年抄本
1 册 21 页
棉纸 墨色
纸捻装
高 27.7 厘米 × 宽 24.2 厘米
索书号 000631

1362. 六十甲子年吉凶日

佚名抄
1950—1999 年抄本
1 册 21 页
棉纸 墨色
纸捻装
高 27.0 厘米 × 宽 25.0 厘米
索书号 000632

1363. 三合年七元吉日

佚名抄
1950—1999 年抄本
1 册 21 页
棉纸 墨色
纸捻装
高 27.0 厘米 × 宽 24.7 厘米
索书号 000633

1364. 十天干十二地支孟仲季月吉凶日时方

佚名抄
1950—1999 年抄本
1 册 19 页
棉纸 墨色
纸捻装
高 27.2 厘米 × 宽 25.0 厘米
索书号 000634

1365. 六十年十天干年吉日

佚名抄
1950—1999 年抄本
1 册 21 页
棉纸 墨色
纸捻装
高 27.1 厘米 × 宽 25.0 厘米
索书号 000635

1366. 黑书放鬼返鬼用年月日时方

佚名抄
1950—1999 年抄本
1 册 21 页
棉纸 墨色
纸捻装
高 27.7 厘米 × 宽 25.2 厘米
索书号 000636

1367. 三合四正七元大旺吉日

佚名抄
1950—1999 年抄本

1册 21页
棉纸 墨色
纸捻装
高 27.4 厘米 × 宽 24.8 厘米
索书号 000637

1368. 十二年阴阳阴见阴阳见阳吉

佚名抄
1950—1999 年抄本
1册 21页
棉纸 墨色
纸捻装
高 27.0 厘米 × 宽 24.0 厘米
索书号 000638

1369. 三合年七元吉日

佚名抄
1950—1999 年抄本
1册 21页
棉纸 墨色
纸捻装
高 27.0 厘米 × 宽 23.5 厘米
索书号 000639

1370. 六十甲子八贪土吉

水文题名：
佚名抄
1950—1999 年抄本
1册 21页
棉纸 墨色
纸捻装
高 29.0 厘米 × 宽 24.8 厘米
索书号 000640

1371. 六十年吉日六甲——癸山凶日

佚名抄
1950—1999 年抄本
1册 21页
棉纸 墨色
纸捻装
高 26.6 厘米 × 宽 23.4 厘米
索书号 000641

1372. 六宫凶日六十年吉日六甲——癸吉日

佚名抄
1950—1999 年抄本
1册 21页
棉纸 墨色
纸捻装
高 26.5 厘米 × 宽 24.5 厘米
索书号 000642

1373. 三合四正年吉日十干年凶日

佚名抄
1950—1999 年抄本
1册 21页
棉纸 墨色
纸捻装
高 28.8 厘米 × 宽 24.7 厘米
索书号 000643

1374. 三合年古第日时吉

佚名抄

1950—1999 年抄本

1 册 21 页

棉纸 墨色

纸捻装

高 27.5 厘米 × 宽 24.5 厘米

索书号 000644

1375. 六十年三贪三文三辅三武吉日

佚名抄

1950—1999 年抄本

1 册 21 页

棉纸 墨色

纸捻装

高 26.3 厘米 × 宽 24.2 厘米

索书号 000645

1376. 上中下元六十甲子年贪巨吉日

佚名抄

1950—1999 年抄本

1 册 21 页

棉纸 墨色

纸捻装

高 28.9 厘米 × 宽 25.0 厘米

索书号 000646

1377. 三合四正年吉日时方

佚名抄

1950—1999 年抄本

1 册 21 页

棉纸 墨色

纸捻装

高 27.5 厘米 × 宽 24.2 厘米

索书号 000647

1378. 四正三合年吉日阴要阳要阴阳相合

佚名抄

1950—1999 年抄本

1 册 21 页

棉纸 墨色

线装

高 26.5 厘米 × 宽 23.4 厘米

索书号 000648

1379. 三合年甲己年凶日

佚名抄

1950—1999 年抄本

1 册 21 页

棉纸 墨色

线装

高 28.7 厘米 × 宽 24.8 厘米

索书号 000649

1380. 十二年金木水火土年阴阳日吉

佚名抄

1950—1999 年抄本

1 册 19 页

棉纸 墨色

线装

高 28.0 厘米 × 宽 24.2 厘米

索书号 000650

1381. 三合四正年孟仲季元宿吉凶日

佚名抄

1950—1999 年抄本

1 册 21 页

棉纸 墨色

线装

高 28.9 厘米 × 宽 24.9 厘米

索书号 000651

1382. 四正三合年孟仲季月吉凶日

佚名抄

1950—1999 年抄本

1 册 21 页

棉纸 墨色

线装

高 26.3 厘米 × 宽 23.5 厘米

索书号 000652

1383. 三合年凶日方

佚名抄

1950—1999 年抄本

1 册 21 页

棉纸 墨色

线装

高 29.0 厘米 × 宽 25.0 厘米

索书号 000653

1384. 十干年三合年六十年贪巨日方

佚名抄

1950—1999 年抄本

1 册 21 页

棉纸 墨色

线装

高 26.2 厘米 × 宽 23.5 厘米

索书号 000654

1385. 正七日忌

佚名抄

1950—1999 年抄本

1 册 21 页

棉纸 墨色

线装

高 29.0 厘米 × 宽 24.7 厘米

索书号 000655

1386. 六十年元宿用日时吉

佚名抄

1950—1999 年抄本

1 册 21 页

棉纸 墨色

线装

高 26.2 厘米 × 宽 23.7 厘米

索书号 000656

1387. 四正三合年孟仲季月凶日

佚名抄

1950—1999 年抄本

1 册 21 页

棉纸 墨色

线装

高 29.0 厘米 × 宽 24.7 厘米
索书号 000657

1388. 放鬼返鬼改鬼见日时方
佚名抄
1950—1999 年抄本
1 册 21 页
棉纸 墨色
线装
高 28.0 厘米 × 宽 24.2 厘米
索书号 000658

1389. 孟仲季月日时吉凶时
佚名抄
1950—1999 年抄本
1 册 21 页
棉纸 墨色
线装
高 28.7 厘米 × 宽 24.5 厘米
索书号 000659

1390. 金木水火土年十干年三合年日时方吉
水文题名：
佚名抄
1950—1999 年抄本
1 册 21 页
棉纸 墨色
线装
高 26.5 厘米 × 宽 23.3 厘米
索书号 000660

1391. 用鬼凶日时方
佚名抄
1950—1999 年抄本
1 册 17 页
棉纸 墨色
线装
高 24.7 厘米 × 宽 29.0 厘米
索书号 000661

1392. 贪巨六十年吉日
佚名抄
1950—1999 年抄本
1 册 17 页
棉纸 墨色
线装
高 29.0 厘米 × 宽 24.5 厘米
索书号 000662

1393. 六年甲子辰寅午戌六年
佚名抄
1950—1999 年抄本
1 册 22 页
棉纸 墨色
线装
高 29.0 厘米 × 宽 24.5 厘米
索书号 000663

1394. 三合四正年孟仲季月吉凶
佚名抄
1950—1999 年抄本
1 册 30 页

棉纸 墨色

线装

高 28.8 厘米 × 宽 24.3 厘米

索书号 000664

1395. 五子六十年古第贪巨日吉

水文题名：

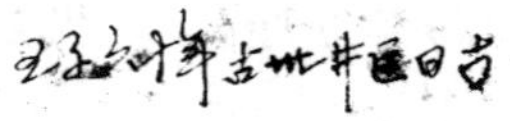

佚名抄

1950—1999 年抄本

1 册 21 页

棉纸 墨色

线装

高 29.0 厘米 × 宽 24.3 厘米

索书号 000665

1396. 正七日庚甲

水文题名：

佚名抄

1950—1999 年抄本

1 册 32 页

棉纸 墨色

线装

高 29.0 厘米 × 宽 24.5 厘米

索书号 000666

1397. 四正三合古第日时方吉

佚名抄

1950—1999 年抄本

1 册 18 页

棉纸 墨色

线装

高 29.0 厘米 × 宽 24.5 厘米

索书号 000667

1398. 六十甲子八贪土吉

水文题名：

佚名抄

1950—1999 年抄本

1 册 24 页

棉纸 墨色

线装

高 29.2 厘米 × 宽 24.3 厘米

索书号 000668

1399. 正七庚甲

水文题名：

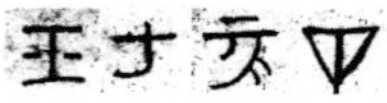

佚名抄

1950—1999 年抄本

1 册 30 页

棉纸 墨色

纸捻装

高 31.0 厘米 × 宽 15.2 厘米

索书号 000669

1400. 三合年日时方凶

佚名抄

1950—1999 年抄本

1 册 20 页

棉纸 墨色

纸捻装

高 31.5 厘米 × 宽 14.8 厘米

索书号 000670

1401. 三合四正年月孟仲季日时方吉

佚名抄

1950—1999 年抄本

1 册 22 页

棉纸 墨色

纸捻装

高 31.5 厘米 × 宽 17.0 厘米

索书号 000671

1402. 正七连庚甲

水文题名：

佚名抄

1950—1999 年抄本

1 册 22 页

棉纸 墨色

纸捻装

高 31.5 厘米 × 宽 16.8 厘米

索书号 000672

1403. 五行贪巨九星日吉

佚名抄

1950—1999 年抄本

1 册 22 页

棉纸 墨色

纸捻装

高 31.5 厘米 × 宽 16.8 厘米

索书号 000673

1404. 古第年五行贪巨九星日吉

佚名抄

1950—1999 年抄本

1 册 22 页

棉纸 墨色

纸捻装

高 31.3 厘米 × 宽 16.8 厘米

索书号 000674

1405. 古第月正四年日时吉

佚名抄

1950—1999 年抄本

1 册 22 页

棉纸 墨色

纸捻装

高 31.0 厘米 × 宽 16.7 厘米

索书号 000675

1406. 十干三合年日时方凶

佚名抄

1950—1999 年抄本

1 册 22 页

棉纸 墨色

纸捻装

高 30.3 厘米 × 宽 16.8 厘米

索书号 000676

1407. 六十年古第日吉

佚名抄

1950—1999 年抄本

1 册 22 页

棉纸 墨色

纸捻装

高 24.5 厘米 × 宽 20.7 厘米

索书号 000679

1408. 四正三合年孟仲季月日时吉

佚名抄

1950—1999 年抄本

1 册 22 页

棉纸 墨色

纸捻装

高 29.0 厘米 × 宽 25.0 厘米

索书号 000680

1409. 三合年孟仲季月日时方吉凶

佚名抄

1950—1999 年抄本

1 册 22 页

棉纸 墨色

纸捻装

高 27.5 厘米 × 宽 24.9 厘米

索书号 000681

1410. 庚辛午

水文题名：

佚名抄

1950—1999 年抄本

1 册 22 页

棉纸 墨色

纸捻装

高 27.0 厘米 × 宽 24.6 厘米

索书号 000682

1411. 四正年孟仲季月日吉

佚名抄

1950—1999 年抄本

1 册 22 页

棉纸 墨色

纸捻装

高 29.0 厘米 × 宽 25.0 厘米

索书号 000683

1412. 三合四正年七元日时方凶

佚名抄

1950—1999 年抄本

1 册 22 页

棉纸 墨色

纸捻装

高 28.0 厘米 × 宽 25.2 厘米

索书号 000684

1413. 九忌吉

水文题名：

佚名抄

1950—1999 年抄本

1 册 21 页

棉纸 墨色

纸捻装

高 29.0 厘米 × 宽 24.7 厘米

索书号 000685

1414. 四正三合年月第日时吉凶

佚名抄

1950—1999 年抄本

1 册 22 页
棉纸 墨色
纸捻装
高 26.8 厘米 × 宽 24.5 厘米
索书号 000686

1415. 三合年月日第凶

佚名抄
1950—1999 年抄本
1 册 22 页
棉纸 墨色
纸捻装
高 26.8 厘米 × 宽 25.0 厘米
索书号 000687

1416. 凶星忌埋葬起造嫁娶凶日时

佚名抄
1950—1999 年抄本
1 册 22 页
棉纸 墨色
纸捻装
高 27.0 厘米 × 宽 24.5 厘米
索书号 000688

1417. 凶星忌日吉星日用

佚名抄
1950—1999 年抄本
1 册 22 页
棉纸 墨色
纸捻装
高 27.0 厘米 × 宽 25.0 厘米
索书号 000689

1418. 六宫吉凶日时

佚名抄
1950—1999 年抄本
1 册 22 页
棉纸 墨色
纸捻装
高 27.3 厘米 × 宽 25.2 厘米
索书号 000690

1419. 三合年四正月吉日时

佚名抄
1950—1999 年抄本
1 册 22 页
棉纸 墨色
纸捻装
高 27.3 厘米 × 宽 25.2 厘米
索书号 000691

1420. 暖棙挡门做桥挡大旺日时吉凶

佚名抄
1950—1999 年抄本
1 册 22 页
棉纸 墨色
纸捻装
高 27.4 厘米 × 宽 25.0 厘米
索书号 000692

1421. 作交友讨账和合

佚名抄

1950—1999 年抄本
1 册 22 页
棉纸 墨色
纸捻装
高 28.0 厘米 × 宽 25.5 厘米
索书号 000693

1422. 申子辰年月吉凶

佚名抄
1950—1999 年抄本
1 册 22 页
棉纸 墨色
纸捻装
高 27.2 厘米 × 宽 24.8 厘米
索书号 000694

1423. 三合四正年古第日时吉

佚名抄
1950—1999 年抄本
1 册 22 页
棉纸 墨色
纸捻装
高 27.2 厘米 × 宽 24.6 厘米
索书号 000695

1424. 四正三合年孟仲季月吉日时

佚名抄
1950—1999 年抄本
1 册 22 页
棉纸 墨色
纸捻装
高 27.2 厘米 × 宽 25.0 厘米
索书号 000696

1425. 四正三合十干年第日方时凶

佚名抄
1950—1999 年抄本
1 册 22 页
棉纸 墨色
纸捻装
高 27.3 厘米 × 宽 25.0 厘米
索书号 000697

1426. 三合年四正月第贪日吉

佚名抄
1950—1999 年抄本
1 册 22 页
棉纸 墨色
纸捻装
高 27.0 厘米 × 宽 25.0 厘米
索书号 000698

1427. 甲子贪甲子文甲子破日吉十二年第日吉

佚名抄
1950—1999 年抄本
1 册 22 页
棉纸 墨色
纸捻装
高 27.0 厘米 × 宽 25.2 厘米
索书号 000699

1428. 十干年三合年日时吉

佚名抄

1950—1999 年抄本

1 册 22 页

棉纸 墨色

纸捻装

高 27.3 厘米 × 宽 25.0 厘米

索书号 000700

1429. 六十年吉日方 五子年吉凶

佚名抄

1950—1999 年抄本

1 册 22 页

棉纸 墨色

纸捻装

高 27.2 厘米 × 宽 24.8 厘米

索书号 000701

1430. 十二年五行阴阳吉日

佚名抄

1950—1999 年抄本

1 册 18 页

棉纸 墨色

纸捻装

高 27.5 厘米 × 宽 25.2 厘米

索书号 000702

1431. 三合年孟仲季月日方吉

佚名抄

1950—1999 年抄本

1 册 22 页

棉纸 墨色

纸捻装

高 27.2 厘米 × 宽 25.2 厘米

索书号 000703

1432. 大旺日时吉凶星忌

佚名抄

1950—1999 年抄本

1 册 22 页

棉纸 墨色

纸捻装

高 27.5 厘米 × 宽 25.2 厘米

索书号 000704

1433. 孟仲季月四正三合年日时吉

佚名抄

1950—1999 年抄本

1 册 22 页

棉纸 墨色

纸捻装

高 27.3 厘米 × 宽 25.0 厘米

索书号 000705

1434. 三合年第日吉

佚名抄

1950—1999 年抄本

1 册 22 页

棉纸 墨色

纸捻装

高 29.0 厘米 × 宽 25.5 厘米

索书号 000706

1435. 十干三合年古第日方凶

佚名抄

1950—1999 年抄本

1 册 22 页

棉纸 墨色

纸捻装

高 27.5 厘米 × 宽 25.0 厘米

索书号 000707

1436. 十干三合年古第日方吉凶

佚名抄

1950—1999 年抄本

1 册 22 页

棉纸 墨色

纸捻装

高 27.0 厘米 × 宽 25.0 厘米

索书号 000708

1437. 四正三合年孟仲季月古第日时吉

佚名抄

1950—1999 年抄本

1 册 22 页

棉纸 墨色

纸捻装

高 27.2 厘米 × 宽 25.5 厘米

索书号 000709

1438. 凶星凶第

佚名抄

1950—1999 年抄本

1 册 22 页

棉纸 墨色

纸捻装

高 26.8 厘米 × 宽 25.0 厘米

索书号 000710

1439. 六十年吉日

佚名抄

1950—1999 年抄本

1 册 22 页

棉纸 墨色

纸捻装

高 27.5 厘米 × 宽 25.0 厘米

索书号 000711

1440. 六十年日吉十干年日凶

佚名抄

1950—1999 年抄本

1 册 22 页

棉纸 墨色

纸捻装

高 27.5 厘米 × 宽 25.2 厘米

索书号 000712

1441. 十干年日方凶

佚名抄

1950—1999 年抄本

1 册 22 页

棉纸 墨色

纸捻装

高 27.5 厘米 × 宽 25.0 厘米

索书号 000713

1442. 六十年埋葬吉凶

韩兴良抄

2013 年抄本

1 册 136 页

棉纸 墨色

线装

高 19.0 厘米 × 宽 20.8 厘米

索书号 000714

1443. 甲午年——癸亥年三十年吉日要册

水文题名:

佚名抄

1950—1999 年抄本

1 册 22 页

棉纸 墨色

线装

高 23.0 厘米 × 宽 12.5 厘米

索书号 000715

1444. 甲子——癸巳三十年七元吉日

佚名抄

1950—1999 年抄本

1 册 24 页

棉纸 墨色

线装

高 22.0 厘米 × 宽 12.5 厘米

索书号 000716

1445. 子年——午年第一至七元吉日

佚名抄

1950—1999 年抄本

1 册 34 页

棉纸 墨色

纸捻装

高 16.4 厘米 × 宽 14.1 厘米

索书号 000717

1446. 四正年孟仲季月日方吉

佚名抄

1950—1999 年抄本

1 册 28 页

棉纸 墨色

线装

高 16.4 厘米 × 宽 14.6 厘米

索书号 000718

1447. 甲子——戊辰二十五年七元吉日

佚名抄

1950—1999 年抄本

1 册 30 页

棉纸 墨色

线装

高 24.6 厘米 × 宽 13.8 厘米

索书号 000719

1448. 阴阳吉日

佚名抄

1950—1999 年抄本

1 册 38 页

棉纸 墨色
线装
高 25.0 厘米 × 宽 14.5 厘米
索书号 000720

1449. 四正三合年凶日

佚名抄
1950—1999 年抄本
1 册 30 页
棉纸 墨色
线装
高 23.0 厘米 × 宽 13.5 厘米
索书号 000721

1450. 六十年吉日

佚名抄
1950—1999 年抄本
1 册 32 页
棉纸 墨色
线装
高 23.9 厘米 × 宽 13.3 厘米
索书号 000722

1451. 三合年日方吉日

佚名抄
1950—1999 年抄本
1 册 30 页
棉纸 墨色
线装
高 23.5 厘米 × 宽 13.5 厘米
索书号 000723

1452. 六十年七元日吉

佚名抄
1950—1999 年抄本
1 册 13 页
棉纸 墨色
线装
高 23.8 厘米 × 宽 13.5 厘米
索书号 000724

1453. 子午卯酉日甲乙

水文题名:
佚名抄
1950—1999 年抄本
1 册 46 页
棉纸 墨色
线装
高 24.4 厘米 × 宽 14.5 厘米
索书号 000725

1454. 七元吉日

佚名抄
1950—1999 年抄本
1 册 34 页
棉纸 墨色
线装
高 23.5 厘米 × 宽 13.5 厘米
索书号 000726

1455. 子午年四正三合年月日方时凶

佚名抄
1950—1999 年抄本

1 册 40 页
棉纸 墨色
线装
高 23.5 厘米 × 宽 13.7 厘米
索书号 000727

1456. 三合四正年月日方时凶

佚名抄
1950—1999 年抄本
1 册 42 页
棉纸 墨色
线装
高 25.0 厘米 × 宽 14.5 厘米
索书号 000728

1457. 七元吉日

佚名抄
1950—1999 年抄本
1 册 46 页
棉纸 墨色
线装
高 24.5 厘米 × 宽 14.6 厘米
索书号 000729

1458. 黑书吉日时

佚名抄
1950—1999 年抄本
1 册 34 页
棉纸 墨色
线装
高 24.6 厘米 × 宽 14.0 厘米
索书号 000730

1459. 十干年三合四正年七元吉凶日

佚名抄
1950—1999 年抄本
1 册 46 页
棉纸 墨色
线装
高 23.6 厘米 × 宽 13.6 厘米
索书号 000731

1460. 十二年金木水火土阴阳吉日

佚名抄
1950—1999 年抄本
1 册 32 页
棉纸 墨色
线装
高 24.6 厘米 × 宽 13.9 厘米
索书号 000732

1461. 挡书放反鬼书

佚名抄
1950—1999 年抄本
1 册 38 页
棉纸 墨色
线装
高 25.1 厘米 × 宽 14.0 厘米
索书号 000733

1462. 申子辰年丙丁

佚名抄

1950—1999 年抄本
1 册 92 页
棉纸 墨色
纸捻装
高 23.8 厘米 × 宽 14.3 厘米
索书号 000734

1463. 甲巳年

佚名抄
1964 年抄本
1 册 50 页
棉纸 墨色
线装
高 27.7 厘米 × 宽 21.1 厘米
索书号 000740

1464. 富贵根基千支九星合六宫兼用

韦鸿元抄
1950—1999 年抄本
1 册 50 页
棉纸 墨色
线装
高 32.5 厘米 × 宽 20.0 厘米
索书号 000820

1465. 正丁七癸

韦鸿元抄
1950—1999 年抄本
1 册 23 页
棉纸 墨色
线装
高 32.4 厘米 × 宽 19.5 厘米
索书号 000821

1466. 腊斗

佚名抄
1950—1999 年抄本
1 册 32 页
棉纸 墨色
线装
高 31.0 厘米 × 宽 19.6 厘米
索书号 000822

1467. 象吉通书夏至 卷二

韦鸿元抄
1950—1999 年抄本
1 册 56 页
棉纸 墨色
线装
高 19.0 厘米 × 宽 14.6 厘米
索书号 000826

1468. 子贪卯酉年三贪

水文题名:
佚名抄
1950—1999 年抄本
1 册 22 页
棉纸 墨色
线装
高 32.5 厘米 × 宽 19.0 厘米
索书号 000912

1469. 正五九酉时

水文题名：

佚名抄

1950—1999 年抄本

1 册 20 页

棉纸 墨色

线装

高 33.1 厘米 × 宽 24.5 厘米

索书号 000922

1470. 第一丙子日

水文题名：

佚名抄

1950—1999 年抄本

1 册 54 页

棉纸 墨色

线装

高 28.5 厘米 × 宽 18.5 厘米

索书号 000930

1471. 甲子贪巨

佚名抄

1950—1999 年抄本

1 册 30 页

棉纸 墨色

线装

高 26.5 厘米 × 宽 19.5 厘米

索书号 000933

1472. 浪九

佚名抄

1950—1999 年抄本

1 册 82 页

棉纸 墨色

纸捻装

高 22.8 厘米 × 宽 12.2 厘米

索书号 001084

1473. 第七癸亥年

佚名抄

1983 年抄本

1 册 41 页

棉纸 墨色

线装

高 29.0 厘米 × 宽 22.5 厘米

索书号 001086

1474. 养胎绝

佚名抄

1995 年抄本

1 册 22 页

棉纸 墨色

纸捻装

高 17.8 厘米 × 宽 12.5 厘米

索书号 001129

1475. 午日勿第吉

佚名抄

1950—1999 年抄本

1 册 38 页

棉纸 墨色

纸捻装

高 21.0 厘米 × 宽 23.5 厘米

索书号 001204

1476. 金木水火土丙

佚名抄

1950—1999 年抄本

1 册 38 页

棉纸 墨色

纸捻装

高 20.5 厘米 × 宽 23.3 厘米

索书号 001205

1477. 小接头

佚名抄

1950—1999 年抄本

1 册 38 页

棉纸 墨色

纸捻装

高 20.7 厘米 × 宽 23.2 厘米

索书号 001206

1478. 子丑 之一

吴龙金抄

1950—1999 年抄本

1 册 44 页

棉纸 墨色

纸捻装

高 20.7 厘米 × 宽 23.5 厘米

索书号 001207

1479. 第辛 之二

水文题名：

吴龙金抄

1950—1999 年抄本

1 册 38 页

棉纸 墨色

纸捻装

高 20.7 厘米 × 宽 23.5 厘米

索书号 001208

1480. 甲子年吉 之三

水文题名：

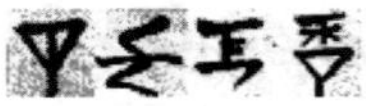

吴龙金抄

1950—1999 年抄本

1 册 38 页

棉纸 墨色

纸捻装

高 20.7 厘米 × 宽 23.5 厘米

索书号 001209

1481. 第辛■

水文题名：

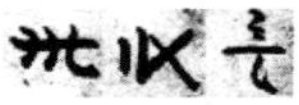

吴龙金抄

1950—1999 年抄本

1 册 38 页

棉纸 墨色

纸捻装

高 20.8 厘米 × 宽 23.2 厘米

索书号 001210

1482. 吉

佚名抄

1950—1999 年抄本

1 册 38 页

棉纸 墨色

纸捻装

高 20.5 厘米 × 宽 23.2 厘米

索书号 001211

1483. 酉三九

佚名抄

1950—1999 年抄本

1 册 30 页

棉纸 墨色

纸捻装

高 19.5 厘米 × 宽 23.5 厘米

索书号 001212

1484. 壬午卯酉年

水文题名：[illegible]

佚名抄

1950—1999 年抄本

1 册 38 页

棉纸 墨色

纸捻装

高 16.8 厘米 × 宽 23.3 厘米

索书号 001213

1485. 通书六十年望

吴永祥抄

1973 年抄本

1 册 120 页

棉纸 墨色

线装

高 27.2 厘米 × 宽 23.0 厘米

索书号 001267

1486. 二十八宿七元定局吉凶总论

佚名抄

1970 年抄本

1 册 36 页

棉纸 墨色

纸捻装

高 30.2 厘米 × 宽 27.5 厘米

索书号 001320

1487. 起房书

蒙瑞然抄

1970 年抄本

1 册 54 页

棉纸 墨色

线装

高 27.0 厘米 × 宽 15.3 厘米

索书号 001321

1488. 善书未申贪狼

蒙瑞然抄

1970 年抄本

1 册 24 页

棉纸 墨色

线装

高 27.0 厘米 × 宽 15.2 厘米

索书号 001322

1489. 诗书二十八宿集

姚阅抄

1970 年抄本

1 册 13 页

棉纸 墨色

线装

高 25.0 厘米 × 宽 15.7 厘米

索书号 001323

1490. 择日便用

佚名抄

1977 年抄本

1 册 58 页

棉纸 墨色

纸捻装

高 27.0 厘米 × 宽 17.0 厘米

索书号 001324

1491. 反书时号

韦国尧抄

1954 年抄本

1 册 36 页

棉纸 墨色

纸捻装

高 23.6 厘米 × 宽 17.7 厘米

索书号 001372

1492. 丧事备要出棺入殓方时凶忌

韩荣祖抄

1963 年抄本

1 册 24 页

棉纸 墨色

线装

高 29.0 厘米 × 宽 20.0 厘米

索书号 001392

1493. 正七

水文题名:

韩荣祖抄

1950—1999 年抄本

1 册 42 页

棉纸 墨色

线装

高 29.7 厘米 × 宽 18.8 厘米

索书号 001393

1494. 正七戊吉

水文题名:

韩荣祖抄

1950—1999 年抄本

1 册 49 页

棉纸 墨色

线装

高 29.8 厘米 × 宽 19.5 厘米

索书号 001394

1495. 正七凶本

韩荣祖抄

1950—1999 年抄本

1 册 48 页

棉纸 墨色
线装
高 30.0 厘米 × 宽 19.5 厘米
索书号 001395

1496. 正七凶本

韩荣祖抄
1950—1999 年抄本
1 册 40 页
棉纸 墨色
线装
高 30.0 厘米 × 宽 19.5 厘米
索书号 001396

1497. 亥子

水文题名：
韩荣祖抄
1950—1999 年抄本
1 册 50 页
棉纸 墨色
线装
高 29.5 厘米 × 宽 18.5 厘米
索书号 001397

1498. 亥子吉

水文题名：
韩荣祖抄
1950—1999 年抄本
1 册 60 页
棉纸 墨色
线装
高 30.0 厘米 × 宽 19.5 厘米
索书号 001398

1499. 亥子凶

水文题名：
韩荣祖抄
1950—1999 年抄本
1 册 58 页
棉纸 墨色
线装
高 30.0 厘米 × 宽 19.3 厘米
索书号 001399

1500. 万年历书

蒙瑞然抄
1971 年抄本
1 册 105 页
棉纸 墨色
线装
高 27.2 厘米 × 宽 15.5 厘米
索书号 001403

1501. 九八吉

佚名抄
1950—1999 年抄本
1 册 20 页
棉纸 墨色
纸捻装
高 14.5 厘米 × 宽 18.0 厘米
索书号 001404

1502. 正七连庚甲

水文题名：
佚名抄
1950—1999 年抄本
1 册 62 页
棉纸 墨色
线装
高 27.8 厘米 × 宽 25.0 厘米
索书号 001411

1503. 甲己丙寅错

水文题名：
佚名抄
1950—1999 年抄本
1 册 50 页
棉纸 墨色
线装
高 25.5 厘米 × 宽 22.0 厘米
索书号 001412

1504. 甲己九月辰忌

水文题名：
佚名抄
1950—1999 年抄本
1 册 41 页
棉纸 墨色
线装
高 25.8 厘米 × 宽 21.5 厘米
索书号 001413

1505. 甲子年

水文题名：
佚名抄
1950—1999 年抄本
1 册 36 页
棉纸 墨色
线装
高 27.0 厘米 × 宽 16.7 厘米
索书号 001414

1506. 乙丑年

水文题名：
佚名抄
1950—1999 年抄本
1 册 32 页
棉纸 墨色
线装
高 26.5 厘米 × 宽 15.0 厘米
索书号 001415

1507. 丙寅年

水文题名：
佚名抄
1950—1999 年抄本
1 册 36 页
棉纸 墨色
线装
高 27.0 厘米 × 宽 15.0 厘米
索书号 001416

1508. 丁卯年

水文题名：
佚名抄
1950—1999 年抄本
1 册 42 页
棉纸 墨色
线装
高 27.0 厘米 × 宽 15.0 厘米
索书号 001417

1509. 戊辰年

水文题名：
佚名抄
1950—1999 年抄本
1 册 36 页
棉纸 墨色
线装
高 26.5 厘米 × 宽 16.2 厘米
索书号 001418

1510. 己巳年

水文题名：
佚名抄
1950—1999 年抄本
1 册 37 页
棉纸 墨色
线装
高 26.6 厘米 × 宽 16.2 厘米
索书号 001419

1511. 庚午年

水文题名：
佚名抄
1950—1999 年抄本
1 册 38 页
棉纸 墨色
线装
高 26.0 厘米 × 宽 16.3 厘米
索书号 001420

1512. 辛未年

水文题名：
佚名抄
1950—1999 年抄本
1 册 36 页
棉纸 墨色
纸捻装
高 27.5 厘米 × 宽 17.3 厘米
索书号 001421

1513. 壬申年

水文题名：
佚名抄
1950—1999 年抄本
1 册 36 页
棉纸 墨色
线装
高 26.3 厘米 × 宽 14.5 厘米
索书号 001422

1514. 癸酉年

水文题名：
佚名抄
1993 年抄本
1 册 27 页
棉纸 墨色
钉装
高 25.3 厘米 × 宽 16.0 厘米
索书号 001423

1515. 癸酉年

水文题名：
佚名抄
1950—1999 年抄本
1 册 37 页
棉纸 墨色
线装
高 26.8 厘米 × 宽 14.5 厘米
索书号 001424

1516. 甲戌年

水文题名：
佚名抄
1950—1999 年抄本
1 册 36 页
棉纸 墨色
线装
高 26.2 厘米 × 宽 14.2 厘米
索书号 001425

1517. 乙亥年

水文题名：
佚名抄
1995 年抄本
1 册 38 页
棉纸 墨色
线装
高 26.6 厘米 × 宽 14.3 厘米
索书号 001426

1518. 丙子年

水文题名：
佚名抄
1996 年抄本
1 册 35 页
棉纸 墨色
线装
高 25.5 厘米 × 宽 16.2 厘米
索书号 001427

1519. 丁丑年

水文题名：
佚名抄
1997 年抄本
1 册 36 页
棉纸 墨色
线装
高 25.0 厘米 × 宽 17.5 厘米
索书号 001428

1520. 庚辰年

水文题名：

佚名抄

1950—1999 年抄本

1 册 38 页

棉纸 墨色

线装

高 25.5 厘米 × 宽 16.0 厘米

索书号 001429

1521. 辛巳年

水文题名：

佚名抄

1950—1999 年抄本

1 册 38 页

棉纸 墨色

线装

高 26.3 厘米 × 宽 17.5 厘米

索书号 001430

1522. 壬午年

水文题名：

佚名抄

1950—1999 年抄本

1 册 36 页

棉纸 墨色

线装

高 26.0 厘米 × 宽 17.7 厘米

索书号 001431

1523. 癸未年

佚名抄

1950—1999 年抄本

1 册 36 页

棉纸 墨色

线装

高 26.0 厘米 × 宽 17.5 厘米

索书号 001432

1524. 甲申年

佚名抄

1950—1999 年抄本

1 册 38 页

棉纸 墨色

纸捻装

高 26.0 厘米 × 宽 18.0 厘米

索书号 001433

1525. 乙酉年

水文题名：

佚名抄

2005 年抄本

1 册 30 页

棉纸 墨色

纸捻装

高 25.0 厘米 × 宽 16.8 厘米

索书号 001434

1526. 乙酉年

佚名抄

2005 年抄本

1册 36页
棉纸 墨色
线装
高26.0厘米 × 宽16.8厘米
索书号001435

1527. 丙戌年

水文题名：
佚名抄
1950—1999年抄本
1册 32页
棉纸 墨色
纸捻装
高17.1厘米 × 宽24.5厘米
索书号001436

1528. 丙戌年

佚名抄
1950—1999年抄本
1册 38页
棉纸 墨色
线装
高17.1厘米 × 宽24.5厘米
索书号001437

1529. 丁亥年

水文题名：
佚名抄
1950—1999年抄本
1册 28页
棉纸 墨色
线装
高16.0厘米 × 宽23.7厘米
索书号001438

1530. 丁亥年

水文题名：
佚名抄
1950—1999年抄本
1册 36页
棉纸 墨色
线装
高17.0厘米 × 宽25.0厘米
索书号001439

1531. 戊子年

水文题名：
佚名抄
1950—1999年抄本
1册 30页
棉纸 墨色
线装
高16.0厘米 × 宽23.6厘米
索书号001440

1532. 戊子年

水文题名：
佚名抄
1950—1999年抄本
1册 38页
棉纸 墨色
线装

高 17.0 厘米 × 宽 25.0 厘米

索书号 001441

1533. 己丑年

茂贵抄

1950—1999 年抄本

1 册 34 页

棉纸 墨色

纸捻装

高 18.0 厘米 × 宽 23.5 厘米

索书号 001442

1534. 己丑年

佚名抄

1950—1999 年抄本

1 册 39 页

棉纸 墨色

线装

高 17.0 厘米 × 宽 27.5 厘米

索书号 001443

1535. 庚寅年

水文题名：

佚名抄

1950—1999 年抄本

1 册 33 页

棉纸 墨色

线装

高 27.3 厘米 × 宽 16.7 厘米

索书号 001444

1536. 辛卯年

水文题名：

佚名抄

1950—1999 年抄本

1 册 32 页

棉纸 墨色

线装

高 27.5 厘米 × 宽 18.3 厘米

索书号 001445

1537. 壬辰年

佚名抄

1950—1999 年抄本

1 册 30 页

棉纸 墨色

线装

高 23.0 厘米 × 宽 17.5 厘米

索书号 001446

1538. 癸巳年

佚名抄

1950—1999 年抄本

1 册 30 页

棉纸 墨色

线装

高 25.5 厘米 × 宽 17.7 厘米

索书号 001447

1539. 癸卯年

蒙瑞然抄

1950—1999 年抄本

1 册 30 页
棉纸 墨色
纸捻装
高 27.0 厘米 × 宽 15.3 厘米
索书号 001448

1540. 甲辰年
蒙瑞然抄
1950—1999 年抄本
1 册 30 页
棉纸 墨色
纸捻装
高 26.3 厘米 × 宽 13.2 厘米
索书号 001449

1541. 乙巳年
蒙瑞然抄
1950—1999 年抄本
1 册 28 页
棉纸 墨色
纸捻装
高 26.5 厘米 × 宽 13.6 厘米
索书号 001450

1542. 丙午年
蒙瑞然抄
1950—1999 年抄本
1 册 30 页
棉纸 墨色
纸捻装
高 26.3 厘米 × 宽 13.3 厘米
索书号 001451

1543. 己酉年
水文题名:
蒙瑞然抄
1950—1999 年抄本
1 册 28 页
棉纸 墨色
线装
高 26.5 厘米 × 宽 13.5 厘米
索书号 001452

1544. 庚戌年
水文题名:
佚名抄
1950—1999 年抄本
1 册 35 页
棉纸 墨色
线装
高 27.0 厘米 × 宽 15.0 厘米
索书号 001453

1545. 辛亥年
佚名抄
1950—1999 年抄本
1 册 32 页
棉纸 墨色
线装
高 27.0 厘米 × 宽 15.2 厘米
索书号 001454

1546. 壬子年

水文题名：

佚名抄

1950—1999 年抄本

1 册 31 页

棉纸 墨色

线装

高 27.0 厘米 × 宽 15.1 厘米

索书号 001455

1547. 癸丑年

水文题名：

佚名抄

1950—1999 年抄本

1 册 30 页

棉纸 墨色

线装

高 26.3 厘米 × 宽 15.0 厘米

索书号 001456

1548. 甲寅年

水文题名：

佚名抄

1950—1999 年抄本

1 册 32 页

棉纸 墨色

线装

高 26.6 厘米 × 宽 15.3 厘米

索书号 001457

1549. 己卯年

水文题名：

佚名抄

1950—1999 年抄本

1 册 36 页

棉纸 墨色

线装

高 35.2 厘米 × 宽 16.5 厘米

索书号 001458

1550. 乙卯年

水文题名：

佚名抄

1950—1999 年抄本

1 册 32 页

棉纸 墨色

线装

高 25.8 厘米 × 宽 14.8 厘米

索书号 001459

1551. 丙辰年

水文题名：

佚名抄

1950—1999 年抄本

1 册 68 页

棉纸 墨色

线装

高 26.0 厘米 × 宽 14.7 厘米

索书号 001460

1552. 丁巳年

水文题名：
佚名抄
1950—1999 年抄本
1 册 32 页
棉纸 墨色
线装
高 25.7 厘米 × 宽 15.0 厘米
索书号 001461

1553. 戊午年

水文题名：
佚名抄
1950—1999 年抄本
1 册 34 页
棉纸 墨色
线装
高 25.8 厘米 × 宽 15.0 厘米
索书号 001462

1554. 己未年

水文题名：
佚名抄
1950—1999 年抄本
1 册 32 页
棉纸 墨色
线装
高 26.2 厘米 × 宽 15.1 厘米
索书号 001463

1555. 庚申年

水文题名：
佚名抄
1950—1999 年抄本
1 册 32 页
棉纸 墨色
线装
高 25.8 厘米 × 宽 15.2 厘米
索书号 001464

1556. 辛酉年

水文题名：
佚名抄
1950—1999 年抄本
1 册 30 页
棉纸 墨色
线装
高 27.2 厘米 × 宽 17.5 厘米
索书号 001465

1557. 壬戌年

水文题名：
佚名抄
1950—1999 年抄本
1 册 36 页
棉纸 墨色
线装
高 25.3 厘米 × 宽 15.5 厘米
索书号 001466

1558. 癸亥年

水文题名:

佚名抄

1950—1999 年抄本

1 册 30 页

棉纸 墨色

线装

高 26.8 厘米 × 宽 16.5 厘米

索书号 001467

1559. 都居

陆秀登抄

1950 年抄本

1 册 157 页

棉纸 墨色

线装

高 24.0 厘米 × 宽 14.0 厘米

索书号 001560

1560. 水书

佚名抄

1950—1999 年抄本

1 册 87 页

棉纸 墨色

纸捻装

高 25.2 厘米 × 宽 27.5 厘米

索书号 001565

1561. 正七本

佚名抄

1950—1999 年抄本

1 册 33 页

棉纸 墨色

线装

高 49.0 厘米 × 宽 29.0 厘米

索书号 001566

1562. 龙飞七宫

佚名抄

1950—1999 年抄本

1 册 9 页

棉纸 墨色

线装

高 38.0 厘米 × 宽 26.0 厘米

索书号 001567

1563. 丑牛

佚名抄

1950—1999 年抄本

1 册 23 页

棉纸 墨色

线装

高 37.0 厘米 × 宽 25.0 厘米

索书号 001568

1564. 日起时天干

佚名抄

1950—1999 年抄本

1 册 25 页

棉纸 墨色

纸捻装

高 38.0 厘米 × 宽 27.5 厘米

索书号 001569

1565. 申子辰年

水文题名：

佚名抄

1950—1999 年抄本

1 册　12 页

棉纸　墨色

纸捻装

高 38.5 厘米 × 宽 26.5 厘米

索书号 001570

1566. 甲己九吉未方

水文题名：

陆廷彪抄

1950—1999 年抄本

1 册　40 页

棉纸　墨色

线装

高 30.0 厘米 × 宽 26.5 厘米

索书号 001571

1567. 祖中

陆清云抄

1957 年抄本

1 册　30 页

棉纸　墨色

线装

高 33.0 厘米 × 宽 24.0 厘米

索书号 001572

1568. 亥三时壬癸凶

佚名抄

1950 年抄本

1 册　69 页

棉纸　墨色

线装

高 36.0 厘米 × 宽 19.5 厘米

索书号 001573

1569. 十二金巳酉丑吉

水文题名：

佚名抄

1950—1999 年抄本

1 册　32 页

棉纸　墨色

线装

高 33.0 厘米 × 宽 20.5 厘米

索书号 001574

1570. 年癸酉日

水文题名：

佚名抄

1950—1999 年抄本

1 册　48 页

棉纸　墨色

线装

高 33.0 厘米 × 宽 20.0 厘米

索书号 001575

1571. 壬辰十二大吉

潘明富抄

1950—1999 年抄本

1 册 45 页

棉纸 墨色

线装

高 34.5 厘米 × 宽 21.5 厘米

索书号 001576

1572. 正七辨证

潘谢抄

1954 年抄本

1 册 95 页

棉纸 墨色

线装

高 25.5 厘米 × 宽 29.0 厘米

索书号 001577

1573. 大火破正小火巨门

水文题名：

韦治云抄

1950—1999 年抄本

1 册 41 页

棉纸 墨色

线装

高 24.6 厘米 × 宽 28.0 厘米

索书号 001578

1574. 甲己

韦治云抄

1950—1999 年抄本

1 册 21 页

棉纸 墨色

纸捻装

高 25.0 厘米 × 宽 28.5 厘米

索书号 001579

1575. 壬辰

水文题名：

韦治云抄

1950—1999 年抄本

1 册 48 页

棉纸 墨色

纸捻装

高 25.5 厘米 × 宽 27.0 厘米

索书号 001580

1576. 子午年

水文题名：

韦治云抄

1950—1999 年抄本

1 册 19 页

棉纸 墨色

纸捻装

高 24.2 厘米 × 宽 28.2 厘米

索书号 001581

1577. 正七

水文题名：

佚名抄

1950—1999 年抄本

1 册 31 页

棉纸 墨色

线装

高 25.7 厘米 × 宽 29.5 厘米
索书号 001582

1578. 甲子年

潘家希抄
1985 年抄本
1 册 52 页
棉纸 墨色
线装
高 32.0 厘米 × 宽 26.0 厘米
索书号 001583

1579. 甲子乙丑金水

潘家希抄
1992 年抄本
1 册 35 页
棉纸 墨色
线装
高 28.5 厘米 × 宽 25.5 厘米
索书号 001584

1580. 看用保福

潘家希抄
1987 年抄本
1 册 58 页
棉纸 墨色
线装
高 26.0 厘米 × 宽 19.5 厘米
索书号 001585

1581. 子丑

水文题名：
佚名抄
1950 年抄本
1 册 46 页
棉纸 墨色
线装
高 28.0 厘米 × 宽 18.5 厘米
索书号 001586

1582. 乙丑年正四年酉日

佚名抄
1980 年抄本
1 册 32 页
棉纸 墨色
线装
高 25.5 厘米 × 宽 19.0 厘米
索书号 001587

1583. 九墓

佚名抄
1950—1999 年抄本
1 册 30 页
棉纸 墨色
纸捻装
高 35.0 厘米 × 宽 19.0 厘米
索书号 001588

1584. 子午卯酉年

水文题名：
佚名抄

1950—1999 年抄本
1 册 28 页
棉纸 墨色
线装
高 28.0 厘米 × 宽 18.0 厘米
索书号 001589

1585. 忌死同宫

佚名抄
1950—1999 年抄本
1 册 54 页
棉纸 墨色
纸捻装
高 17.0 厘米 × 宽 27.0 厘米
索书号 001590

1586. 禄马

佚名抄
1950—1999 年抄本
1 册 44 页
棉纸 墨色
线装
高 18.0 厘米 × 宽 29.0 厘米
索书号 001591

1587. 庚子年跟己丑日凶

水文题名:
佚名抄
1950—1999 年抄本
1 册 26 页
棉纸 墨色
纸捻装
高 25.5 厘米 × 宽 13.2 厘米
索书号 001592

1588. 大吉

韦治云抄
1950—1999 年抄本
1 册 28 页
棉纸 墨色
线装
高 24.5 厘米 × 宽 14.0 厘米
索书号 001593

1589. 日上起日九星

佚名抄
1950—1999 年抄本
1 册 22 页
棉纸 墨色
纸捻装
高 14.7 厘米 × 宽 21.5 厘米
索书号 001594

1590. 旺大田

佚名抄
1950—1999 年抄本
1 册 32 页
棉纸 墨色
纸捻装
高 14.5 厘米 × 宽 20.5 厘米
索书号 001595

1591. 大吉本

佚名抄

1950—1999 年抄本

1 册 32 页

棉纸 墨色

纸捻装

高 22.7 厘米 × 宽 15.5 厘米

索书号 001596

1592. 立房期日

佚名抄

1950—1999 年抄本

1 册 31 页

棉纸 墨色

线装

高 26.0 厘米 × 宽 14.8 厘米

索书号 001597

1593. 安葬立房吉凶

佚名抄

1950—1999 年抄本

1 册 32 页

棉纸 墨色

纸捻装

高 25.7 厘米 × 宽 13.3 厘米

索书号 001598

1594. 黄历

佚名抄

1950—1999 年抄本

1 册 30 页

棉纸 墨色

纸捻装

高 25.5 厘米 × 宽 14.7 厘米

索书号 001599

1595. 虫山答辩推选

佚名抄

1984 年抄本

1 册 42 页

棉纸 墨色

线装

高 26.3 厘米 × 宽 14.5 厘米

索书号 001600

1596. 通书黄历乙巳年

佚名抄

1965 年抄本

1 册 25 页

棉纸 墨色

纸捻装

高 28.0 厘米 × 宽 15.5 厘米

索书号 001601

1597. 黄历丁巳年宿土房日

水文题名：

佚名抄

1982 年抄本

1 册 32 页

棉纸 墨色

线装

高 26.0 厘米 × 宽 15.0 厘米

索书号 001602

1598. 正七连庚甲

韦学辉抄
1975 年抄本
1 册 41 页
棉纸 墨色
纸捻装
高 27.0 厘米 × 宽 14.8 厘米
索书号 001603

1599. 黄历

王德魁抄
1950—1999 年抄本
1 册 12 页
棉纸 墨色
纸捻装
高 27.5 厘米 × 宽 17.0 厘米
索书号 001604

1600. 农历书乙酉年

王惠云抄
1950—1999 年抄本
1 册 26 页
棉纸 墨色
纸捻装
高 26.5 厘米 × 宽 29.5 厘米
索书号 001605

1601. 乙卯年反书吉凶择日

王会云抄
1950—1999 年抄本
1 册 26 页
棉纸 墨色
纸捻装
高 25.0 厘米 × 宽 12.5 厘米
索书号 001606

1602. 正七共本

张显基抄
1981 年抄本
1 册 20 页
棉纸 墨色
纸捻装
高 24.0 厘米 × 宽 15.0 厘米
索书号 001607

1603. 林散掌

佚名抄
1950—1999 年抄本
1 册 106 页
棉纸 墨色
纸捻装
高 24.0 厘米 × 宽 13.0 厘米
索书号 001608

1604. 天时吉凶

水文题名：
刘宇顺抄
1950—1999 年抄本
1 册 25 页
棉纸 墨色

线装

高 13.0 厘米 × 宽 24.0 厘米

索书号 001609

1605. 正子年

水文题名：

佚名抄

1950—1999 年抄本

1 册 28 页

棉纸 墨色

线装

高 24.0 厘米 × 宽 13.0 厘米

索书号 001610

1606. 万年历

韦学辉抄

1979 年抄本

1 册 58 页

棉纸 墨色

纸捻装

高 17.8 厘米 × 宽 15.0 厘米

索书号 001611

1607. 申子辰

水文题名：

佚名抄

1950—1999 年抄本

1 册 37 页

棉纸 墨色

线装

高 21.3 厘米 × 宽 15.5 厘米

索书号 001612

1608. 水巨门廉贞

水文题名：

佚名抄

1950—1999 年抄本

1 册 14 页

棉纸 墨色

线装

高 20.5 厘米 × 宽 14.0 厘米

索书号 001613

1609. 六龙宫掌

佚名抄

1950—1999 年抄本

1 册 48 页

棉纸 墨色

线装

高 15.5 厘米 × 宽 11.5 厘米

索书号 001614

1610. 改神送怪

佚名抄

1950—1999 年抄本

1 册 32 页

棉纸 墨色

线装

高 15.0 厘米 × 宽 13.0 厘米

索书号 001615

中央民族大学

（一）民族博物馆

1. 夫微知显

佚名抄

民国三十五年（1946）抄本

1 册 35 页

棉纸 墨色

纸捻装

高 20.0 厘米 × 宽 35.0 厘米

索书号 ZM08207

2. 贪巨

水文题名：

佚名抄

旧抄本

1 册 6 页

棉纸 墨色

纸捻装

高 18.0 厘米 × 宽 29.0 厘米

索书号 ZM08208

3. 识凶释吉（别吉）

佚名抄

民国三十五年（1946）抄本

1 册 20 页

棉纸 墨色

纸捻装

高 18.0 厘米 × 宽 29.0 厘米

索书号 ZM08209

4. 九分九高（埋葬大吉）

佚名抄

旧抄本

1 册 14 页

棉纸 墨色

纸捻装

高 18.0 厘米 × 宽 29.0 厘米

索书号 ZM08210

5. 识凶释吉（别吉）

佚名抄

民国三十五年（1946）抄本

1 册 20 页

棉纸 墨色

线装

高 18.0 厘米 × 宽 28.0 厘米

索书号 ZM08211

6. 做当以

佚名抄

旧抄本

1册 8页
棉纸 墨色
纸捻装
高 19.0 厘米 × 宽 29.0 厘米
索书号 ZM08212

7. 退怪

佚名抄
旧抄本
1册 12页
棉纸 墨色
纸捻装
高 19.0 厘米 × 宽 29.0 厘米
索书号 ZM08213

8. 富贵看年日开方吉凶

佚名抄
旧抄本
1册 17页
棉纸 墨色
纸捻装
高 19.0 厘米 × 宽 28.0 厘米
索书号 ZM08214

9. 四书分金吉凶

佚名抄
民国三十五年（1946）抄本
1册 58页
棉纸 墨色
纸捻装
高 18.0 厘米 × 宽 29.0 厘米
索书号 ZM08215

10. 选择吉日撮要别瓜井百八

佚名抄
民国三十五年（1946）抄本
1册 57页
棉纸 墨色
纸捻装
高 19.0 厘米 × 宽 28.0 厘米
索书号 ZM08216

11. 全体大用

佚名抄
民国三十五年（1946）抄本
1册 10页
棉纸 墨色
纸捻装
高 19.0 厘米 × 宽 18.0 厘米
索书号 ZM08217

12. 物知终始

佚名抄
民国三十五年（1946）抄本
1册 17页
棉纸 墨色
纸捻装
高 19.0 厘米 × 宽 29.0 厘米
索书号 ZM08218

13. 文运通书

潘士泰抄

民国三十五年（1946）抄本
1册 22页
棉纸 墨色
纸捻装
高 19.0 厘米 × 宽 28.0 厘米
索书号 ZM08219

14. 事所先知

佚名抄
民国三十五年（1946）抄本
1册 18页
棉纸 墨色
纸捻装
高 19.0 厘米 × 宽 29.0 厘米
索书号 ZM08220

15. 能知吉凶（勾见）

佚名抄
民国三十五年（1946）抄本
1册 20页
棉纸 墨色
纸捻装
高 18.0 厘米 × 宽 28.0 厘米
索书号 ZM08221

16. 存亡之道（当门）

佚名抄
民国三十五年（1946）抄本
1册 15页
棉纸 墨色
纸捻装
高 19.0 厘米 × 宽 28.0 厘米
索书号 ZM08222

17. 汉书批解

荣阳如松抄
民国三十五年（1946）抄本
1册 79页
棉纸 墨色
纸捻装
高 19.0 厘米 × 宽 28.0 厘米
索书号 ZM08223

18. 青云得路

佚名抄
民国三十五年（1946）抄本
1册 17页
棉纸 墨色
纸捻装
高 19.0 厘米 × 宽 29.0 厘米
索书号 ZM08224

19. 青云得路（卷地）

佚名抄
民国三十五年（1946）抄本
1册 23页
棉纸 墨色
纸捻装
高 29.0 厘米 × 宽 18.0 厘米
索书号 ZM08225

20. 贪狼吉星

佚名抄

民国三十五年（1946）抄本

1册 41页

棉纸 墨色

纸捻装

高 28.0 厘米 × 宽 24.0 厘米

索书号 ZM08226

21. 买田吉

佚名抄

旧抄本

1册 14页

棉纸 墨色

纸捻装

高 29.0 厘米 × 宽 19.0 厘米

索书号 ZM08227

22. 能知吉凶（勾见）

佚名抄

民国三十五年（1946）抄本

1册 20页

棉纸 墨色

纸捻装

高 29.0 厘米 × 宽 19.0 厘米

索书号 ZM08228

23. 识凶释吉（别吉）

佚名抄

民国三十五年（1946）抄本

1册 20页

棉纸 墨色

纸捻装

高 28.0 厘米 × 宽 17.0 厘米

索书号 ZM08229

24. 全体大用

佚名抄

民国三十五年（1946）抄本

1册 18页

棉纸 墨色

纸捻装

高 29.0 厘米 × 宽 18.0 厘米

索书号 ZM08230

25. 存亡之道（当门）

佚名抄

民国三十五年（1946）抄本

1册 18页

棉纸 墨色

纸捻装

高 29.0 厘米 × 宽 18.0 厘米

索书号 ZM08231

26. 文运通书（别吉读）

潘士泰抄

民国三十五年（1946）抄本

1册 34页

棉纸 墨色

纸捻装

高 28.0 厘米 × 宽 18.0 厘米

索书号 ZM08232

27. 事所先知

佚名抄

民国三十五年（1946）抄本

1 册 20 页

棉纸 墨色

纸捻装

高 27.0 厘米 × 宽 17.0 厘米

索书号 ZM08233

28. 物知终始

佚名抄

民国三十五年（1946）抄本

1 册 17 页

棉纸 墨色

纸捻装

高 29.0 厘米 × 宽 18.0 厘米

索书号 ZM08234

29. 买田吉

佚名抄

旧抄本

1 册 16 页

棉纸 墨色

纸捻装

高 28.0 厘米 × 宽 19.0 厘米

索书号 ZM08235

30. 富贵看年日开方吉凶

佚名抄

旧抄本

1 册 17 页

棉纸 墨色

纸捻装

高 29.0 厘米 × 宽 19.0 厘米

索书号 ZM08236

31. 九分九高（埋葬大吉）

佚名抄

旧抄本

1 册 13 页

棉纸 墨色

纸捻装

高 29.0 厘米 × 宽 18.0 厘米

索书号 ZM08237

32. 贪巨

水文题名：

佚名抄

旧抄本

1 册 6 页

棉纸 墨色

纸捻装

高 28.0 厘米 × 宽 18.0 厘米

索书号 ZM08238

33. 做当以

佚名抄

清光绪抄本

1 册 8 页

棉纸 墨色

纸捻装

高 32.0 厘米 × 宽 20.0 厘米

索书号 ZM11787

34. 贪狼吉星

潘昌发抄

旧抄本

1 册　41 页

棉纸　墨色

纸捻装

高 27.0 厘米 × 宽 22.0 厘米

索书号 ZM11788

35. 水书

佚名抄

旧抄本

1 册　16 页

棉纸　墨色

线装

高 30.0 厘米 × 宽 23.0 厘米

索书号 ZM11789

36. 水书

佚名抄

旧抄本

1 册　14 页

棉纸　墨色

线装

高 30.5 厘米 × 宽 21.0 厘米

索书号 ZM11790

37. 水书

佚名抄

旧抄本

1 册　24 页

棉纸　墨色

线装

高 30.0 厘米 × 宽 20.0 厘米

索书号 ZM11791

38. 水书

佚名抄

旧抄本

1 册　24 页

棉纸　墨色

线装

高 22.0 厘米 × 宽 19.0 厘米

索书号 ZM11792

39. 水书

佚名抄

旧抄本

1 册　38 页

棉纸　墨色

线装

高 21.0 厘米 × 宽 18.0 厘米

索书号 ZM11793

40. 文运通书（别吉读）

潘士泰抄

民国三十五年（1946）抄本

1 册　39 页

棉纸　墨色

纸捻装

高 28.0 厘米 × 宽 18.0 厘米
索书号 ZM11794

41. 水书

佚名抄
旧抄本
1 册 13 页
棉纸 墨色
线装
高 28.5 厘米 × 宽 24.0 厘米
索书号 ZM11795

42. 水书

佚名抄
旧抄本
1 册 19 页
棉纸 墨色
线装
高 19.0 厘米 × 宽 14.0 厘米
索书号 ZM11796

（二）中国少数民族语言研究院

1. 取房吉凶

韦光明抄
旧抄本
1 册 44 页
棉纸 墨色
线装
高 26.0 厘米 × 宽 18.5 厘米
索书号 1

2. 甲己九未方贪吉凶

佚名抄
民国八年（1919）抄本
1 册 18 页
棉纸 墨色
纸捻装
高 31.5 厘米 × 宽 20.7 厘米
索书号 2

3. 正七庚甲卷乙

韦光明抄
民国七年（1918）抄本
1 册 21 页
棉纸 墨色
纸捻装
高 31.8 厘米 × 宽 20.7 厘米
索书号 3

4. 申子辰年

韦光明抄
旧抄本
1 册 18 页
棉纸 墨色
纸捻装
高 31.5 厘米 × 宽 20.7 厘米
索书号 4

5. 甲巳年

韦光明抄

民国十二年（1923）抄本

1册 36页

棉纸 墨色

线装

高32.5厘米 × 宽21.5厘米

索书号5

中国国家图书馆

1. 水书

佚名抄
清抄本
1册 13页
棉纸 墨色
线装
高 19.3 厘米 × 宽 23.6 厘米
索书号 shui1

2. 论攻守

佚名抄
旧抄本
1册 15页
棉纸 墨色
线装
高 15.7 厘米 × 宽 25.0 厘米
索书号 shui2

3. 子午卯酉年癸酉方

佚名抄
旧抄本
1册 28页
棉纸 墨色
线装
高 16.5 厘米 × 宽 25.5 厘米
索书号 shui3

4. 水书

佚名抄
旧抄本
1册 14页
棉纸 墨色
线装
高 16.2 厘米 × 宽 24.3 厘米
索书号 shui4

5. 水书

佚名抄
旧抄本
1册 14页
棉纸 墨色
线装
高 14.6 厘米 × 宽 21.7 厘米
索书号 shui5

6. 水书

佚名抄
旧抄本
1册 12页
棉纸 墨色
线装
高 14.0 厘米 × 宽 22.5 厘米
索书号 shui6

7. 亥未申

佚名抄
旧抄本
1 册　9 页
棉纸　墨色
线装
高 13.4 厘米 × 宽 23.0 厘米
索书号 shui7

8. 正七庚甲

水文题名：
佚名抄
旧抄本
1 册　66 页
棉纸　墨色
线装
高 22.5 厘米 × 宽 13.0 厘米
索书号 shui8

9. 农事占卜

佚名抄
旧抄本
1 册　11 页
棉纸　墨色
线装
高 23.5 厘米 × 宽 13.0 厘米
索书号 shui9

10. 水书

佚名抄
旧抄本
1 册　38 页
棉纸　墨色
线装
高 25.1 厘米 × 宽 16.5 厘米
索书号 shui10

11. 子午卯酉年女士蝙卯吉

水文题名：
佚名抄
旧抄本
1 册　34 页
棉纸　墨色
线装
高 16.6 厘米 × 宽 25.1 厘米
索书号 shui11

12. 申子辰年寅方吉

水文题名：
佚名抄
旧抄本
1 册　13 页
棉纸　墨色
线装
高 16.0 厘米 × 宽 25.5 厘米
索书号 shui12

13. 丁丑寅时

水文题名：
佚名抄
旧抄本
1 册　17 页

棉纸 墨色

线装

高 15.0 厘米 × 宽 25.5 厘米

索书号 shui13

14. 水书

佚名抄

旧抄本

1 册 20 页

棉纸 墨色

线装

高 16.2 厘米 × 宽 24.5 厘米

索书号 shui14

15. 申子辰年

水文题名：

佚名抄

旧抄本

1 册 10 页

棉纸 墨色

线装

高 16.3 厘米 × 宽 23.0 厘米

索书号 shui15

16. 六十乂朋六十友谤龙茇头五寅卷四

佚名抄

旧抄本

1 册 28 页

棉纸 墨色

线装

高 29.6 厘米 × 宽 16.3 厘米

索书号 shui16

17. 五寅凶

水文题名：

佚名抄

旧抄本

1 册 17 页

棉纸 墨色

线装

高 29.9 厘米 × 宽 17.1 厘米

索书号 shui17

18. 水书

佚名抄

旧抄本

1 册 19 页

棉纸 墨色

线装

高 17.4 厘米 × 宽 25.3 厘米

索书号 shui18

19. 水书

佚名抄

旧抄本

1 册 13 页

棉纸 墨色

线装

高 33.0 厘米 × 宽 21.3 厘米

索书号 shui19

20. 的点

石占福抄

旧抄本

1 册 22 页

棉纸 墨色

线装

高 31.5 厘米 × 宽 22.0 厘米

索书号 shui20

21. 百木

石占福抄

旧抄本

1 册 26 页

棉纸 墨色

线装

高 31.0 厘米 × 宽 19.5 厘米

索书号 shui21

22. 水书

佚名抄

旧抄本

1 册 24 页

棉纸 墨色

线装

高 32.0 厘米 × 宽 20.5 厘米

索书号 shui22

23. 辰戌年

水文题名：

石占福 抄

旧抄本

1 册 31 页

棉纸 墨色

线装

高 30.2 厘米 × 宽 19.6 厘米

索书号 shui23

24. 历法

佚名抄

旧抄本

1 册 13 页

棉纸 墨色

线装

高 31.6 厘米 × 宽 24.5 厘米

索书号 shui24

25. 申子辰年

水文题名：

佚名抄

旧抄本

1 册 30 页

棉纸 墨色

线装

高 30.5 厘米 × 宽 25.5 厘米

索书号 shui25

26. 寸门当则头

佚名抄

旧抄本

1 册 25 页

棉纸 墨色

线装

高 30.0 厘米 × 宽 23.7 厘米
索书号 shui26

27. 甲巳年

佚名抄
民国二十六年（1937）抄本
1 册 20 页
棉纸 墨色
线装
高 27.3 厘米 × 宽 23.9 厘米
索书号 shui27

28. 都讲

佚名抄
旧抄本
1 册 15 页
棉纸 墨色
线装
高 30.8 厘米 × 宽 23.0 厘米
索书号 shui28

29. 甲己年壬辰日棺

水文题名：
佚名抄
旧抄本
1 册 18 页
棉纸 墨色
线装
高 30.2 厘米 × 宽 21.0 厘米
索书号 shui29

30. 水书

佚名抄
旧抄本
1 册 15 页
棉纸 墨色
线装
高 31.5 厘米 × 宽 20.5 厘米
索书号 shui30

31. 水书

佚名抄
旧抄本
1 册 15 页
棉纸 墨色
线装
高 21.0 厘米 × 宽 26.0 厘米
索书号 shui31

32. 水书

佚名抄
旧抄本
1 册 9 页
棉纸 墨色
线装
高 29.5 厘米 × 宽 20.0 厘米
索书号 shui32

33. 水书

潘玉魁抄
旧抄本
1 册 22 页

棉纸 墨色

线装

高 29.9 厘米 × 宽 20.2 厘米

索书号 shui33

34. 水书

潘玉魁抄

旧抄本

1 册 20 页

棉纸 墨色

线装

高 21.0 厘米 × 宽 21.2 厘米

索书号 shui34

35. 卜辞

佚名抄

旧抄本

1 册 14 页

棉纸 墨色

线装

高 15.0 厘米 × 宽 47.0 厘米

索书号 shui35

36. 水书

佚名抄

旧抄本

1 册 20 页

棉纸 墨色

线装

高 18.0 厘米 × 宽 45.5 厘米

索书号 shui36

37. 水书

佚名抄

旧抄本

1 册 24 页

棉纸 墨色

线装

高 17.5 厘米 × 宽 36.6 厘米

索书号 shui37

中国国家博物馆

1. 水书

佚名抄

清道光四年至道光十年（1824—1830）抄本

1 册　32 页

棉纸　墨色

线装

高 31.4 厘米 × 宽 19.7 厘米

索书号水书 1

2. 水书

佚名抄

清道光四年至道光十年（1824—1830）抄本

1 册　12 页

棉纸　墨色

线装

高 31.0 厘米 × 宽 19.4 厘米

索书号水书 2

3. 甲子金年

水文题名：

佚名抄

清道光四年至道光十年（1824—1830）抄本

1 册　13 页

棉纸　墨色

线装

高 29.9 厘米 × 宽 19.4 厘米

索书号水书 3

4. 丑未辰戌年

佚名抄

清道光四年至道光十年（1824—1830）抄本

1 册　13 页

棉纸　墨色

线装

高 29.9 厘米 × 宽 19.4 厘米

索书号水书 4

5. 水书

佚名抄

清道光四年至道光十年（1824—1830）抄本

1 册　38 页

棉纸　墨色

线装

高 34.0 厘米 × 宽 19.8 厘米

索书号水书 5

6. 甲子年正乙亥日辅甲辰日吉

水文题名：

佚名抄

清道光四年至道光十年（1824—1830）抄本

1册 17页

棉纸 墨色

线装

高 28.8 厘米 × 宽 18.7 厘米

索书号水书 6

7. 甲子丁寅方时

水文题名：

佚名抄

清道光四年至道光十年（1824—1830）抄本

1册 12页

棉纸 墨色

线装

高 31.3 厘米 × 宽 19.7 厘米

索书号水书 7

8. 甲庚癸年丙壬丁■吉

水文题名：

佚名抄

清道光四年至道光十年（1824—1830）抄本

1册 23页

棉纸 墨色

线装

高 29.3 厘米 × 宽 20.0 厘米

索书号水书 8

9. 子午卯酉

水文题名：

佚名抄

清道光四年至道光十年（1824—1830）抄本

1册 21页

棉纸 墨色

线装

高 30.3 厘米 × 宽 18.3 厘米

索书号水书 9

10. 甲子年甲寅日

水文题名：

佚名抄

清道光四年至道光十年（1824—1830）抄本

1册 30页

棉纸 墨色

线装

高 29.5 厘米 × 宽 19.7 厘米

索书号水书 10

11. 水书

佚名抄

清道光四年至道光十年（1824—1830）抄本

1册 27页

棉纸 墨色

线装

高 32.3 厘米 × 宽 19.1 厘米

索书号水书 11

12. 子申辰时子时己酉丑

佚名抄

清道光四年至道光十年（1824—1830）抄本

1 册 23 页

棉纸 墨色

线装

高 31.4 厘米 × 宽 19.7 厘米

索书号水书 12

13. 子午卯酉年

佚名抄

清道光四年至道光十年（1824—1830）抄本

1 册 18 页

棉纸 墨色

线装

高 31.8 厘米 × 宽 20.2 厘米

索书号水书 13

14. 水书

佚名抄

清道光四年至道光十年（1824—1830）抄本

1 册 21 页

棉纸 墨色

线装

高 32.3 厘米 × 宽 20.2 厘米

索书号水书 14

15. 水书

佚名抄

清道光四年至道光十年（1824—1830）抄本

1 册 11 页

棉纸 墨色

线装

高 33.6 厘米 × 宽 20.4 厘米

索书号水书 15

16. 水书

潘阿言抄

清道光四年至道光十年（1824—1830）抄本

1 册 16 页

棉纸 墨色

线装

高 29.0 厘米 × 宽 19.3 厘米

索书号水书 16

17. 水书

佚名抄

清道光四年至道光十年（1824—1830）抄本

1 册 16 页

棉纸 墨色

线装

高 31.7 厘米 × 宽 26.4 厘米

索书号水书 17

18. 子午卯酉年

佚名抄

清道光四年至道光十年（1824—1830）抄本

1册 15页

棉纸 墨色

线装

高29.3厘米 × 宽19.2厘米

索书号水书18

19. 水书

潘阿言抄

清道光四年至道光十年（1824—1830）抄本

1册 17页

棉纸 墨色

线装

高29.0厘米 × 宽18.4厘米

索书号水书19

20. 廉贪破巨武禄吉

水文题名：

潘阿言抄

清道光五年（1825）抄本

1册 36页

棉纸 墨色

线装

高29.8厘米 × 宽19.6厘米

索书号水书20

21. 水书

佚名抄

清道光四年至道光十年（1824—1830）抄本

1册 10页

棉纸 墨色

线装

高28.2厘米 × 宽18.8厘米

索书号水书21

22. 鬼怪反书

佚名抄

清道光四年至道光十年（1824—1830）抄本

1册 13页

棉纸 墨色

线装

高25.8厘米 × 宽17.8厘米

索书号水书22

23. 水书

陆阿简抄

清光绪三十二年（1906）抄本

1册 26页

棉纸 墨色

线装

高26.6厘米 × 宽18.2厘米

索书号水书23

24. 第一丙戌甲寅乙丑吉

水文题名：

佚名抄

清道光四年至道光十年（1824—1830）抄本

1册 14页

棉纸 墨色

线装

高26.4厘米 × 宽17.9厘米

索书号水书24

25. 秤门寡

佚名抄

清道光四年至道光十年（1824—1830）抄本

1册 9页

棉纸 墨色

线装

高23.6厘米 × 宽14.2厘米

索书号水书25

26. 九八吉

水文题名：

佚名抄

清道光四年至道光十年（1824—1830）抄本

1册 19页

棉纸 墨色

线装

高15.3厘米 × 宽19.6厘米

索书号水书26

27. 六连用小王

佚名抄

清道光四年至道光十年（1824—1830）抄本

1册 9页

棉纸 墨色

线装

高14.1厘米 × 宽19.7厘米

索书号水书27

28. 申子辰年甲甲甲年女士蝠

水文题名：

佚名抄

清道光四年至道光十年（1824—1830）抄本

1册 48页

棉纸 墨色

线装

高19.6厘米 × 宽15.3厘米

索书号水书28

29. 女士蝠甲子年贪正辅吉

水文题名：

潘阿言抄

清道光四年至道光十年（1824—1830）抄本

1册 28页

棉纸 墨色

线装

高29.3厘米 × 宽20.1厘米

索书号水书29

30. 水书

佚名抄

清道光四年至道光十年（1824—1830）抄本

1册 34页

棉纸 墨色

线装

高29.2厘米 × 宽18.6厘米

索书号水书30

清华大学图书馆

1. 亥卯未年

佚名抄
清光绪二十六年（1900）抄本
1 册 22 页
棉纸 墨色
线装
高 34.0 厘米 × 宽 22.3 厘米
索书号 1

2. 戊癸年甲寅日

佚名抄
旧抄本
1 册 56 页
棉纸 墨色
线装
高 31.5 厘米 × 宽 19.8 厘米
索书号 4

3. 第乙年辛木■巳时

佚名抄
旧抄本
1 册 38 页
棉纸 墨色
线装
高 30.5 厘米 × 宽 20.3 厘米
索书号 6

4. 子午年锤西方第日

潘国泰抄
清光绪二十六年（1900）抄本
1 册 24 页
棉纸 墨色
线装
高 29.5 厘米 × 宽 21.0 厘米
索书号 9

5. 甲庚癸年丙丁壬日吉

佚名抄
旧抄本
1 册 10 页
棉纸 墨色
线装
高 16.0 厘米 × 宽 19.7 厘米
索书号 11

6. 贪四用埋葬大吉吉

水文题名:
韦天辉抄
民国三十五年（1946）抄本
1 册 21 页
棉纸 墨色
线装
高 20.6 厘米 × 宽 15.7 厘米

索书号 20

7. 戊午八未门

佚名抄

旧抄本

1 册 16 页

棉纸 墨色

线装

高 18.0 厘米 × 宽 17.5 厘米

索书号 47

8. 二十八宿

杨光明抄

旧抄本

1 册 23 页

棉纸 墨色

线装

高 16.8 厘米 × 宽 18.0 厘米

索书号 81

附 录

9. 大火破门 • 小火巨门

水文题名：

潘德高抄

1990 年抄本

1 册 32 页

棉纸 墨色

线装

高 27.8 厘米 × 宽 17.2 厘米

索书号 8

10. 甲子乙丑吉

石文翰抄

1964 年抄本

1 册 24 页

棉纸 墨色

线装

高 26.2 厘米 × 宽 19.0 厘米

索书号 80

附录一：汉文题名拼音索引

续表

汉文题名	收藏单位	本书序号	馆藏索书号	页码
八贪生年木滩	中国民族图书馆	57	000058	9
八贪乙公乙母	中国民族图书馆	685	001116	103
八字	中国民族图书馆	857	001306	129
捌贪阴汤	中国民族图书馆	701	001133	106
把贪海生命	中国民族图书馆	59	000060	9
把贪金堂	中国民族图书馆	702	001134	106
把贪生年	中国民族图书馆	40	000041	7
把贪未稳	中国民族图书馆	28	000028	5
白本推怪	中国民族图书馆	104	000207	16
白黑寸门	中国民族图书馆	840	001289	127
白木	中国民族图书馆	586	001015	89
白木	中国民族图书馆	709	001141	107
白文通书焊郎	中国民族图书馆	833	001282	126
百八■朗要日埋葬吉	中国民族图书馆	1173	000250	176
百八贪朗要日埋葬吉	中国民族图书馆	1196	000277	180
百八贪朗要日埋葬吉	中国民族图书馆	1202	000284	181
百木	中国国家图书馆	21	shui21	254
百木忌	中国民族图书馆	1084	000102	163
百木时凶	中国民族图书馆	803	001251	121
保福择老坟	中国民族图书馆	849	001298	128
保家神吉凶通用	中国民族图书馆	334	000755	51
崩忌寸门不用	中国民族图书馆	919	001374	138
丙辰年	中国民族图书馆	1551	001460	233
丙辰年讨	中国民族图书馆	1286	000484	193
丙午年	中国民族图书馆	1542	001451	232
丙戌年	中国民族图书馆	1527	001436	230
丙戌年	中国民族图书馆	1528	001437	230
丙戌年造葬神煞表	中国民族图书馆	297	000577	45
丙寅年	中国民族图书馆	1507	001416	226
丙子年	中国民族图书馆	132	000298	20
丙子年	中国民族图书馆	1518	001427	228
丙子年占吉凶	中国民族图书馆	429	000854	65
卜辞	中国国家图书馆	35	shui35	256
不辅吉	中国民族图书馆	1036	001558	156
采贼盗脚	中国民族图书馆	620	001049	94
彩绘图	中国民族图书馆	745	001181	112

续表

续表

汉文题名	收藏单位	本书序号	馆藏索书号	页码
春寅午戌	中国民族图书馆	1187	000267	179
春寅午戌	中国民族图书馆	1199	000281	180
春寅午戌大败	中国民族图书馆	199	000394	30
春寅午戌年	中国民族图书馆	1311	000509	197
春寅午戌年大败	中国民族图书馆	1306	000504	196
存亡之道（当门）	中央民族大学民族博物馆	16	ZM08222	245
存亡之道（当门）	中央民族大学民族博物馆	25	ZM08231	246
寸樊大吉	中国民族图书馆	929	001384	140
寸门	中国民族图书馆	260	000536	39
寸门大旺	中国民族图书馆	927	001382	139
寸门当则头	中国国家图书馆	26	shui26	254
寸门吉课	中国民族图书馆	878	001332	132
寸门接魂吉日	中国民族图书馆	612	001041	93
寸门时	中国民族图书馆	990	001512	149
寸门书	中国民族图书馆	265	000541	40
寸门书	中国民族图书馆	482	000907	73
打瓦卡尖	中国民族图书馆	858	001307	129
大丑午年壬申凶	中国民族图书馆	1012	001534	152
大火	中国民族图书馆	627	001056	95
大火	中国民族图书馆	1032	001554	155
大火■■吉	中国民族图书馆	77	000130	12
大火辰正吉	中国民族图书馆	983	001505	148
大火卯日凶	中国民族图书馆	528	000957	80
大火破	中国民族图书馆	174	000366	27
大火破	中国民族图书馆	177	000371	27
大火破	中国民族图书馆	289	000569	44
大火破	中国民族图书馆	509	000938	77
大火破	中国民族图书馆	556	000985	84
大火破	中国民族图书馆	737	001173	111
大火破巨小火巨门	中国民族图书馆	572	001001	87
大火破门	中国民族图书馆	1238	000403	186
大火破门•小火巨门	清华大学图书馆	9	8	264
大火破小火巨	中国民族图书馆	574	001003	87
大火破正第一乙丑	中国民族图书馆	261	000537	40
大火破正小火巨门	中国民族图书馆	1573	001578	237
大火戌山	中国民族图书馆	971	001493	146

续表

汉文题名	收藏单位	本书序号	馆藏索书号	页码
大吉	中国民族图书馆	801	001249	121
大吉	中国民族图书馆	1588	001593	239
大吉本	中国民族图书馆	1591	001596	240
大吉时	中国民族图书馆	344	000765	52
大吉贪 二卷吉	中国民族图书馆	1045	000063	157
大吉通书	中国民族图书馆	1135	000175	171
大吉通书	中国民族图书馆	1312	000510	197
大吉通书日	中国民族图书馆	1113	000152	167
大清贪宜吉	中国民族图书馆	68	000121	11
大书贪	中国民族图书馆	418	000843	63
大水贪第一乙丑■吉	中国民族图书馆	547	000976	83
大所公	中国民族图书馆	591	001020	89
大通吉书	中国民族图书馆	168	000336	26
大瓦百木	中国民族图书馆	806	001254	122
大瓦逢凶本	中国民族图书馆	796	001244	120
大旺	中国民族图书馆	998	001520	150
大旺	中国民族图书馆	1026	001548	154
大旺日时吉凶星忌	中国民族图书馆	1432	000704	215
大旺书 一卷吉	中国民族图书馆	1043	000061	157
大小火金水日凶五子六十年吉日	中国民族图书馆	1346	000615	202
歹瓦吉凶	中国民族图书馆	229	000464	35
当大旺	中国民族图书馆	97	000197	15
当大旺	中国民族图书馆	1119	000158	168
当大旺	中国民族图书馆	1136	000176	171
当大旺	中国民族图书馆	1140	000182	172
当大旺	中国民族图书馆	1292	000490	194
当当	中国民族图书馆	993	001515	149
当内鬼当大兄大吉	中国民族图书馆	944	001409	142
当情当班帕班劳	中国民族图书馆	294	000574	45
挡书放反鬼书	中国民族图书馆	1461	000733	219
得一	中国民族图书馆	128	000294	20
得一	中国民族图书馆	161	000329	25
的点	中国国家图书馆	20	shui20	254
邓书	中国民族图书馆	1144	000204	172
氐亥子书	中国民族图书馆	1281	000479	193
氐寅丑书	中国民族图书馆	1278	000476	192

续表

汉文题名	收藏单位	本书序号	馆藏索书号	页码
底当	中国民族图书馆	904	001358	136
地理本	中国民族图书馆	557	000986	84
地理三盘	中国民族图书馆	713	001146	108
地龙飞	中国民族图书馆	7	000007	2
地龙飞	中国民族图书馆	356	000777	54
地龙睡	中国民族图书馆	158	000326	24
第九忌流连	中国民族图书馆	804	001252	121
第六乙亥日	中国民族图书馆	369	000790	56
第七癸亥年	中国民族图书馆	1473	001086	221
第三甲子吉	中国民族图书馆	205	000400	31
第十二上贪	中国民族图书馆	96	000196	15
第十二上贪	中国民族图书馆	1104	000143	166
第十二上贪	中国民族图书馆	1137	000177	171
第十二上贪	中国民族图书馆	1161	000238	175
第十二上贪	中国民族图书馆	1296	000494	195
第巳癸己吉	中国民族图书馆	381	000802	58
第四癸未	中国民族图书馆	281	000558	43
第四甲子龙吉	中国民族图书馆	127	000293	20
第五癸酉	中国民族图书馆	559	000988	85
第五乙丑	中国民族图书馆	756	001194	114
第辛 之二	中国民族图书馆	1479	001208	222
第辛■	中国民族图书馆	1481	001210	222
第一丙寅	中国民族图书馆	531	000960	80
第一丙戌甲寅乙丑吉	中国国家博物馆	24	水书 24	260
第一丙子日	中国民族图书馆	1470	000930	221
第一甲午日	中国民族图书馆	762	001200	115
第一甲寅破	中国民族图书馆	1244	000409	187
第一甲寅破	中国民族图书馆	1260	000432	190
第一甲子	中国民族图书馆	691	001122	104
第一甲子■	中国民族图书馆	1152	000229	173
第一甲子年贪	中国民族图书馆	507	000936	77
第一甲子日吉	中国民族图书馆	1094	000116	165
第一甲子贪	中国民族图书馆	194	000388	30
第一甲子贪	中国民族图书馆	491	000917	74
第一甲子贪	中国民族图书馆	515	000944	78
第乙年辛木■巳时	清华大学图书馆	3	6	263

续表

汉文题名	收藏单位	本书序号	馆藏索书号	页码
丁	中国民族图书馆	1029	001551	155
丁丑年	中国民族图书馆	1519	001428	228
丁丑寅时	中国国家图书馆	13	shui13	252
丁亥年	中国民族图书馆	1529	001438	230
丁亥年	中国民族图书馆	1530	001439	230
丁—己卯午	中国民族图书馆	958	001480	144
丁卯年	中国民族图书馆	1508	001417	227
丁年亥甲日	中国民族图书馆	887	001341	134
丁巳年	中国民族图书馆	1552	001461	234
定时吉凶摘要	中国民族图书馆	1290	000488	194
冬寅午戌	中国民族图书馆	1225	000356	184
冬寅正七	中国民族图书馆	477	000902	72
都讲	中国国家图书馆	28	shui28	255
都居	中国民族图书馆	1559	001560	235
都腊	中国民族图书馆	1031	001553	155
都嘴寸门	中国民族图书馆	897	001351	135
读本看做当	中国民族图书馆	517	000946	78
度数唑穴吉凶	中国民族图书馆	410	000835	62
断蛋吉凶	中国民族图书馆	1214	000342	183
断节	中国民族图书馆	105	000208	16
对金用本书	中国民族图书馆	790	001238	119
遁宫集	中国民族图书馆	1102	000138	166
二十八宿	中国民族图书馆	267	000543	40
二十八宿	中国民族图书馆	842	001291	127
二十八宿	中国民族图书馆	937	001400	141
二十八宿	中国民族图书馆	1100	000136	165
二十八宿	中国民族图书馆	1143	000200	172
二十八宿	清华大学图书馆	8	81	264
二十八宿行畜总论	中国民族图书馆	869	001318	131
二十八宿流连歌诀	中国民族图书馆	1219	000348	183
二十八宿七元定局吉凶总论	中国民族图书馆	1486	001320	223
二十八宿通流（第一年子）	中国民族图书馆	623	001052	94
二十八宿星择要	中国民族图书馆	1270	000442	191
二十四节气表	中国民族图书馆	716	001149	108
二十艺句解	中国民族图书馆	653	001082	99
二爻引贯月	中国民族图书馆	1075	000093	162

续表

汉文题名	收藏单位	本书序号	馆藏索书号	页码
法事所忌日时凶	中国民族图书馆	1188	000268	179
反书便览取凶	中国民族图书馆	319	000739	48
反书时号	中国民族图书馆	1491	001372	224
反书通用	中国民族图书馆	460	000885	70
反书通用	中国民族图书馆	734	001170	111
反书通用	中国民族图书馆	744	001180	112
反书选时	中国民族图书馆	845	001294	127
反书要草生门	中国民族图书馆	136	000303	21
反书要用革门	中国民族图书馆	141	000309	22
反书用时吉	中国民族图书馆	145	000313	22
反通书象吉选择	中国民族图书馆	812	001260	122
返书结婚全卷	中国民族图书馆	245	000519	37
方寅辛卯	中国民族图书馆	660	001091	100
放鬼返鬼改鬼见日时方	中国民族图书馆	1388	000658	209
放鬼又日时退头	中国民族图书馆	630	001059	95
放鱼吉凶卡木 用合鸟仓吉日	中国民族图书馆	889	001343	134
分外亲深用	中国民族图书馆	1019	001541	153
丰用安葬	中国民族图书馆	670	001101	101
风寅吉凶	中国民族图书馆	471	000896	71
逢井	中国民族图书馆	3	000003	1
逢井吉	中国民族图书馆	55	000056	9
逢贪	中国民族图书馆	677	001108	102
逢贪吉	中国民族图书馆	1037	001559	156
逢贪吉用（壬辰吉用）	中国民族图书馆	8	000008	2
逢贪木	中国民族图书馆	72	000125	11
夫微知显	中央民族大学民族博物馆	1	ZM08207	243
复此捷解图吉	中国民族图书馆	829	001278	125
富贵大吉贪巨	中国民族图书馆	536	000965	81
富贵根基千支九星合六宫兼用	中国民族图书馆	1464	000820	220
富贵根吉	中国民族图书馆	248	000522	38
富贵吉	中国民族图书馆	237	000472	36
富贵看年日开方吉凶	中央民族大学民族博物馆	8	ZM08214	244
富贵看年日开方吉凶	中央民族大学民族博物馆	30	ZM08236	247
改鬼吉 三卷吉	中国民族图书馆	1047	000065	157
改神送怪	中国民族图书馆	1610	001615	242
敢字	中国民族图书馆	624	001053	95

续表

汉文题名	收藏单位	本书序号	馆藏索书号	页码
高脚	中国民族图书馆	1015	001537	153
告相寅问	中国民族图书馆	115	000220	18
告相寅问	中国民族图书馆	1149	000226	173
告相寅相	中国民族图书馆	1252	000417	188
隔见■花	中国民族图书馆	552	000981	84
各年宜忌方	中国民族图书馆	1009	001531	152
根本富贵读本	中国民族图书馆	1276	000463	192
庚辰年	中国民族图书馆	1520	001429	229
庚辰日	中国民族图书馆	755	001193	114
庚辰辛已年选择吉凶书	中国民族图书馆	551	000980	83
庚申己亥年	中国民族图书馆	1148	000225	173
庚申年	中国民族图书馆	567	000996	86
庚申年	中国民族图书馆	1555	001464	234
庚午年	中国民族图书馆	1511	001420	227
庚午时贪	中国民族图书馆	496	000923	75
庚辛午	中国民族图书馆	1410	000682	212
庚戌年	中国民族图书馆	1544	001453	232
庚寅年	中国民族图书馆	290	000570	44
庚寅年	中国民族图书馆	1535	001444	231
庚寅年吉凶	中国民族图书馆	1218	000346	183
庚子	中国民族图书馆	61	000106	10
庚子年跟己丑日区	中国民族图书馆	1587	001592	239
古第	中国民族图书馆	870	001319	131
古第年五行贪巨九星日吉	中国民族图书馆	1404	000674	211
古第月正四年日时吉	中国民族图书馆	1405	000675	211
古老历史水书	中国民族图书馆	816	001264	123
鼓响书	中国民族图书馆	431	000856	65
关病	中国民族图书馆	211	000428	32
观歹瓦吉凶	中国民族图书馆	836	001285	126
官印	中国民族图书馆	961	001483	144
棺木	中国民族图书馆	102	000205	16
归路	中国民族图书馆	1259	000431	189
鬼怪反书	中国国家博物馆	22	水书 22	260
鬼名	中国民族图书馆	622	001051	94
癸丑年	中国民族图书馆	206	000401	31
癸丑年	中国民族图书馆	1547	001456	233

续表

汉文题名	收藏单位	本书序号	馆藏索书号	页码
癸丑年十月时凶	中国民族图书馆	913	001367	137
癸亥年	中国民族图书馆	1558	001467	235
癸亥年辛卯日贪	中国民族图书馆	595	001024	90
癸卯年	中国民族图书馆	1539	001448	231
癸三癸吉三六凶	中国民族图书馆	748	001186	113
癸巳亥六年大吉	中国民族图书馆	657	001088	99
癸巳年	中国民族图书馆	1538	001447	231
癸未年	中国民族图书馆	1523	001432	229
癸寅巳夏未亥时	中国民族图书馆	361	000782	55
癸酉日卯辰时吉	中国民族图书馆	296	000576	45
癸酉年	中国民族图书馆	1514	001423	228
癸酉年	中国民族图书馆	1515	001424	228
癸中寅	中国民族图书馆	780	001228	118
还乔应用	中国民族图书馆	655	001085	99
海头	中国民族图书馆	1070	000088	161
亥卯未年	中国民族图书馆	214	000443	33
亥卯未年	中国民族图书馆	279	000556	42
亥卯未年	清华大学图书馆	1	1	263
亥卯未年冬三月	中国民族图书馆	217	000446	33
亥三时壬癸凶	中国民族图书馆	1568	001573	236
亥时	中国民族图书馆	760	001198	115
亥未申	中国国家图书馆	7	shui7	252
亥子	中国民族图书馆	1497	001397	225
亥子丑年	中国民族图书馆	251	000525	38
亥子丑年	中国民族图书馆	996	001518	150
亥子吉	中国民族图书馆	1498	001398	225
亥子书	中国民族图书馆	1283	000481	193
亥子凶	中国民族图书馆	1499	001399	225
汉书批解	中央民族大学民族博物馆	17	ZM08223	245
行月	中国民族图书馆	415	000840	63
黑书放鬼返鬼用年月日时方	中国民族图书馆	1366	000636	205
黑书吉日时	中国民族图书馆	1458	000730	219
花红字	中国民族图书馆	1300	000498	196
花甲生人	中国民族图书馆	47	000048	8
化命甲子 六卷吉（算命推八字书）	中国民族图书馆	1052	000070	158
欢书 九卷凶	中国民族图书馆	1059	000077	159

续表

汉文题名	收藏单位	本书序号	馆藏索书号	页码
缓坎	中国民族图书馆	822	001271	124
缓坎	中国民族图书馆	823	001272	124
缓坎	中国民族图书馆	824	001273	124
黄历	中国民族图书馆	1594	001599	240
黄历	中国民族图书馆	1599	001604	241
黄历丁巳年宿土房日	中国民族图书馆	1597	001602	240
婚姻	中国民族图书馆	93	000193	15
婚姻秘诀	中国民族图书馆	78	000140	12
火第一丙寅己乙酉庚午日凶	中国民族图书馆	395	000816	60
吉	中国民族图书馆	1482	001211	223
吉日利时	中国民族图书馆	1262	000434	190
吉时禁忌知识	中国民族图书馆	1141	000189	172
吉时凶	中国民族图书馆	717	001150	108
吉书	中国民族图书馆	359	000780	54
吉书	中国民族图书馆	895	001349	135
吉星便览	中国民族图书馆	152	000320	23
吉凶	中国民族图书馆	1177	000254	177
吉凶 十一卷	中国民族图书馆	1061	000079	160
吉凶时	中国民族图书馆	884	001338	133
吉凶应用忌日一卷	中国民族图书馆	785	001233	118
集避凶神各在其类	中国民族图书馆	353	000774	53
几样时用	中国民族图书馆	939	001402	141
己丑年	中国民族图书馆	1533	001442	231
己丑年	中国民族图书馆	1534	001443	231
己丑日	中国民族图书馆	645	001074	98
己卯年	中国民族图书馆	1549	001458	233
己巳年	中国民族图书馆	728	001164	110
己巳年	中国民族图书馆	1510	001419	227
己未年	中国民族图书馆	1554	001463	234
己未年四金	中国民族图书馆	475	000900	72
己酉年	中国民族图书馆	1543	001452	232
计反书	中国民族图书馆	636	001065	96
计开	中国民族图书馆	568	000997	86
忌各项日凶	中国民族图书馆	234	000469	36
忌砍牛	中国民族图书馆	1153	000230	173
忌砍牛	中国民族图书馆	1301	000499	196

续表

汉文题名	收藏单位	本书序号	馆藏索书号	页码
忌入棺安葬出柩山外停等吉凶日时	中国民族图书馆	255	000531	39
忌杀牛敬祖公	中国民族图书馆	1116	000155	168
忌杀师	中国民族图书馆	881	001335	133
忌时入棺	中国民族图书馆	1246	000411	187
忌死同宫	中国民族图书馆	1585	001590	239
祭解	中国民族图书馆	680	001111	103
祭用方凶	中国民族图书馆	730	001166	110
甲■壬子年	中国民族图书馆	938	001401	141
甲丙戊	中国民族图书馆	853	001302	128
甲丙戊庚壬子年	中国民族图书馆	15	000015	3
甲辰	中国民族图书馆	930	001385	140
甲辰年	中国民族图书馆	291	000571	44
甲辰年	中国民族图书馆	1159	000236	174
甲辰年	中国民族图书馆	1162	000239	175
甲辰年	中国民族图书馆	1540	001449	232
甲庚癸年	中国民族图书馆	385	000806	58
甲庚癸年丙丁壬日吉	清华大学图书馆	5	11	263
甲庚癸年丙壬丁■吉	中国国家博物馆	8	水书 8	258
甲庚癸年丙壬丁日	中国民族图书馆	868	001317	131
甲己	中国民族图书馆	1574	001579	237
甲己丙壬字（龙绞书）	中国民族图书馆	502	000929	76
甲己丙寅	中国民族图书馆	498	000925	75
甲己丙庚六卷	中国民族图书馆	1053	000071	158
甲己丙寅	中国民族图书馆	1166	000243	175
甲己丙寅	中国民族图书馆	1192	000272	179
甲己丙寅	中国民族图书馆	1206	000288	181
甲己丙寅错	中国民族图书馆	10	000010	2
甲己丙寅错	中国民族图书馆	1503	001412	226
甲己丑丙辛丙寅九忌未方巳	中国民族图书馆	250	000524	38
甲己丁壬戊癸	中国民族图书馆	273	000549	41
甲己丁壬戌癸	中国民族图书馆	469	000894	71
甲己甲子时	中国民族图书馆	1287	000485	194
甲己九	中国民族图书馆	467	000892	71
甲己九吉辰方	中国民族图书馆	948	001470	143
甲己九吉未方	中国民族图书馆	1566	001571	236
甲己九忌未方	中国民族图书馆	473	000898	72

续表

汉文题名	收藏单位	本书序号	馆藏索书号	页码
甲己九年	中国民族图书馆	388	000809	59
甲己九年	中国民族图书馆	140	000308	22
甲己九破未方	中国民族图书馆	606	001035	92
甲己九未方凶	中国民族图书馆	749	001187	113
甲己九未方贪吉凶	中央民族大学中国少数民族语言研究院	2	2	249
甲己九未	中国民族图书馆	963	001485	145
甲己九月辰忌	中国民族图书馆	1504	001413	226
甲己年	中国民族图书馆	11	000011	2
甲己九月未方	中国民族图书馆	1211	000338	182
甲己九月未方	中国民族图书馆	1239	000404	186
甲己九月未方	中国民族图书馆	1268	000440	191
甲己九月未方己	中国民族图书馆	1235	000368	186
甲己年	中国民族图书馆	404	000829	61
甲己年	中国民族图书馆	967	001489	145
甲己年丙壬十二火凶	中国民族图书馆	62	000107	10
甲己年	中国民族图书馆	11	000011	2
甲己年丙寅	中国民族图书馆	42	000043	7
甲己年丙寅	中国民族图书馆	293	000573	44
甲己年丙寅方	中国民族图书馆	123	000279	19
甲己年九未方贪	中国民族图书馆	527	000956	80
甲己年九月未方	中国民族图书馆	184	000378	28
甲己年丙寅日	中国民族图书馆	44	000045	7
甲己年九月未方	中国民族图书馆	1117	000156	168
甲己年九月未方	中国民族图书馆	1129	000169	170
甲己年九月未方	中国民族图书馆	1175	000252	177
甲己年九月未方	中国民族图书馆	1185	000263	178
甲己年九月未方	中国民族图书馆	1201	000283	181
甲己年七元吉凶	中国民族图书馆	1341	000610	202
甲己年壬辰日棺	中国国家图书馆	29	shui29	255
甲己年贪	中国民族图书馆	1269	000441	191
甲己年乙亥	中国民族图书馆	852	001301	128
甲己年葬事 卷三	中国民族图书馆	461	000886	70
甲己生年	中国民族图书馆	1091	000113	164
甲己日甲子时	中国民族图书馆	805	001253	121
甲己乙本	中国民族图书馆	739	001175	111

续表

汉文题名	收藏单位	本书序号	馆藏索书号	页码
甲己寅卯	中国民族图书馆	566	000995	86
甲己子年未方凶	中国民族图书馆	570	000999	86
甲记九云大	中国民族图书馆	354	000775	54
甲金堂	中国民族图书馆	794	001242	120
甲申年	中国民族图书馆	20	000020	4
甲申年	中国民族图书馆	1524	001433	229
甲己戌辰方	中国民族图书馆	825	001274	124
甲己乙年	中国民族图书馆	470	000895	71
甲己又年	中国民族图书馆	376	000797	57
甲己正七	中国民族图书馆	350	000771	53
甲巳丙寅	中国民族图书馆	793	001241	120
甲巳九未方巳月	中国民族图书馆	192	000386	29
甲巳九月未方	中国民族图书馆	352	000773	53
甲巳九月未方巳	中国民族图书馆	1314	000512	198
甲巳九月未方凶	中国民族图书馆	29	000029	5
甲巳年	中国民族图书馆	121	000265	19
甲巳年	中国民族图书馆	320	000741	48
甲巳年	中国民族图书馆	590	001019	89
甲巳年	中国民族图书馆	1463	000740	220
甲巳年	中央民族大学中国少数民族语言研究院	5	5	250
甲巳年	中国国家图书馆	27	shui27	255
甲巳年九	中国民族图书馆	430	000855	65
甲巳年九月	中国民族图书馆	110	000213	17
甲巳年九月时未方	中国民族图书馆	695	001126	105
甲巳年贪	中国民族图书馆	216	000445	33
甲巳年未方	中国民族图书馆	479	000904	73
甲巳年正戌日正巳日凶	中国民族图书馆	602	001031	91
甲巳日甲子日九时	中国民族图书馆	617	001046	93
甲巳日甲子时	中国民族图书馆	807	001255	122
甲五寅	中国民族图书馆	662	001093	100
甲午年——癸亥年三十年吉日要册	中国民族图书馆	1443	000715	217
甲午年■破	中国民族图书馆	607	001036	92
甲戊时	中国民族图书馆	448	000873	68
甲戌年	中国民族图书馆	1516	001425	228
甲戌年订	中国民族图书馆	89	000188	14

续表

汉文题名	收藏单位	本书序号	馆藏索书号	页码
甲戌乙亥	中国民族图书馆	808	001256	122
甲要己金堂	中国民族图书馆	952	001474	143
甲乙年巨弼	中国民族图书馆	799	001247	120
甲乙年酉戌日	中国民族图书馆	390	000811	59
甲乙年酉戌日	中国民族图书馆	505	000934	77
甲乙日子时	中国民族图书馆	421	000846	64
甲乙寅卯时日	中国民族图书馆	753	001191	113
甲寅年	中国民族图书馆	1548	001457	233
甲寅凶	中国民族图书馆	327	000748	49
甲子	中国民族图书馆	436	000861	66
甲子	中国民族图书馆	663	001094	100
甲子文第二辛未年吉	中国民族图书馆	544	000973	82
甲子丙寅	中国民族图书馆	928	001383	140
甲子辰年	中国民族图书馆	202	000397	31
甲子辰年	中国民族图书馆	268	000544	41
甲子辰年	中国民族图书馆	315	000735	48
甲子辰年	中国民族图书馆	481	000906	73
甲子辰年	中国民族图书馆	488	000914	74
甲子辰年	中国民族图书馆	541	000970	82
甲子丁寅方时	中国国家博物馆	7	水书 7	258
甲子二八碑	中国民族图书馆	635	001064	96
甲子放■	中国民族图书馆	847	001296	128
甲子——癸巳三十年七元吉日	中国民族图书馆	1444	000716	217
甲子计本	中国民族图书馆	700	001132	106
甲子甲巳	中国民族图书馆	561	000990	85
甲子金年	中国民族图书馆	347	000768	52
甲子金年	中国国家博物馆	3	水书 3	257
甲子年	中国民族图书馆	252	000526	38
甲子年	中国民族图书馆	303	000583	46
甲子年	中国民族图书馆	510	000939	77
甲子年	中国民族图书馆	513	000942	78
甲子年	中国民族图书馆	589	001018	89
甲子年	中国民族图书馆	1178	000255	177
甲子年	中国民族图书馆	1505	001414	226
甲子年	中国民族图书馆	1578	001583	238
甲子年八贪吉	中国民族图书馆	74	000127	12

续表

汉文题名	收藏单位	本书序号	馆藏索书号	页码
甲子年丑寅未申方吉	中国民族图书馆	43	000044	7
甲子年丁卯己未	中国民族图书馆	357	000778	54
甲子年癸卯贪	中国民族图书馆	773	001221	117
甲子年吉　之三	中国民族图书馆	1480	001209	222
甲子年甲寅日	中国国家博物馆	10	水书 10	258
甲子年金	中国民族图书馆	160	000328	25
甲子年九未方	中国民族图书馆	333	000754	50
甲子年日	中国民族图书馆	758	001196	114
甲子年贪	中国民族图书馆	25	000025	4
甲子年贪	中国民族图书馆	111	000214	17
甲子年贪	中国民族图书馆	383	000804	58
甲子年贪	中国民族图书馆	452	000877	68
甲子年贪	中国民族图书馆	472	000897	71
甲子年贪	中国民族图书馆	673	001104	102
甲子年贪	中国民族图书馆	721	001156	109
甲子年贪狼	中国民族图书馆	1011	001533	152
甲子年贪正七	中国民族图书馆	24	000024	4
甲子年文地三六文	中国民族图书馆	379	000800	57
甲子年五九分大吉	中国民族图书馆	143	000311	22
甲子年用男女■吉	中国民族图书馆	173	000363	26
甲子年正乙亥日辅甲辰日吉	中国国家博物馆	6	水书 6	258
甲子日■■未	中国民族图书馆	933	001388	140
甲子日鬼小	中国民族图书馆	921	001376	139
甲子日金	中国民族图书馆	1139	000179	171
甲子日金	中国民族图书馆	117	000222	18
甲子日金	中国民族图书馆	1157	000234	174
甲子日时	中国民族图书馆	585	001014	89
甲子日选择用	中国民族图书馆	87	000186	14
甲子日用太公门口也用吉日	中国民族图书馆	1209	000305	182
甲子时	中国民族图书馆	629	001058	95
甲子时	中国民族图书馆	1128	000168	170
甲子巳申方册	中国民族图书馆	84	000183	13
甲子贪	中国民族图书馆	468	000893	71
甲子贪吉	中国民族图书馆	345	000766	52
甲子贪甲子文甲子破日吉十二年第日吉	中国民族图书馆	1427	000699	214

续表

汉文题名	收藏单位	本书序号	馆藏索书号	页码
甲子贪九吉	中国民族图书馆	1039	001562	156
甲子贪巨	中国民族图书馆	1471	000933	221
甲子贪狼年	中国民族图书馆	972	001494	146
甲子贪宜时吉	中国民族图书馆	39	000040	6
甲子贪正七九贪	中国民族图书馆	603	001032	91
甲子贪子午卯酉年（测日书）	中国民族图书馆	49	000050	8
甲子——戊辰二十五年七元吉日	中国民族图书馆	1447	000719	217
甲子凶	中国民族图书馆	1087	000108	163
甲子凶初一六十凶	中国民族图书馆	64	000117	10
甲子一丑金日	中国民族图书馆	896	001350	135
甲子乙丑	中国民族图书馆	328	000749	50
甲子乙丑■吉	中国民族图书馆	1111	000150	167
甲子乙丑吉	清华大学图书馆	10	80	264
甲子乙丑金	中国民族图书馆	13	000013	3
甲子乙丑金	中国民族图书馆	767	001215	116
甲子乙丑金（安葬测时书）	中国民族图书馆	33	000034	6
甲子乙丑金吉年	中国民族图书馆	413	000838	63
甲子乙丑金年	中国民族图书馆	966	001488	145
甲子乙丑金年（用好事书）	中国民族图书馆	26	000026	4
甲子乙丑金时吉	中国民族图书馆	23	000023	4
甲子乙丑壬戌年	中国民族图书馆	1179	000256	177
甲子乙丑土金	中国民族图书馆	490	000916	74
甲子乙五金水	中国民族图书馆	1579	001584	238
嫁娶吉凶日	中国民族图书馆	451	000876	68
嫁娶吉凶日时	中国民族图书馆	314	000678	48
嫁娶通用吉凶	中国民族图书馆	704	001136	106
嫁娶通用吉凶	中国民族图书馆	729	001165	110
嫁娶择日	中国民族图书馆	638	001067	97
剪背带用娘娘吉日凶日	中国民族图书馆	1317	000530	198
简明适用算	中国民族图书馆	894	001348	135
接寡妇吉凶	中国民族图书馆	208	000425	32
接寡婆取日	中国民族图书馆	592	001021	90
接婚吉日	中国民族图书馆	817	001265	123
接亲	中国民族图书馆	231	000466	35
接亲	中国民族图书馆	346	000767	52
接亲	中国民族图书馆	954	001476	143

续表

汉文题名	收藏单位	本书序号	馆藏索书号	页码
接亲本	中国民族图书馆	809	001257	122
接亲吉凶	中国民族图书馆	899	001353	135
接亲吉凶　四卷吉	中国民族图书馆	1049	000067	158
接亲起房造屋用	中国民族图书馆	393	000814	59
接亲事	中国民族图书馆	455	000880	69
接亲字	中国民族图书馆	406	000831	61
结婚嫁娶宜用	中国民族图书馆	1289	000487	194
解而吉	中国民族图书馆	6	00006	1
金木水火土	中国民族图书馆	272	000548	41
金木水火土	中国民族图书馆	307	000587	46
金木水火土	中国民族图书馆	335	000756	51
金木水火土丙	中国民族图书馆	1476	001205	222
金木水火土年 十干年 三合年日时方吉	中国民族图书馆	1390	000660	209
金年火	中国民族图书馆	865	001314	130
金堂	中国民族图书馆	1001	001523	150
金堂大旺点提	中国民族图书馆	843	001292	127
九八吉	中国民族图书馆	1501	001404	225
九八吉	中国国家博物馆	26	水书 26	261
九翻	中国民族图书馆	1107	000146	167
九翻	中国民族图书馆	1126	000166	169
九翻	中国民族图书馆	1298	000496	195
九反后凶	中国民族图书馆	707	001139	107
九分九高（埋葬大吉）	中央民族大学民族博物馆	4	ZM08210	243
九分九高（埋葬大吉）	中央民族大学民族博物馆	31	ZM08237	247
九高	中国民族图书馆	1002	001524	151
九火	中国民族图书馆	554	000983	84
九火凶	中国民族图书馆	720	001154	109
九吉	中国民族图书馆	642	001071	97
九己元	中国民族图书馆	787	001235	119
九己元	中国民族图书馆	810	001258	122
九忌	中国民族图书馆	1073	000091	161
九忌吉	中国民族图书馆	156	000324	24
九忌吉	中国民族图书馆	1413	000685	212
九甲己	中国民族图书馆	970	001492	146
九墓	中国民族图书馆	1583	001588	238

续表

汉文题名	收藏单位	本书序号	馆藏索书号	页码
九耙	中国民族图书馆	240	000514	36
九穷	中国民族图书馆	1034	001556	155
九巳则屠六十年安葬大凶	中国民族图书馆	659	001090	100
九未十寅十一酉十二未日女士蝠	中国民族图书馆	449	000874	68
九星放歌	中国民族图书馆	956	001478	144
居古短	中国民族图书馆	45	000046	7
开大吉用事	中国民族图书馆	366	000787	55
开亥子	中国民族图书馆	1280	000478	193
开丧吉用	中国民族图书馆	726	001162	109
开丧路安葬吉凶日时	中国民族图书馆	56	000057	9
开山吉	中国民族图书馆	27	000027	5
开山吉 十卷	中国民族图书馆	1060	000078	159
开山吉凶	中国民族图书馆	733	001169	111
开山吉凶日	中国民族图书馆	1337	000606	201
砍七煞	中国民族图书馆	1274	000460	192
看病法吉凶	中国民族图书馆	867	001316	131
看方吉凶	中国民族图书馆	1189	000269	179
看方吉凶	中国民族图书馆	1193	000273	179
看方时用	中国民族图书馆	631	001060	96
看改保福	中国民族图书馆	1027	001549	154
看公正看五寅	中国民族图书馆	1228	000359	185
看日起屋吉凶	中国民族图书馆	249	000523	38
看日用神本	中国民族图书馆	1267	000439	191
看生年用	中国民族图书馆	1261	000433	190
看用保福	中国民族图书馆	1580	001585	238
尅金用吉凶万年书	中国民族图书馆	363	000784	55
腊斗	中国民族图书馆	1466	000822	220
浪九	中国民族图书馆	1472	001084	221
礼仪道作	中国民族图书馆	330	000751	50
历法	中国国家图书馆	24	shui24	254
历书	中国民族图书馆	403	000828	61
历书	中国民族图书馆	643	001072	97
历书	中国民族图书馆	666	001097	101
立房	中国民族图书馆	232	000467	35
立房接亲书	中国民族图书馆	874	001328	132
立房期日	中国民族图书馆	1592	001597	240

续表

汉文题名	收藏单位	本书序号	馆藏索书号	页码
立房书	中国民族图书馆	1101	000137	166
·立房书	中国民族图书馆	81	000160	13
立房宜看吉凶	中国民族图书馆	91	000191	14
连男连女在内	中国民族图书馆	696	001127	105
廉贪破巨武禄吉	中国国家博物馆	20	水书 20	260
林散掌	中国民族图书馆	1603	001608	241
临时便用	中国民族图书馆	1105	000144	166
临时便用	中国民族图书馆	1127	000167	170
临时便用	中国民族图书馆	1299	000497	195
灵吉通知	中国民族图书馆	535	000964	81
留立	中国民族图书馆	609	001038	92
六宫	中国民族图书馆	1190	000270	179
六宫	中国民族图书馆	788	001236	119
六宫吉凶日时	中国民族图书馆	1418	000690	213
六宫忌日时凶	中国民族图书馆	1353	000622	203
六宫廿四山忌日六宫对冲年七元吉凶时	中国民族图书馆	1359	000629	204
六宫凶日 六十年吉日六甲——癸吉日	中国民族图书馆	1372	000642	206
六连封占	中国民族图书馆	375	000796	57
六连用小王	中国国家博物馆	27	水书 27	261
六龙宫掌	中国民族图书馆	1609	001614	242
六年甲申子辰	中国民族图书馆	411	000836	62
六年甲子辰寅午戌六年	中国民族图书馆	1393	000663	209
六日二时凶	中国民族图书馆	408	000833	62
六十二壬寅壬子日寅申卯时	中国民族图书馆	526	000955	80
六十花甲纳音	中国民族图书馆	1007	001529	151
六十甲子	中国民族图书馆	338	000759	51
六十甲子	中国民族图书馆	364	000785	55
六十甲子	中国民族图书馆	516	000945	78
六十甲子	中国民族图书馆	524	000953	79
六十甲子	中国民族图书馆	537	000966	81
六十甲子	中国民族图书馆	782	001230	118
六十甲子	中国民族图书馆	819	001268	123
六十甲子	中国民族图书馆	876	001330	132
六十甲子	中国民族图书馆	885	001339	133
六十甲子	中国民族图书馆	892	001346	134

续表

汉文题名	收藏单位	本书序号	馆藏索书号	页码
六十甲子	中国民族图书馆	1040	001563	156
六十甲子八贪土吉	中国民族图书馆	1370	000640	206
六十甲子八贪土吉	中国民族图书馆	1398	000668	210
六十甲子吉凶	中国民族图书馆	1022	001544	154
六十甲子男女吉凶	中国民族图书馆	1025	001547	154
六十甲子年吉凶日	中国民族图书馆	1362	000632	205
六十甲子通书	中国民族图书馆	779	001227	118
六十甲子五行	中国民族图书馆	992	001514	149
六十年安葬吉日方	中国民族图书馆	955	001477	144
六十年古第日吉	中国民族图书馆	1407	000679	211
六十年吉日	中国民族图书馆	1333	000602	200
六十年吉日	中国民族图书馆	1439	000711	216
六十年吉日	中国民族图书馆	1450	000722	218
六十年吉日六甲——癸山凶日	中国民族图书馆	1371	000641	206
六十年吉日挡书	中国民族图书馆	1334	000603	201
六十年吉日方 五子年吉凶	中国民族图书馆	1429	000701	215
六十年吉日七第择用本	中国民族图书馆	935	001390	141
六十年吉凶方	中国民族图书馆	1014	001536	152
六十年埋葬吉凶	中国民族图书馆	1442	000714	217
六十年妙甲	中国民族图书馆	678	001109	102
六十年七元日吉	中国民族图书馆	1452	000724	218
六十年日吉十干年日凶	中国民族图书馆	1440	000712	216
六十年三贪三文三辅三武吉日	中国民族图书馆	1375	000645	207
六十年十天干年吉日	中国民族图书馆	1365	000635	205
六十年贪巨	中国民族图书馆	1309	000507	197
六十年通书	中国民族图书馆	380	000801	57
六十年通书	中国民族图书馆	802	001250	121
六十年元宿用日时言	中国民族图书馆	1386	000656	208
六十日吉凶	中国民族图书馆	1016	001538	153
六十日建房吉凶	中国民族图书馆	953	001475	143
六十时	中国民族图书馆	860	001309	130
六十未申吉	中国民族图书馆	564	000993	85
六十义朋六十友谤龙茭头五寅卷四	中国国家图书馆	16	shui16	253
六十引腊名	中国民族图书馆	684	001115	103
六十引腊名	中国民族图书馆	991	001513	149
六颂	中国民族图书馆	423	000848	64

续表

汉文题名	收藏单位	本书序号	馆藏索书号	页码
龙飞凤舞	中国民族图书馆	14	000014	3
龙飞七宫	中国民族图书馆	1562	001567	235
龙吉	中国民族图书馆	1064	000082	160
龙犬	中国民族图书馆	1068	000086	161
龙戏	中国民族图书馆	31	000031	5
漏尸山	中国民族图书馆	1074	000092	162
陆道根源	中国民族图书馆	698	001130	105
陆铎凶日	中国民族图书馆	856	001305	129
陆十花甲八贪	中国民族图书馆	432	000857	65
禄马	中国民族图书馆	1586	001591	239
禄马定生死吉凶图决	中国民族图书馆	223	000453	34
论本择日安葬与用吉利	中国民族图书馆	1197	000278	180
论本择与安葬与用神吉利	中国民族图书馆	1203	000285	181
论攻守	中国国家图书馆	2	shui2	251
论宫利年月日时	中国民族图书馆	650	001079	98
论年忌山安葬	中国民族图书馆	530	000959	80
论十二时生人寿	中国民族图书馆	247	000521	37
埋葬凶日时	中国民族图书馆	751	001189	113
买田吉	中央民族大学民族博物馆	21	ZM08227	246
买田吉	中央民族大学民族博物馆	29	ZM08235	247
卯辰巳方六十	中国民族图书馆	129	000295	20
卯酉年	中国民族图书馆	754	001192	114
卯子日时吉	中国民族图书馆	560	000989	85
门吉	中国民族图书馆	1216	000344	183
门品在中	中国民族图书馆	736	001172	111
门品在中	中国民族图书馆	740	001176	112
孟仲季月日时吉凶时	中国民族图书馆	1389	000659	209
孟仲季月四正三合年日时吉	中国民族图书馆	1433	000705	215
灭门	中国民族图书馆	1065	000083	160
莫先得	中国民族图书馆	984	001506	148
木年■吉	中国民族图书馆	83	000181	13
拿壮拿忌方	中国民族图书馆	1227	000358	185
男女吉	中国民族图书馆	63	000110	10
男女日吉	中国民族图书馆	1180	000257	178
能知吉凶（勾见）	中央民族大学民族博物馆	15	ZM08221	245
能知吉凶（勾见）	中央民族大学民族博物馆	22	ZM08228	246

续表

汉文题名	收藏单位	本书序号	馆藏索书号	页码
年方九星吉日	中国民族图书馆	1008	001530	152
年癸酉日	中国民族图书馆	1570	001575	236
年甲子金	中国民族图书馆	598	001027	91
年龄起宫掌	中国民族图书馆	1035	001557	156
年壬辰	中国民族图书馆	1182	000259	178
年乙丑金木■吉	中国民族图书馆	466	000891	70
年用男女日吉	中国民族图书馆	1222	000352	184
年用男女日用品	中国民族图书馆	1237	000402	186
年用年女日	中国民族图书馆	1215	000343	183
年月日凶	中国民族图书馆	427	000852	65
农历书乙酉年	中国民族图书馆	1600	001605	241
农事占卜	中国国家图书馆	9	shui9	252
暖樮挡门做桥挡大旺日时吉凶	中国民族图书馆	1420	000692	213
女士蝠甲子年贪正辅吉	中国国家博物馆	29	水书 29	261
耙造用	中国民族图书馆	940	001405	141
棚盆	中国民族图书馆	118	000223	18
破军六存年	中国民族图书馆	1041	001564	156
七元二十八宿	中国民族图书馆	872	001326	131
七元吉日	中国民族图书馆	1325	000594	199
七元吉日	中国民族图书馆	1454	000726	218
七元吉日	中国民族图书馆	1457	000729	219
七元吉凶日	中国民族图书馆	1338	000607	201
七元吉凶日	中国民族图书馆	1342	000611	202
七元吉凶日	中国民族图书馆	1345	000614	202
七元吉凶日方	中国民族图书馆	1335	000604	201
七元甲子	中国民族图书馆	1030	001552	155
七元甲子男女吉凶	中国民族图书馆	1024	001546	154
七元甲子年贪文破	中国民族图书馆	672	001103	102
其中有应	中国民族图书馆	735	001171	111
起房	中国民族图书馆	325	000746	49
起房书	中国民族图书馆	1487	001321	223
起房书 五卷吉	中国民族图书馆	1050	000068	158
起房讨	中国民族图书馆	454	000879	69
起房字	中国民族图书馆	689	001120	104
起月天罡	中国民族图书馆	555	000984	84
起造吉凶（立房书）	中国民族图书馆	37	000038	6

续表

汉文题名	收藏单位	本书序号	馆藏索书号	页码
起造吉凶（立房书）	中国民族图书馆	48	000049	8
起造通书	中国民族图书馆	1169	000246	176
起造通书	中国民族图书馆	213	000430	32
千年书	中国民族图书馆	146	000314	22
迁旧坟	中国民族图书馆	100	000202	16
钱送容戊忌	中国民族图书馆	676	001107	102
亲亲书日时吉凶	中国民族图书馆	17	000017	3
亲书	中国民族图书馆	641	001070	97
亲书便用（寸门）	中国民族图书馆	41	000042	7
青云得路	中央民族大学民族博物馆	18	ZM08224	245
青云得路（卷地）	中央民族大学民族博物馆	19	ZM08225	245
清黄家	中国民族图书馆	837	001286	126
求则得知	中国民族图书馆	456	000881	69
取房吉凶	中央民族大学中国少数民族语言研究院	1	1	249
取年生算金用吉凶克	中国民族图书馆	1090	000112	164
娶寡书	中国民族图书馆	165	000333	25
娶亲日吉凶	中国民族图书馆	336	000757	51
全年全月刊子午正七	中国民族图书馆	266	000542	40
全体大用	中央民族大学民族博物馆	11	ZM08217	244
全体大用	中央民族大学民族博物馆	24	ZM08230	246
人年八贪吉	中国民族图书馆	821	001270	124
壬辰	中国民族图书馆	838	001287	126
壬辰	中国民族图书馆	864	001313	130
壬辰	中国民族图书馆	1142	000199	172
壬辰	中国民族图书馆	1575	001580	237
壬辰■吉	中国民族图书馆	66	000119	10
壬辰大旺 八卷吉	中国民族图书馆	1056	000074	159
壬辰号订正	中国民族图书馆	311	000591	47
壬辰吉凶 八卷	中国民族图书馆	1057	000075	159
壬辰卷	中国民族图书馆	936	001391	141
壬辰遴选	中国民族图书馆	329	000750	50
壬辰木	中国民族图书馆	425	000850	64
壬辰年	中国民族图书馆	1537	001446	231
壬辰年盘心吉	中国民族图书馆	65	000118	10
壬辰年盘心吉	中国民族图书馆	435	000860	66

续表

汉文题名	收藏单位	本书序号	馆藏索书号	页码
壬辰日	中国民族图书馆	1320	000561	199
壬辰日吉	中国民族图书馆	70	000123	11
壬辰十二大吉	中国民族图书馆	1571	001576	236
壬辰十二大吉卷四	中国民族图书馆	832	001281	125
壬辰十二金水吉	中国民族图书馆	58	000059	9
壬辰贪	中国民族图书馆	539	000968	82
壬辰旺高降	中国民族图书馆	786	001234	119
壬辰凶吉	中国民族图书馆	69	000122	11
壬申	中国民族图书馆	1066	000084	160
壬申年	中国民族图书馆	1513	001422	227
壬未的定	中国民族图书馆	508	000937	77
壬未乾	中国民族图书馆	945	001410	142
壬午卯酉年	中国民族图书馆	1484	001213	223
壬午年	中国民族图书馆	1522	001431	229
壬午时破	中国民族图书馆	1295	000493	195
壬戌年	中国民族图书馆	1168	000245	176
壬戌年	中国民族图书馆	1557	001466	234
壬寅已日	中国民族图书馆	399	000823	60
壬寅年	中国民族图书馆	1017	001539	153
壬寅年文	中国民族图书馆	997	001519	150
壬寅日	中国民族图书馆	588	001017	89
壬子	中国民族图书馆	727	001163	110
壬子年	中国民族图书馆	1546	001455	233
壬子年反书用日吉凶	中国民族图书馆	135	000301	21
日起时天干	中国民族图书馆	1564	001569	235
日上起日九星	中国民族图书馆	1589	001594	239
日上起时通吉凶	中国民族图书馆	1089	000111	164
日十时	中国民族图书馆	1170	000247	176
日时记土葬	中国民族图书馆	1204	000286	181
日时记葬	中国民族图书馆	1191	000271	179
日时忌用	中国民族图书馆	1213	000341	182
日时忌用	中国民族图书馆	1217	000345	183
日时通书凶吉分用	中国民族图书馆	218	000447	33
入棺忌日	中国民族图书馆	21	000021	4
塞事	中国民族图书馆	1122	000162	169
塞事	中国民族图书馆	1130	000170	170

续表

汉文题名	收藏单位	本书序号	馆藏索书号	页码
塞事	中国民族图书馆	1304	000502	196
三合年春夏秋冬吉日	中国民族图书馆	1329	000598	200
三合年第日吉	中国民族图书馆	1434	000706	215
三合年古第日时吉	中国民族图书馆	1374	000644	207
三合年吉凶日	中国民族图书馆	1350	000619	203
三合年甲己年凶日	中国民族图书馆	1379	000649	207
三合年拦门吉日	中国民族图书馆	1328	000597	200
三合年孟仲季月日方吉	中国民族图书馆	1431	000703	215
三合年孟仲季月日时方吉凶	中国民族图书馆	1409	000681	212
三合年七元吉日	中国民族图书馆	1330	000599	200
三合年七元吉日	中国民族图书馆	1357	000626	204
三合年七元吉日	中国民族图书馆	1363	000633	205
三合年七元吉日	中国民族图书馆	1369	000639	206
三合年日方吉日	中国民族图书馆	1451	000723	218
三合年日时方凶	中国民族图书馆	1400	000670	210
三合年四正月第贪日吉	中国民族图书馆	1426	000698	214
三合年四正月吉日时	中国民族图书馆	1419	000691	213
三合年凶日方	中国民族图书馆	1383	000653	208
三合年月日第凶	中国民族图书馆	1415	000687	213
三合年四正月日时凶	中国民族图书馆	313	000677	47
三合七元拦门用吉日时	中国民族图书馆	1332	000601	200
三合四正年 十天干吉日	中国民族图书馆	1358	000628	204
三合四正年古第日时吉	中国民族图书馆	1423	000695	214
三合四正年吉日 十干年凶日	中国民族图书馆	1373	000643	206
三合四正年吉日时方	中国民族图书馆	1377	000647	207
三合四正年吉凶日	中国民族图书馆	1351	000620	203
三合四正年孟仲季元宿吉凶日	中国民族图书馆	1381	000651	208
三合四正年孟仲季月吉凶	中国民族图书馆	1394	000664	209
三合四正年月孟仲季日方时吉	中国民族图书馆	1361	000631	205
三合四正年孟仲季月日时方吉	中国民族图书馆	1401	000671	211
三合四正年七元日时方凶	中国民族图书馆	1412	000684	212
三合四正年月日方时凶	中国民族图书馆	1456	000728	219
三合四正七元大旺吉日	中国民族图书馆	1367	000637	205
三合四正贪巨吉凶日	中国民族图书馆	1355	000624	204
三吉第丁丑日方凶	中国民族图书馆	957	001479	144
三教圣贤神位	中国民族图书馆	647	001076	98

续表

汉文题名	收藏单位	本书序号	馆藏索书号	页码
三壬本	中国民族图书馆	859	001308	129
丧事备要出棺入殓方时凶忌	中国民族图书馆	1492	001392	224
丧葬仪式	中国民族图书馆	639	001068	97
沙朋 三卷凶	中国民族图书馆	1048	000066	158
沙朋六十	中国民族图书馆	1086	000104	163
山吉锭本	中国民族图书馆	16	000016	3
山吉锭本	中国民族图书馆	30	000030	5
山落散忌	中国民族图书馆	493	000919	75
善书未申贪狼	中国民族图书馆	1488	001322	223
上元甲第一甲子	中国民族图书馆	1242	000407	187
上中下元六十甲子年贪巨吉日	中国民族图书馆	1376	000646	207
申寅午戌大吉	中国民族图书馆	1243	000408	187
申子	中国民族图书馆	562	000991	85
申子辰	中国民族图书馆	374	000795	56
申子辰	中国民族图书馆	424	000849	64
申子辰	中国民族图书馆	463	000888	70
申子辰	中国民族图书馆	1607	001612	242
申子辰吉	中国民族图书馆	412	000837	62
申子辰吉	中国民族图书馆	534	000963	81
申子辰吉书	中国民族图书馆	893	001347	134
申子辰九反亥卯未	中国民族图书馆	433	000858	65
申子辰年	中国民族图书馆	131	000297	20
申子辰年	中国民族图书馆	183	000377	28
申子辰年	中国民族图书馆	241	000515	37
申子辰年	中国民族图书馆	257	000533	39
申子辰年	中国民族图书馆	276	000553	42
申子辰年	中国民族图书馆	286	000566	43
申子辰年	中国民族图书馆	287	000567	43
申子辰年	中国民族图书馆	299	000579	45
申子辰年	中国民族图书馆	426	000851	64
申子辰年	中国民族图书馆	440	000865	67
申子辰年	中国民族图书馆	444	000869	67
申子辰年	中国民族图书馆	474	000899	72
申子辰年	中国民族图书馆	504	000932	76
申子辰年	中国民族图书馆	571	001000	86
申子辰年	中国民族图书馆	608	001037	92

续表

汉文题名	收藏单位	本书序号	馆藏索书号	页码
申子辰年	中国民族图书馆	610	001039	92
申子辰年	中国民族图书馆	632	001061	96
申子辰年	中国民族图书馆	668	001099	101
申子辰年	中国民族图书馆	688	001119	104
申子辰年	中国民族图书馆	934	001389	141
申子辰年	中国民族图书馆	946	001468	142
申子辰年	中国民族图书馆	965	001487	145
申子辰年	中国民族图书馆	1160	000237	175
申子辰年	中国民族图书馆	1231	000362	185
申子辰年	中国民族图书馆	1310	000508	197
申子辰年	中国民族图书馆	1315	000513	198
申子辰年	中国民族图书馆	1565	001570	236
申子辰年	中央民族大学中国少数民族语言研究院	4	4	249
申子辰年	中国国家图书馆	15	shui15	253
申子辰年	中国国家图书馆	25	shui25	254
申子辰年（接亲书）	中国民族图书馆	53	000054	9
申子辰年丙丁	中国民族图书馆	1462	000734	219
申子辰年丑午时吉	中国民族图书馆	1013	001535	152
申子辰年庚吉	中国民族图书馆	277	000554	42
申子辰年甲甲甲年女士蝠	中国国家博物馆	28	水书 28	261
申子辰年金人凶	中国民族图书馆	1023	001545	154
申子辰年日辛乙吉	中国民族图书馆	373	000794	56
申子辰年申日凶	中国民族图书馆	777	001225	117
申子辰年未方	中国民族图书馆	1044	000062	157
申子辰年未壬乙吉	中国民族图书馆	397	000818	60
申子辰年凶吉	中国民族图书馆	434	000859	66
申子辰年寅方吉	中国国家图书馆	12	shui12	252
申子辰年月吉凶	中国民族图书馆	1422	000694	214
申子辰年正酉大吉	中国民族图书馆	227	000458	34
申子辰年子日	中国民族图书馆	798	001246	120
申子辰未壬乙吉	中国民族图书馆	573	001002	87
申子未年	中国民族图书馆	396	000817	60
申子辰年吉	中国民族图书馆	484	000909	73
申子未年九日	中国民族图书馆	442	000867	67
生犯占解	中国民族图书馆	222	000452	34

续表

续表

汉文题名	收藏单位	本书序号	馆藏索书号	页码
时凶庚寅	中国民族图书馆	1093	000115	164
识凶释吉（别吉）	中央民族大学民族博物馆	3	ZM08209	243
识凶释吉（别吉）	中央民族大学民族博物馆	5	ZM08211	243
识凶释吉（别吉）	中央民族大学民族博物馆	23	ZM08229	246
事所先知	中央民族大学民族博物馆	14	ZM08220	245
事所先知	中央民族大学民族博物馆	27	ZM08233	247
释道书抄读	中国民族图书馆	941	001406	142
释道书抄书读	中国民族图书馆	942	001407	142
受业弟子姚阅读	中国民族图书馆	882	001336	133
书屋	中国民族图书馆	113	000217	17
书屋	中国民族图书馆	1109	000148	167
书屋	中国民族图书馆	1158	000235	174
术灵公	中国民族图书馆	633	001062	96
水煞木七年乙土鬼棺凶	中国民族图书馆	828	001277	125
水巨门廉贞	中国民族图书馆	1608	001613	242
水书	中国民族图书馆	1	000001	1
水书	中国民族图书馆	95	000195	15
水书	中国民族图书馆	124	000290	19
水书	中国民族图书馆	144	000312	22
水书	中国民族图书馆	200	000395	30
水书	中国民族图书馆	262	000538	40
水书	中国民族图书馆	264	000540	40
水书	中国民族图书馆	389	000810	59
水书	中国民族图书馆	494	000920	75
水书	中国民族图书馆	497	000924	75
水书	中国民族图书馆	549	000978	83
水书	中国民族图书馆	550	000979	83
水书	中国民族图书馆	667	001098	101
水书	中国民族图书馆	743	001179	112
水书	中国民族图书馆	1006	001528	151
水书	中国民族图书馆	1200	000282	180
水书	中国民族图书馆	1230	000361	185
水书	中国民族图书馆	1560	001565	235
水书	中央民族大学民族博物馆	35	ZM11789	248
水书	中央民族大学民族博物馆	36	ZM11790	248
水书	中央民族大学民族博物馆	37	ZM11791	248

续表

汉文题名	收藏单位	本书序号	馆藏索书号	页码
水书	中央民族大学民族博物馆	38	ZM11792	248
水书	中央民族大学民族博物馆	39	ZM11793	248
水书	中央民族大学民族博物馆	41	ZM11795	249
水书	中央民族大学民族博物馆	42	ZM11796	249
水书	中国国家图书馆	1	shui1	251
水书	中国国家图书馆	4	shui4	251
水书	中国国家图书馆	5	shui5	251
水书	中国国家图书馆	6	shui6	251
水书	中国国家图书馆	10	shui10	252
水书	中国国家图书馆	14	shui14	253
水书	中国国家图书馆	18	shui18	253
水书	中国国家图书馆	19	shui19	253
水书	中国国家图书馆	22	shui22	254
水书	中国国家图书馆	30	shui30	255
水书	中国国家图书馆	31	shui31	255
水书	中国国家图书馆	32	shui32	255
水书	中国国家图书馆	33	shui33	255
水书	中国国家图书馆	34	shui34	256
水书	中国国家图书馆	36	shui36	256
水书	中国国家图书馆	37	shui37	256
水书	中国国家博物馆	1	水书 1	257
水书	中国国家博物馆	2	水书 2	257
水书	中国国家博物馆	5	水书 5	257
水书	中国国家博物馆	11	水书 11	258
水书	中国国家博物馆	14	水书 14	259
水书	中国国家博物馆	15	水书 15	259
水书	中国国家博物馆	16	水书 16	259
水书	中国国家博物馆	17	水书 17	259
水书	中国国家博物馆	19	水书 19	260
水书	中国国家博物馆	21	水书 21	260
水书	中国国家博物馆	23	水书 23	260
水书	中国国家博物馆	30	水书 30	262
水书 七卷吉	中国民族图书馆	1054	000072	159
水书定桥本	中国民族图书馆	545	000974	83
水书吉	中国民族图书馆	820	001269	124
水书吉	中国民族图书馆	855	001304	129

续表

汉文题名	收藏单位	本书序号	馆藏索书号	页码
水书吉	中国民族图书馆	917	001371	138
水通在内有符扫鬼	中国民族图书馆	654	001083	99
顺逆行	中国民族图书馆	1072	000090	161
说项	中国民族图书馆	1067	000085	160
巳卯选择凶 卷二	中国民族图书馆	594	001023	90
巳午未年卯方	中国民族图书馆	918	001373	138
巳酉丑	中国民族图书馆	4	000004	1
巳酉丑年	中国民族图书馆	579	001008	88
巳酉丑年	中国民族图书馆	886	001340	133
四季六十甲子吉凶	中国民族图书馆	974	001496	146
四经透解	中国民族图书馆	649	001078	98
四书分金吉凶	中央民族大学民族博物馆	9	ZM08215	244
四正对冲年孟仲季月吉凶日	中国民族图书馆	1349	000618	203
四正年孟仲季月日方吉	中国民族图书馆	1446	000718	217
四正年孟仲季月日吉	中国民族图书馆	1411	000683	212
四正年正四七十月吉凶日	中国民族图书馆	1347	000616	202
四正三合古第日时方吉	中国民族图书馆	1397	000667	210
四正三合年吉日阴要阳要阴阳相合	中国民族图书馆	1378	000648	207
四正三合年吉凶日	中国民族图书馆	1326	000595	199
四正三合年吉凶日	中国民族图书馆	1354	000623	204
四正三合年孟仲季月古第日时吉	中国民族图书馆	1437	000709	216
四正三合年孟仲季月吉日时	中国民族图书馆	1424	000696	214
四正三合年孟仲季月吉凶日	中国民族图书馆	1360	000630	204
四正三合年孟仲季月吉凶日	中国民族图书馆	1382	000652	208
四正三合年孟仲季月日时吉	中国民族图书馆	1408	000680	212
四正三合年孟仲季月凶日	中国民族图书馆	1387	000657	208
四正三合年三合吉日	中国民族图书馆	1331	000600	200
四正三合年凶日	中国民族图书馆	1356	000625	204
四正三合年凶日	中国民族图书馆	1449	000721	218
四正三合年月第日时吉凶	中国民族图书馆	1414	000686	212
四正三合十干年第日方时吉	中国民族图书馆	1425	000697	214
送娘或送鬼	中国民族图书馆	646	001075	98
随时便用	中国民族图书馆	1003	001525	151
随时开	中国民族图书馆	1018	001540	153
岁次壬辰录	中国民族图书馆	378	000799	57
锁项	中国民族图书馆	813	001261	123

续表

汉文题名	收藏单位	本书序号	馆藏索书号	页码
贪百八	中国民族图书馆	1110	000149	167
贪百八	中国民族图书馆	1133	000173	171
贪百八	中国民族图书馆	1150	000227	173
贪百八	中国民族图书馆	1220	000350	183
贪百八	中国民族图书馆	1308	000506	197
贪百八吉利	中国民族图书馆	244	000518	37
贪吵都借	中国民族图书馆	1146	000219	172
贪吵都借	中国民族图书馆	1165	000242	175
贪吵都借	中国民族图书馆	1226	000357	184
贪典㡳书	中国民族图书馆	1288	000486	194
贪吉	中国民族图书馆	428	000853	65
贪巨	中央民族大学民族博物馆	2	ZM08208	243
贪巨	中央民族大学民族博物馆	32	ZM08238	247
贪巨海 九卷	中国民族图书馆	1058	000076	159
贪巨甲子	中国民族图书馆	600	001029	91
贪巨腊	中国民族图书馆	162	000330	25
贪巨六十庚甲	中国民族图书馆	1147	000224	173
贪巨六十年吉日	中国民族图书馆	1392	000662	209
贪狼	中国民族图书馆	107	000210	17
贪狼	中国民族图书馆	686	001117	104
贪狼	中国民族图书馆	1114	000153	168
贪狼（贪未申年宜贪）	中国民族图书馆	1132	000172	170
贪狼吉星	中央民族大学民族博物馆	20	ZM08226	246
贪狼吉星	中央民族大学民族博物馆	34	ZM11788	248
贪狼交媾吉凶	中国民族图书馆	308	000588	47
贪狼书吉凶定用	中国民族图书馆	157	000325	24
贪六十吉	中国民族图书馆	891	001345	134
贪六水元	中国民族图书馆	1004	001526	151
贪母	中国民族图书馆	1151	000228	173
贪母	中国民族图书馆	1313	000511	197
贪母六十金水未申	中国民族图书馆	1115	000154	168
贪母六十金水未申	中国民族图书馆	1134	000174	171
贪年吉	中国民族图书馆	1316	000527	198
贪四吉	中国民族图书馆	226	000457	34
贪四吉	中国民族图书馆	1275	000462	192
贪四用埋葬大吉吉	清华大学图书馆	6	20	263

续表

汉文题名	收藏单位	本书序号	馆藏索书号	页码
贪未申年宜贪	中国民族图书馆	1291	000489	194
贪五九	中国民族图书馆	1248	000413	188
贪五九吉	中国民族图书馆	233	000468	35
贪五株	中国民族图书馆	92	000192	14
贪武辅子金水	中国民族图书馆	1210	000337	182
探病忌企方位	中国民族图书馆	305	000585	46
探巨（探久）	中国民族图书馆	32	000032	5
探巨（探久）	中国民族图书馆	54	000055	9
探巨凶	中国民族图书馆	873	001327	131
探六连	中国民族图书馆	879	001333	132
堂华 五卷	中国民族图书馆	1051	000069	158
腾订蛋法	中国民族图书馆	640	001069	97
天干年定天干日吉凶	中国民族图书馆	947	001469	142
天杠白木	中国民族图书馆	577	001006	87
天年用	中国民族图书馆	841	001290	127
天时吉凶	中国民族图书馆	1604	001609	241
天元	中国民族图书馆	417	000842	63
通书	中国民族图书馆	150	000318	23
通书	中国民族图书馆	164	000332	25
通书	中国民族图书馆	166	000334	25
通书黄历乙巳年	中国民族图书馆	1596	001601	240
通书甲巳戌对方垦便用	中国民族图书馆	761	001199	115
通书看日起时吉凶吉	中国民族图书馆	911	001365	137
通书六十年望	中国民族图书馆	1485	001267	223
通书选用	中国民族图书馆	613	001042	93
通书宜看吉凶	中国民族图书馆	159	000327	24
通书有吉有凶	中国民族图书馆	242	000516	37
通选宜避凶神	中国民族图书馆	82	000180	13
通用	中国民族图书馆	85	000184	13
通用书凶吉	中国民族图书馆	512	000941	78
通用择日做菩砂萨	中国民族图书馆	569	000998	86
头生干起葬	中国民族图书馆	1083	000101	163
徒非亚移	中国民族图书馆	414	000839	63
土正癸丑月	中国民族图书馆	239	000475	36
推怪	中国民族图书馆	1120	000159	169
推怪	中国民族图书馆	1249	000414	188

续表

汉文题名	收藏单位	本书序号	馆藏索书号	页码
推怪	中国民族图书馆	1293	000491	194
退怪	中央民族大学民族博物馆	7	ZM08213	244
挖坟基用时吉	中国民族图书馆	283	000563	43
万古流传大吉	中国民族图书馆	419	000844	63
万年第六甲子年■	中国民族图书馆	139	000307	21
万年历	中国民族图书馆	789	001237	119
万年历	中国民族图书馆	988	001510	149
万年历	中国民族图书馆	1606	001611	242
万年历书	中国民族图书馆	1500	001403	225
万年书（六十年甲子）	中国民族图书馆	188	000382	29
万事不求人	中国民族图书馆	781	001229	118
万岁用	中国民族图书馆	86	000185	14
万岁用	中国民族图书馆	167	000335	26
万岁用	中国民族图书馆	839	001288	126
旺大田	中国民族图书馆	1590	001595	239
望八字命	中国民族图书馆	407	000832	62
望时	中国民族图书馆	326	000747	49
未申年正七贪	中国民族图书馆	130	000296	20
未申贪大吉	中国民族图书馆	1167	000244	176
未戌年丑方	中国民族图书馆	863	001312	130
文曲星三木	中国民族图书馆	778	001226	117
文武■■吉凶	中国民族图书馆	1256	000421	189
文言诗书	中国民族图书馆	1251	000416	188
文运通书	中央民族大学民族博物馆	13	ZM08219	244
文运通书（别吉读）	中央民族大学民族博物馆	26	ZM08232	246
文运通书（别吉读）	中央民族大学民族博物馆	40	ZM11794	248
问时吉凶	中国民族图书馆	923	001378	139
屋屋荒荒吉门	中国民族图书馆	900	001354	135
吴兴钓福应	中国民族图书馆	898	001352	135
五■生年月日时	中国民族图书馆	1255	000420	189
五虎凶破日吉	中国民族图书馆	73	000126	12
五仓米要开吊	中国民族图书馆	258	000534	39
五锤	中国民族图书馆	1038	001561	156
五行年二十八宿吉凶	中国民族图书馆	978	001500	147
五行贪巨九星日吉	中国民族图书馆	1403	000673	211
五虎但五虎把怕忌埋葬大凶	中国民族图书馆	400	000824	61

续表

汉文题名	收藏单位	本书序号	馆藏索书号	页码
五虎上下	中国民族图书馆	634	001063	96
五九吉	中国民族图书馆	1223	000354	184
五寅	中国民族图书馆	1076	000094	162
五寅回亥卯未	中国民族图书馆	1184	000261	178
五寅看日吉凶	中国民族图书馆	1236	000390	186
五寅 上下全集	中国民族图书馆	661	001092	100
五寅凶	中国国家图书馆	17	shui17	253
五子六十年古第贪巨日吉	中国民族图书馆	1395	000665	210
五子六十年吉日	中国民族图书馆	312	000627	47
五子六十年日时吉凶方	中国民族图书馆	1339	000608	201
五子年金木水火土年七元吉日	中国民族图书馆	1340	000609	201
五子年六十年吉日	中国民族图书馆	1324	000593	199
五子年贪巨吉日	中国民族图书馆	1352	000621	203
五子年月贪巨吉日	中国民族图书馆	1336	000605	201
午八年	中国民族图书馆	815	001263	123
午年寅方	中国民族图书馆	525	000954	80
午日勿第吉	中国民族图书馆	1475	001204	221
武禄	中国民族图书馆	1171	000248	176
武禄戌亥	中国民族图书馆	149	000317	23
武曲	中国民族图书馆	979	001501	147
戊辰年	中国民族图书馆	1509	001418	227
戊辰年二月立本记	中国民族图书馆	1010	001532	152
戊癸年甲寅日	清华大学图书馆	2	4	263
戊癸壬子癸亥时	中国民族图书馆	384	000805	58
戊申日壬辰日辰年	中国民族图书馆	302	000582	46
戊申巳酉丁己戊午日吉	中国民族图书馆	483	000908	73
戊子年	中国民族图书馆	1531	001440	230
戊子年	中国民族图书馆	1532	001441	230
戊午年	中国民族图书馆	1553	001462	234
戊子年（反书用日吉凶）	中国民族图书馆	134	000300	21
物知终始	中央民族大学民族博物馆	12	ZM08218	244
物知终始	中央民族大学民族博物馆	28	ZM08234	247
瞎眼山坎山	中国民族图书馆	1078	000096	162
闲宿	中国民族图书馆	925	001380	139
宪书通用	中国民族图书馆	625	001054	95
乡下通书	中国民族图书馆	88	000187	14

续表

汉文题名	收藏单位	本书序号	馆藏索书号	页码
乡下通书各看凶吉日	中国民族图书馆	154	000322	24
象吉通书夏至 卷二	中国民族图书馆	1467	000826	220
小儿关煞全本	中国民族图书馆	230	000465	35
小接头	中国民族图书馆	1477	001206	222
小子时	中国民族图书馆	811	001259	122
心月狐六■亥日吉	中国民族图书馆	1205	000287	181
辛丑年	中国民族图书馆	565	000994	86
辛亥年	中国民族图书馆	1545	001454	232
辛卯年	中国民族图书馆	1536	001445	231
辛巳年	中国民族图书馆	193	000387	29
辛巳年	中国民族图书馆	926	001381	139
辛巳年	中国民族图书馆	1521	001430	229
辛未年	中国民族图书馆	1512	001421	227
辛酉年	中国民族图书馆	501	000928	76
辛酉年	中国民族图书馆	1556	001465	234
新订崇正辟谬通书	中国民族图书馆	718	001152	108
新屋用日	中国民族图书馆	1282	000480	193
凶记开交	中国民族图书馆	323	000744	49
凶星忌埋葬起造嫁娶凶日时	中国民族图书馆	1416	000688	213
凶星忌日吉星日用	中国民族图书馆	1417	000689	213
凶星日六十日贪巨	中国民族图书馆	1343	000612	202
凶星凶第	中国民族图书馆	1438	000710	216
修桥歌诀	中国民族图书馆	172	000353	26
修造吉日	中国民族图书馆	989	001511	149
戌■忌午方	中国民族图书馆	186	000380	28
戌亥年五十一丑	中国民族图书馆	1229	000360	185
戌吉卷	中国民族图书馆	1322	000592	199
戌山忌午方	中国民族图书馆	103	000206	16
戌山忌午方	中国民族图书馆	1163	000240	175
戌山忌午辰丑	中国民族图书馆	1297	000495	195
戌山贪巨古	中国民族图书馆	800	001248	120
戌山贪巨古（姑夺凶）	中国民族图书馆	797	001245	120
戌午八未门	清华大学图书馆	7	47	264
许愿便用	中国民族图书馆	906	001360	136
选择吉日撮要别瓜贪百八	中国民族图书馆	1028	001550	155
选择吉日撮要别瓜井百八	中央民族大学民族博物馆	10	ZM08216	244

续表

汉文题名	收藏单位	本书序号	馆藏索书号	页码
阳顺阴逆	中国民族图书馆	38	000039	6
养贯	中国民族图书馆	675	001106	102
养胎绝	中国民族图书馆	1474	001129	221
姚学荣抄书	中国民族图书馆	888	001342	134
要用大吉好	中国民族图书馆	138	000306	21
也腊则斗六十	中国民族图书馆	1055	000073	159
也腊六十	中国民族图书馆	18	000018	3
一年生十二年（死）齐用大吉大利	中国民族图书馆	67	000120	11
一元甲子	中国民族图书馆	386	000807	58
壹本辅吉	中国民族图书馆	540	000969	82
宜看吉凶	中国民族图书馆	163	000331	25
宜看宿日	中国民族图书馆	763	001201	115
宜头五虎金巳元弟	中国民族图书馆	1080	000098	162
宜用时进亲吉	中国民族图书馆	757	001195	114
乙丑年	中国民族图书馆	377	000798	57
乙丑年	中国民族图书馆	1506	001415	226
乙丑年贪	中国民族图书馆	368	000789	56
乙丑年正四年酉日	中国民族图书馆	1582	001587	238
乙丑日	中国民族图书馆	511	000940	77
乙庚年	中国民族图书馆	1005	001527	151
乙亥年	中国民族图书馆	582	001011	88
乙亥年	中国民族图书馆	1517	001426	228
乙亥正三壬辰日卯时	中国民族图书馆	529	000958	80
乙卯年	中国民族图书馆	1550	001459	233
乙卯年反书吉凶择日	中国民族图书馆	1601	001606	241
乙卯年通书	中国民族图书馆	1033	001555	155
乙巳年	中国民族图书馆	1541	001450	232
乙未九吉	中国民族图书馆	664	001095	100
乙未辛亥乙亥日凶	中国民族图书馆	584	001013	88
乙未时	中国民族图书馆	578	001007	87
乙辛丁辰日	中国民族图书馆	795	001243	120
乙酉丑年	中国民族图书馆	288	000568	44
乙酉丑年	中国民族图书馆	439	000864	66
乙酉年	中国民族图书馆	1525	001434	229
乙酉年	中国民族图书馆	1526	001435	229
阴阳	中国民族图书馆	182	000376	28

续表

汉文题名	收藏单位	本书序号	馆藏索书号	页码
阴阳	中国民族图书馆	271	000547	41
阴阳	中国民族图书馆	1020	001542	153
阴阳歌语通书唱言	中国民族图书馆	583	001012	88
阴阳吉日	中国民族图书馆	1448	000720	217
阴阳论	中国民族图书馆	714	001147	108
阴阳顺逆	中国民族图书馆	575	001004	87
阴阳贪年	中国民族图书馆	521	000950	79
寅丑辰午甲庚方	中国民族图书馆	985	001507	148
寅丑辰午年甲庚方	中国民族图书馆	903	001357	136
寅丑一金可对必良	中国民族图书馆	1069	000087	161
寅亥年子寅方	中国民族图书馆	861	001310	130
寅卯方时	中国民族图书馆	706	001138	107
寅申巳亥年	中国民族图书馆	256	000532	39
寅申巳亥年	中国民族图书馆	445	000870	67
寅申巳亥年	中国民族图书馆	738	001174	111
寅申巳亥年	中国民族图书馆	844	001293	127
寅午辰日	中国民族图书馆	155	000323	24
寅午戌年	中国民族图书馆	221	000451	34
寅午戌年	中国民族图书馆	669	001100	101
寅午戌年	中国民族图书馆	752	001190	113
寅午戌日	中国民族图书馆	769	001217	116
寅午戌日玉	中国民族图书馆	830	001279	125
引腊六十	中国民族图书馆	920	001375	138
引蜡遁山爻	中国民族图书馆	1077	000095	162
应用庙鬼	中国民族图书馆	715	001148	108
用鬼凶日时方	中国民族图书馆	1391	000661	209
用天罡书开路	中国民族图书馆	766	001214	115
酉年巨凶	中国民族图书馆	420	000845	64
酉年卯	中国民族图书馆	995	001517	150
酉三九	中国民族图书馆	1483	001212	223
酉山屎金戌亥屎金	中国民族图书馆	322	000743	49
酉正贪戌正四亥正六吉时	中国民族图书馆	342	000763	52
又口贪用	中国民族图书馆	747	001185	113
于生十二年告终通书	中国民族图书馆	438	000863	66
玉匣七煞	中国民族图书馆	462	000887	70
杂忌	中国民族图书馆	1082	000100	163

续表

汉文题名	收藏单位	本书序号	馆藏索书号	页码
杂录吉凶日	中国民族图书馆	651	001080	99
杂书便用	中国民族图书馆	253	000528	38
葬事贫穷备要	中国民族图书馆	693	001124	105
造娶八■	中国民族图书馆	619	001048	94
造屋择用	中国民族图书馆	910	001364	137
则斗	中国民族图书馆	951	001473	143
则斗葬穹	中国民族图书馆	446	000871	67
则独	中国民族图书馆	495	000921	75
则头方穹	中国民族图书馆	731	001167	110
择道书	中国民族图书馆	862	001311	130
择吉	中国民族图书馆	975	001497	147
择吉紧要	中国民族图书馆	1318	000550	198
择日	中国民族图书馆	818	001266	123
择日便用	中国民族图书馆	1490	001324	224
择日时	中国民族图书馆	846	001295	127
择日书	中国民族图书馆	679	001110	103
择日通书	中国民族图书馆	1273	000459	191
择时书	中国民族图书馆	683	001114	103
增订返书流年用六十花甲	中国民族图书馆	1271	000449	191
增订返书流年用日时吉凶六十花甲	中国民族图书馆	1277	000473	192
增订流年看安葬老人择日用	中国民族图书馆	1272	000455	191
宅度六十大凶	中国民族图书馆	520	000949	79
宅哭宅旯宅死	中国民族图书馆	340	000761	51
占■收兵念用	中国民族图书馆	710	001142	107
占敖冬	中国民族图书馆	648	001077	98
占病起掌	中国民族图书馆	170	000347	26
占今哭日凶	中国民族图书馆	725	001161	109
占六宫官符忌	中国民族图书馆	652	001081	99
占送神日吉凶	中国民族图书馆	171	000349	26
占偷花六害	中国民族图书馆	708	001140	107
占推日吉凶全本通用	中国民族图书馆	719	001153	108
占推凶日时用吉	中国民族图书馆	142	000310	22
占推凶日时用吉时	中国民族图书馆	101	000203	16
占小儿忌初	中国民族图书馆	697	001128	105
占移锅唱	中国民族图书馆	656	001087	99
占转身用	中国民族图书馆	681	001112	103

续表

汉文题名	收藏单位	本书序号	馆藏索书号	页码
掌法大全	中国民族图书馆	880	001334	133
掌诀	中国民族图书馆	931	001386	140
掌诀（掌诀书）	中国民族图书馆	148	000316	23
掌诀(掌诀书)	中国民族图书馆	212	000429	32
掌诀(掌诀书)	中国民族图书馆	269	000545	41
掌诀宫	中国民族图书馆	22	000022	4
掌诀吉凶	中国民族图书馆	722	001158	109
掌诀书	中国民族图书馆	36	000037	6
砧匙用时吉凶	中国民族图书馆	932	001387	140
正丁七癸	中国民族图书馆	1465	000821	220
正二三年金	中国民族图书馆	120	000264	19
正七	中国民族图书馆	2	000002	1
正七	中国民族图书馆	35	000036	6
正七	中国民族图书馆	60	000105	10
正七	中国民族图书馆	416	000841	63
正七	中国民族图书馆	487	000913	74
正七	中国民族图书馆	519	000948	79
正七	中国民族图书馆	742	001178	112
正七	中国民族图书馆	783	001231	118
正七	中国民族图书馆	1042	000033	157
正七	中国民族图书馆	1098	000134	165
正七	中国民族图书馆	1323	000592-2	199
正七	中国民族图书馆	1493	001393	224
正七	中国民族图书馆	1577	001582	237
正七■亥甲日	中国民族图书馆	871	001325	131
正七戌吉	中国民族图书馆	1494	001394	224
正七白书	中国民族图书馆	1099	000135	165
正七本	中国民族图书馆	1561	001566	235
正七本登	中国民族图书馆	826	001275	124
正七辨证	中国民族图书馆	1572	001577	237
正七丑时■吉	中国民族图书馆	866	001315	130
正七庚甲	中国民族图书馆	151	000319	23
正七庚甲	中国民族图书馆	225	000456	34
正七庚甲	中国民族图书馆	339	000760	51
正七庚甲	中国民族图书馆	362	000783	55
正七庚甲	中国民族图书馆	367	000788	55

续表

汉文题名	收藏单位	本书序号	馆藏索书号	页码
正七庚甲	中国民族图书馆	533	000962	81
正七庚甲	中国民族图书馆	599	001028	91
正七庚甲	中国民族图书馆	699	001131	106
正七庚甲	中国民族图书馆	770	001218	116
正七庚甲	中国民族图书馆	890	001344	134
正七庚甲	中国民族图书馆	901	001355	136
正七庚甲	中国民族图书馆	909	001363	137
正七庚甲	中国民族图书馆	1183	000260	178
正七庚甲	中国民族图书馆	1186	000266	178
正七庚甲	中国民族图书馆	1207	000289	182
正七庚甲	中国民族图书馆	1399	000669	210
正七庚甲	中国国家图书馆	8	shui8	252
正七庚甲卷乙	中央民族大学中国少数民族语言研究院	3	3	249
正七庚甲六乙文	中国民族图书馆	1138	000178	171
正七庚甲年	中国民族图书馆	908	001362	137
正七庚甲日	中国民族图书馆	597	001026	90
正七庚甲时	中国民族图书馆	441	000866	67
正七庚甲子凶	中国民族图书馆	987	001509	148
正七庚寅方时	中国民族图书馆	254	000529	39
正七共本	中国民族图书馆	1602	001607	241
正七亥甲	中国民族图书馆	1321	000562	199
正七亥甲日	中国民族图书馆	827	001276	125
正七合解	中国民族图书馆	365	000786	55
正七巳择时（测时书）	中国民族图书馆	34	000035	6
正七朗读本（二）	中国民族图书馆	915	001369	138
正七朗读本（三）	中国民族图书馆	916	001370	138
正七连庚甲	中国民族图书馆	50	000051	8
正七连庚甲	中国民族图书馆	243	000517	37
正七连庚甲	中国民族图书馆	284	000564	43
正七连庚甲	中国民族图书馆	372	000793	56
正七连庚甲	中国民族图书馆	674	001105	102
正七连庚甲	中国民族图书馆	712	001145	107
正七连庚甲	中国民族图书馆	902	001356	136
正七连庚甲	中国民族图书馆	914	001368	138
正七连庚甲	中国民族图书馆	1000	001522	150

续表

汉文题名	收藏单位	本书序号	馆藏索书号	页码
正七连庚甲	中国民族图书馆	1502	001411	226
正七连庚甲	中国民族图书馆	1402	000672	211
正七连庚甲	中国民族图书馆	1598	001603	241
正七连庚甲 十三卷	中国民族图书馆	1063	000081	160
正七连庚甲卷二	中国民族图书馆	831	001280	125
正七六庚甲	中国民族图书馆	306	000586	46
正七秘旨	中国民族图书馆	292	000572	44
正七年贪吉	中国民族图书馆	99	000201	15
正七全本	中国民族图书馆	784	001232	118
正七日庚甲	中国民族图书馆	1396	000666	210
正七日忌	中国民族图书馆	1385	000655	208
正七上甲子	中国民族图书馆	1247	000412	188
正七贪	中国民族图书馆	391	000812	59
正七贪九未申方（当书）	中国民族图书馆	626	001055	95
正七戊寅日	中国民族图书馆	1155	000232	174
正七凶本	中国民族图书馆	1495	001395	224
正七凶本	中国民族图书馆	1496	001396	225
正七凶星	中国民族图书馆	270	000546	41
正四七	中国民族图书馆	90	000190	14
正四七十	中国民族图书馆	604	001033	91
正四七十	中国民族图书馆	614	001043	93
正四七十	中国民族图书馆	694	001125	105
正四七十	中国民族图书馆	732	001168	110
正四七十	中国民族图书馆	976	001498	147
正四七十廉子时癸丑时吉	中国民族图书馆	994	001516	149
正四七十上	中国民族图书馆	503	000931	76
正四七十上	中国民族图书馆	596	001025	90
正四七十上	中国民族图书馆	687	001118	104
正四七十上	中国民族图书馆	1194	000275	180
正四七十上贪	中国民族图书馆	215	000444	33
正四七十贪	中国民族图书馆	834	001283	126
正四七十下甲子贪乙丑年	中国民族图书馆	285	000565	43
正四七十下贪	中国民族图书馆	542	000971	82
正四七十酉方	中国民族图书馆	621	001050	94
正四七十月正五九月日时吉	中国民族图书馆	1344	000613	202
正四七贪	中国民族图书馆	776	001224	117

续表

汉文题名	收藏单位	本书序号	馆藏索书号	页码
正四七十上贪甲子	中国民族图书馆	321	000742	49
正文全集	中国民族图书馆	814	001262	123
正五九	中国民族图书馆	119	000262	18
正五九	中国民族图书馆	977	001499	147
正五九酉时	中国民族图书馆	1469	000922	221
正五九子日方	中国民族图书馆	1285	000483	193
正午二子三癸未	中国民族图书馆	153	000321	23
正辛亥日	中国民族图书馆	518	000947	78
正寅二戊三戊	中国民族图书馆	999	001521	150
正月初四日立用吉	中国民族图书馆	337	000758	51
正月戌狗	中国民族图书馆	409	000834	62
正子年	中国民族图书馆	1605	001610	242
正宗备妙	中国民族图书馆	402	000827	61
中甲子元	中国民族图书馆	382	000803	58
中元文第四一七上元	中国民族图书馆	317	000737	48
众忌	中国民族图书馆	1081	000099	163
逐月蚕田十二宫	中国民族图书馆	986	001508	148
子辰	中国民族图书馆	949	001471	143
子辰寅丑	中国民族图书馆	122	000274	19
子辰寅丑	中国民族图书馆	210	000427	32
子辰寅丑	中国民族图书馆	1181	000258	178
子丑	中国民族图书馆	611	001040	93
子丑	中国民族图书馆	1581	001586	238
子丑 之一	中国民族图书馆	1478	001207	222
子丑寅卯	中国民族图书馆	220	000450	33
子年鬼辰巳	中国民族图书馆	848	001297	128
子年八辅吉	中国民族图书馆	1254	000419	189
子年丑寅方	中国民族图书馆	791	001239	119
子年第一八戊申日	中国民族图书馆	401	000825	61
子年第一戊申■未方卯时	中国民族图书馆	499	000926	76
子年人凶	中国民族图书馆	922	001377	139
子年时午方三戊	中国民族图书馆	943	001408	142
子年——午年第一至七元吉日	中国民族图书馆	1445	000717	217
子年正戌	中国民族图书馆	553	000982	84
子年子八	中国民族图书馆	771	001219	116
子年子八日吉	中国民族图书馆	1279	000477	192

续表

汉文题名	收藏单位	本书序号	馆藏索书号	页码
子日■■十八人雨鬼	中国民族图书馆	349	000770	53
子申辰时子时己酉丑	中国国家博物馆	12	水书 12	259
子贪年八贪吉	中国民族图书馆	46	000047	8
子午卯年亥方	中国民族图书馆	458	000883	69
子午卯酉	中国民族图书馆	1174	000251	177
子午卯酉	中国民族图书馆	263	000539	40
子午卯酉	中国民族图书馆	450	000875	68
子午卯酉	中国民族图书馆	615	001044	93
子午卯酉	中国民族图书馆	851	001300	128
子午卯酉	中国民族图书馆	982	001504	148
子午卯酉	中国国家博物馆	9	水书 9	258
子午卯酉辰辰	中国民族图书馆	1108	000147	167
子午卯酉辰戌	中国民族图书馆	190	000384	29
子午卯酉丑方	中国民族图书馆	204	000399	31
子午卯酉等破坟贪	中国民族图书馆	1302	000500	196
子午卯酉亥则勒	中国民族图书馆	1118	000157	168
子午卯酉亥则勒	中国民族图书馆	1124	000164	169
子午卯酉吉	中国民族图书馆	298	000578	45
子午卯酉甲己	中国民族图书馆	464	000889	70
子午卯酉金吉	中国民族图书馆	125	000291	19
子午卯酉金龙	中国民族图书馆	1208	000302	182
子午卯酉快用日	中国民族图书馆	1106	000145	166
子午卯酉年	中国民族图书馆	106	000209	16
子午卯酉年	中国民族图书馆	112	000216	17
子午卯酉年	中国民族图书馆	147	000315	23
子午卯酉年	中国民族图书馆	176	000370	27
子午卯酉年	中国民族图书馆	178	000372	27
子午卯酉年	中国民族图书馆	196	000391	30
子午卯酉年	中国民族图书馆	197	000392	30
子午卯酉年	中国民族图书馆	1245	000410	187
子午卯酉年	中国民族图书馆	246	000520	37
子午卯酉年	中国民族图书馆	280	000557	42
子午卯酉年	中国民族图书馆	282	000559	43
子午卯酉年	中国民族图书馆	301	000581	46
子午卯酉年	中国民族图书馆	304	000584	46
子午卯酉年	中国民族图书馆	370	000791	56

续表

汉文题名	收藏单位	本书序号	馆藏索书号	页码
子午卯酉年	中国民族图书馆	387	000808	59
子午卯酉年	中国民族图书馆	394	000815	60
子午卯酉年	中国民族图书馆	447	000872	68
子午卯酉年	中国民族图书馆	453	000878	69
子午卯酉年	中国民族图书馆	465	000890	70
子午卯酉年	中国民族图书馆	485	000910	73
子午卯酉年	中国民族图书馆	492	000918	75
子午卯酉年	中国民族图书馆	500	000927	76
子午卯酉年	中国民族图书馆	514	000943	78
子午卯酉年	中国民族图书馆	522	000951	79
子午卯酉年	中国民族图书馆	523	000952	79
子午卯酉年	中国民族图书馆	548	000977	83
子午卯酉年	中国民族图书馆	587	001016	89
子午卯酉年	中国民族图书馆	601	001030	91
子午卯酉年	中国民族图书馆	605	001034	92
子午卯酉年	中国民族图书馆	616	001045	93
子午卯酉年	中国民族图书馆	628	001057	95
子午卯酉年	中国民族图书馆	644	001073	98
子午卯酉年	中国民族图书馆	703	001135	106
子午卯酉年	中国民族图书馆	723	001159	109
子午卯酉年	中国民族图书馆	741	001177	112
子午卯酉年	中国民族图书馆	746	001184	112
子午卯酉年	中国民族图书馆	759	001197	114
子午卯酉年	中国民族图书馆	768	001216	116
子午卯酉年	中国民族图书馆	772	001220	116
子午卯酉年	中国民族图书馆	883	001337	133
子午卯酉年	中国民族图书馆	969	001491	146
子午卯酉年	中国民族图书馆	981	001503	147
子午卯酉年	中国民族图书馆	1176	000253	177
子午卯酉年	中国民族图书馆	1195	000276	180
子午卯酉年	中国民族图书馆	1232	000364	185
子午卯酉年	中国民族图书馆	1234	000367	186
子午卯酉年	中国民族图书馆	1240	000405	186
子午卯酉年	中国民族图书馆	1241	000406	187
子午卯酉年	中国民族图书馆	1263	000435	190
子午卯酉年	中国国家博物馆	1584	001589	238

续表

汉文题名	收藏单位	本书序号	馆藏索书号	页码
子午卯酉年	中国国家博物馆	13	水书 13	259
子午卯酉年	中国国家博物馆	18	水书 18	260
子午卯酉年辰辰	中国民族图书馆	1131	000171	170
子午卯酉年丑方	中国民族图书馆	1294	000492	195
子午卯酉年丑未方	中国民族图书馆	1233	000365	185
子午卯酉年第一丙辰■	中国民族图书馆	1266	000438	190
子午卯酉年艮■■寅日	中国民族图书馆	437	000862	66
子午卯酉年癸酉方	中国国家图书馆	3	shui3	251
子午卯酉年亥	中国民族图书馆	187	000381	29
子午卯酉年亥丙	中国民族图书馆	209	000426	32
子午卯酉年亥方	中国民族图书馆	1257	000422	189
子午卯酉年亥亥	中国民族图书馆	185	000379	28
子午卯酉年亥亥	中国民族图书馆	1264	000436	190
子午卯酉年亥戌凶	中国民族图书馆	392	000813	59
子午卯酉年吉	中国民族图书馆	398	000819	60
子午卯酉年甲乙吉	中国民族图书馆	506	000935	77
子午卯酉年金水	中国民族图书馆	792	001240	119
子午卯酉年女士蝠卯吉	中国国家图书馆	11	shui11	252
子午卯酉年三贪	中国民族图书馆	486	000911	74
子午卯酉年生人	中国民族图书馆	133	000299	20
子午卯酉年贪	中国民族图书馆	180	000374	27
子午卯酉年贪	中国民族图书馆	203	000398	31
子午卯酉年贪文破	中国民族图书馆	532	000961	81
子午卯酉年探文破	中国民族图书馆	877	001331	132
子午卯酉年	中国民族图书馆	457	000882	69
子午卯酉年戌酉	中国民族图书馆	219	000448	33
子午卯酉年寅申方	中国民族图书馆	324	000745	49
子午卯酉年寅申亥未	中国民族图书馆	94	000194	15
子午卯酉年正四七甲乙辅吉	中国民族图书馆	175	000369	27
子午卯酉年正四七十	中国民族图书馆	316	000736	48
子午卯酉年正四七十甲乙辅富贵大吉	中国民族图书馆	1212	000339	182
子午卯酉年正四七十上	中国民族图书馆	116	000221	18
子午卯酉年正四七十上	中国民族图书馆	1198	000280	180
子午卯酉年正四七十下	中国民族图书馆	580	001009	88
子午卯酉年子未丑寅	中国民族图书馆	341	000762	52
子午卯酉破文贪阴阳	中国民族图书馆	1221	000351	184

续表

汉文题名	收藏单位	本书序号	馆藏索书号	页码
子午卯酉破文贪	中国民族图书馆	1164	000241	175
子午卯酉日甲乙	中国民族图书馆	1453	000725	218
子午卯酉土水水吉	中国民族图书馆	1021	001543	153
子午卯酉用三贪	中国民族图书馆	1305	000503	196
子午卯酉正四七十上	中国民族图书馆	1172	000249	176
子午年	中国民族图书馆	98	000198	15
子午年	中国民族图书馆	343	000764	52
子午年	中国民族图书馆	1253	000418	188
子午年	中国民族图书馆	1576	001581	237
子午年■酉方	中国民族图书馆	108	000211	17
子午年■酉方	中国民族图书馆	198	000393	30
子午年■酉方	中国民族图书馆	207	000424	32
子午年锤酉方	中国民族图书馆	181	000375	28
子午年锤酉方	中国民族图书馆	1265	000437	190
子午年锤酉方第	中国民族图书馆	371	000792	56
子午年锤酉方第日	清华大学图书馆	4	9	263
子午年第三戊戌日	中国民族图书馆	658	001089	100
子午年第乙酉方	中国民族图书馆	581	001010	88
子午年四十吉	中国民族图书馆	618	001047	94
子午年四正三合年月日方时凶	中国民族图书馆	1455	000727	218
子午年酉■方	中国民族图书馆	1125	000165	169
子午年酉方	中国民族图书馆	637	001066	96
子午年酉方第五巳酉日时	中国民族图书馆	1258	000423	189
子午年正七	中国民族图书馆	300	000580	45
子午年正七	中国民族图书馆	332	000753	50
子午年正七	中国民族图书馆	443	000868	67
子午年正七	中国民族图书馆	489	000915	74
子午年正七	中国民族图书馆	558	000987	85
子午年正七	中国民族图书馆	593	001022	90
子午年正七	中国民族图书馆	924	001379	139
子午年正七庚甲	中国民族图书馆	351	000772	53
子午年正七庚甲	中国民族图书馆	476	000901	72
子午年正七庚甲	中国民族图书馆	854	001303	129
子午日卯时	中国民族图书馆	543	000972	82
子午四十吉	中国民族图书馆	1088	000109	164
子午正七	中国民族图书馆	275	000552	42

续表

汉文题名	收藏单位	本书序号	馆藏索书号	页码
子午正七	中国民族图书馆	309	000589	47
子午正七	中国民族图书馆	310	000590	47
子午正七	中国民族图书馆	331	000752	50
子午正七	中国民族图书馆	348	000769	53
子午正七	中国民族图书馆	422	000847	64
子午正七庚甲	中国民族图书馆	480	000905	73
子午正七庚甲子甲庚午	中国民族图书馆	318	000738	48
子午正七亥甲	中国民族图书馆	1319	000560	198
子午正七己亥	中国民族图书馆	358	000779	54
子午正丁贪	中国民族图书馆	775	001223	117
子贪卯酉年三贪	中国民族图书馆	1468	000912	220
总择日吉凶	中国民族图书馆	224	000454	34
祖公太公用通精忌	中国民族图书馆	238	000474	36
祖中	中国民族图书馆	1567	001572	236
作交友讨账和合	中国民族图书馆	1421	000693	213
作当吉 十二卷吉	中国民族图书馆	1062	000080	160
坐黑	中国民族图书馆	764	001202	115
做当吉凶	中国民族图书馆	835	001284	126
做当以	中央民族大学民族博物馆	6	ZM08212	243
做当以	中央民族大学民族博物馆	33	ZM11787	247

附录二：汉文题名笔画索引

汉文题名	收藏单位	本书排序	馆藏索书号	页码
一元甲子	中国民族图书馆	386	000807	58
一年生十二年（死）齐用大吉大利	中国民族图书馆	67	000120	11
乙巳年	中国民族图书馆	1541	001450	232
乙丑日	中国民族图书馆	511	000940	77
乙丑年	中国民族图书馆	377	000798	57
乙丑年	中国民族图书馆	1506	001415	226
乙丑年正四年酉日	中国民族图书馆	1582	001587	238
乙丑年贪	中国民族图书馆	368	000789	56
乙未九吉	中国民族图书馆	664	001095	100
乙未辛亥乙亥日凶	中国民族图书馆	584	001013	88
乙未时	中国民族图书馆	578	001007	87
乙卯年	中国民族图书馆	1550	001459	233
乙卯年反书吉凶择日	中国民族图书馆	1601	001606	241
乙卯年通书	中国民族图书馆	1033	001555	155
乙亥正三壬辰日卯时	中国民族图书馆	529	000958	80
乙亥年	中国民族图书馆	582	001011	88
乙亥年	中国民族图书馆	1517	001426	228
乙酉丑年	中国民族图书馆	288	000568	44
乙酉丑年	中国民族图书馆	439	000864	66
乙酉年	中国民族图书馆	1525	001434	229
乙酉年	中国民族图书馆	1526	001435	229
乙辛丁辰日	中国民族图书馆	795	001243	120
乙庚年	中国民族图书馆	1005	001527	151
二十八宿	中国民族图书馆	267	000543	40
二十八宿	中国民族图书馆	842	001291	127
二十八宿	中国民族图书馆	937	001400	141
二十八宿	中国民族图书馆	1100	000136	165
二十八宿	中国民族图书馆	1143	000200	172
二十八宿	清华大学图书馆	8	81	160
二十八宿七元定局吉凶总论	中国民族图书馆	1486	001320	223
二十八宿行畜总论	中国民族图书馆	869	001318	131
二十八宿星择要	中国民族图书馆	1270	000442	191

续表

续表

汉文题名	收藏单位	本书排序	馆藏索书号	页码
十天干十二地支孟仲季月吉凶 日时方	中国民族图书馆	1364	000634	205
七元二十八宿	中国民族图书馆	872	001326	131
七元甲子	中国民族图书馆	1030	001552	155
七元甲子年贪文破	中国民族图书馆	672	001103	102
七元甲子男女吉凶	中国民族图书馆	1024	001546	154
七元吉日	中国民族图书馆	1325	000594	199
七元吉日	中国民族图书馆	1454	000726	218
七元吉日	中国民族图书馆	1457	000729	219
七元吉凶日	中国民族图书馆	1338	000607	201
七元吉凶日	中国民族图书馆	1342	000611	202
七元吉凶日	中国民族图书馆	1345	000614	202
七元吉凶日方	中国民族图书馆	1335	000604	201
卜辞	中国国家图书馆	35	shui35	256
人年八贪吉	中国民族图书馆	821	001270	124
入棺忌日	中国民族图书馆	21	000021	4
八大暗曜	中国民族图书馆	711	001144	107
八山	中国民族图书馆	355	000776	54
八山凶方	中国民族图书馆	973	001495	145
八山凶吉	中国民族图书馆	960	001482	144
八山吉凶	中国民族图书馆	724	001160	109
八山吉凶	中国民族图书馆	907	001361	136
八字	中国民族图书馆	857	001306	129
八金堂吉凶	中国民族图书馆	875	001329	132
八贪	中国民族图书馆	295	000575	45
八贪	中国民族图书馆	360	000781	54
八贪	中国民族图书馆	968	001490	146
八贪乙公乙母	中国民族图书馆	685	001116	103
八贪三巨	中国民族图书馆	1092	000114	164
八贪六马	中国民族图书馆	671	001102	101
八贪甲子年吉	中国民族图书馆	76	000129	12
八贪甲木子年贪大金■吉	中国民族图书馆	75	000128	12
八贪生年	中国民族图书馆	71	000124	11
八贪生年	中国民族图书馆	459	000884	69
八贪生年（寸门）	中国民族图书馆	5	000005	1
八贪生年木滩	中国民族图书馆	57	000058	9
八贪吉年生	中国民族图书馆	19	000019	3
八贪年生吉	中国民族图书馆	51	000052	8
八贪年吉 卷一	中国民族图书馆	1095	000131	165
八贪年吉卷二	中国民族图书馆	1096	000132	165

续表

汉文题名	收藏单位	本书排序	馆藏索书号	页码
八贪年吉卷三	中国民族图书馆	1097	000133	165
八贪陆拾吉凶	中国民族图书馆	12	000012	2
八贪命生吉吉	中国民族图书馆	9	000009	2
八宫方凶	中国民族图书馆	765	001203	115
九八吉	中国民族图书馆	1501	001404	225
九八吉	中国国家博物馆	26	水书 26	261
九己元	中国民族图书馆	787	001235	119
九己元	中国民族图书馆	810	001258	122
九巳则屠六十年安葬大凶	中国民族图书馆	659	001090	100
九反后凶	中国民族图书馆	707	001139	107
九分九高（埋葬大吉）	中央民族大学民族博物馆	4	ZM08210	243
九分九高（埋葬大吉）	中央民族大学民族博物馆	31	ZM08237	247
九火	中国民族图书馆	554	000983	84
九火凶	中国民族图书馆	720	001154	109
九未十寅十一酉十二未E女士蝠	中国民族图书馆	449	000874	68
九甲己	中国民族图书馆	970	001492	146
九吉	中国民族图书馆	642	001071	97
九穷	中国民族图书馆	1034	001556	155
九忌	中国民族图书馆	1073	000091	161
九忌吉	中国民族图书馆	156	000324	24
九忌吉	中国民族图书馆	1413	000685	212
九星放歌	中国民族图书馆	956	001478	144
九耙	中国民族图书馆	240	000514	36
九高	中国民族图书馆	1002	001524	151
九墓	中国民族图书馆	1583	001588	238
九翻	中国民族图书馆	1107	000146	167
九翻	中国民族图书馆	1126	000166	169
九翻	中国民族图书馆	1298	000496	195
几样时用	中国民族图书馆	939	001402	141
又口贪用	中国民族图书馆	747	001185	113
三壬本	中国民族图书馆	859	001308	129
三吉第丁丑日方凶	中国民族图书馆	957	001479	144
三合七元拦门用吉日时	中国民族图书馆	1332	000601	200
三合四正七元大旺吉日	中国民族图书馆	1367	000637	205
三合四正年 十天干吉日	中国民族图书馆	1358	000628	204
三合四正年七元日时方凶	中国民族图书馆	1412	000684	212
三合四正年月日方时凶	中国民族图书馆	1456	000728	219
三合四正年古第日时吉	中国民族图书馆	1423	000695	214
三合四正年吉日 十干年凶日	中国民族图书馆	1373	000643	206

续表

汉文题名	收藏单位	本书排序	馆藏索书号	页码
三合四正年吉日时方	中国民族图书馆	1377	000647	207
三合四正年吉凶日	中国民族图书馆	1351	000620	203
三合四正年孟仲季元宿吉凶日	中国民族图书馆	1381	000651	208
三合四正年孟仲季月日方时吉	中国民族图书馆	1361	000631	205
三合四正年月孟仲季日时方吉	中国民族图书馆	1401	000671	211
三合四正年孟仲季月吉凶	中国民族图书馆	1394	000664	209
三合四正贪巨吉凶日	中国民族图书馆	1355	000624	204
三合年七元吉日	中国民族图书馆	1330	000599	200
三合年七元吉日	中国民族图书馆	1357	000626	204
三合年七元吉日	中国民族图书馆	1363	000633	205
三合年七元吉日	中国民族图书馆	1369	000639	206
三合年日方吉日	中国民族图书馆	1451	000723	218
三合年日时方凶	中国民族图书馆	1400	000670	210
三合年凶日方	中国民族图书馆	1383	000653	208
三合年月日第凶	中国民族图书馆	1415	000687	213
三合年四正月日时凶	中国民族图书馆	313	000677	47
三合年古第日时吉	中国民族图书馆	1374	000644	207
三合年甲己年凶日	中国民族图书馆	1379	000649	207
三合年四正月吉日时	中国民族图书馆	1419	000691	213
三合年四正月第贪日吉	中国民族图书馆	1426	000698	214
三合年吉凶日	中国民族图书馆	1350	000619	203
三合年拦门吉日	中国民族图书馆	1328	000597	200
三合年孟仲季月日方吉	中国民族图书馆	1431	000703	215
三合年孟仲季月日时方吉凶	中国民族图书馆	1409	000681	212
三合年春夏秋冬吉日	中国民族图书馆	1329	000598	200
三合年第日吉	中国民族图书馆	1434	000706	215
三教圣贤神位	中国民族图书馆	647	001076	98
于生十二年告终通书	中国民族图书馆	438	000863	66
土正癸丑月	中国民族图书馆	239	000475	36
寸门	中国民族图书馆	260	000536	39
寸门大旺	中国民族图书馆	927	001382	139
寸门书	中国民族图书馆	265	000541	40
寸门书	中国民族图书馆	482	000907	73
寸门吉课	中国民族图书馆	878	001332	132
寸门当则头	中国国家图书馆	26	shui26	254
寸门时	中国民族图书馆	990	001512	149
寸门接魂吉日	中国民族图书馆	612	001041	93
寸樊大吉	中国民族图书馆	929	001384	140
大小火金水日凶五子六十年吉日	中国民族图书馆	1346	000615	202

续表

汉文题名	收藏单位	本书排序	馆藏索书号	页码
大瓦百木	中国民族图书馆	806	001254	122
大瓦逢凶本	中国民族图书馆	796	001244	120
大水贪第一乙丑■吉	中国民族图书馆	547	000976	83
大火	中国民族图书馆	627	001056	95
大火	中国民族图书馆	1032	001554	155
大火■■吉	中国民族图书馆	77	000130	12
大火卯日凶	中国民族图书馆	528	000957	80
大火戌山	中国民族图书馆	971	001493	146
大火辰正吉	中国民族图书馆	983	001505	148
大火破	中国民族图书馆	174	000366	27
大火破	中国民族图书馆	177	000371	27
大火破	中国民族图书馆	289	000569	44
大火破	中国民族图书馆	509	000938	77
大火破	中国民族图书馆	556	000985	84
大火破	中国民族图书馆	737	001173	111
大火破小火巨	中国民族图书馆	574	001003	87
大火破门	中国民族图书馆	1238	000403	186
大火破门·小火巨门	清华大学图书馆	9	8	264
大火破巨小火巨门	中国民族图书馆	572	001001	87
大火破正小火巨门	中国民族图书馆	1573	001578	237
大火破正第一乙王	中国民族图书馆	261	000537	40
大丑午年壬申凶	中国民族图书馆	1012	001534	152
大书贪	中国民族图书馆	418	000843	63
大吉	中国民族图书馆	801	001249	121
大吉	中国民族图书馆	1588	001593	239
大吉本	中国民族图书馆	1591	001596	240
大吉时	中国民族图书馆	344	000765	52
大吉贪 二卷吉	中国民族图书馆	1045	000063	157
大吉通书	中国民族图书馆	1135	000175	171
大吉通书	中国民族图书馆	1312	000510	197
大吉通书日	中国民族图书馆	1113	000152	167
大旺	中国民族图书馆	998	001520	150
大旺	中国民族图书馆	1026	001548	154
大旺日时吉凶星忌	中国民族图书馆	1432	000704	215
大旺书 一卷吉	中国民族图书馆	1043	000061	157
大所公	中国民族图书馆	591	001020	89
大通吉书	中国民族图书馆	168	000336	26
大清贪宜吉	中国民族图书馆	68	000121	11
万古流传大吉	中国民族图书馆	419	000844	63

续表

汉文题名	收藏单位	本书排序	馆藏索书号	页码
万岁用	中国民族图书馆	86	000185	14
万岁用	中国民族图书馆	167	000335	26
万岁用	中国民族图书馆	839	001288	126
万年历	中国民族图书馆	789	001237	119
万年历	中国民族图书馆	988	001510	149
万年历	中国民族图书馆	1606	001611	242
万年历书	中国民族图书馆	1500	001403	225
万年书（六十年甲子）	中国民族图书馆	188	000382	29
万年第六甲子年■	中国民族图书馆	139	000307	21
万事不求人	中国民族图书馆	781	001229	118
上元甲第一甲子	中国民族图书馆	1242	000407	187
上中下元六十甲子年贪巨吉日	中国民族图书馆	1376	000646	207
小儿关煞全本	中国民族图书馆	230	000465	35
小子时	中国民族图书馆	811	001259	122
小接头	中国民族图书馆	1477	001206	222
山吉锭本	中国民族图书馆	16	000016	3
山吉锭本	中国民族图书馆	30	000030	5
山落散忌	中国民族图书馆	493	000919	75
千年书	中国民族图书馆	146	000314	22
门吉	中国民族图书馆	1216	000344	183
门品在中	中国民族图书馆	736	001172	111
门品在中	中国民族图书馆	740	001176	112
己巳年	中国民族图书馆	728	001164	110
己巳年	中国民族图书馆	1510	001419	227
己丑日	中国民族图书馆	645	001074	98
己丑年	中国民族图书馆	1533	001442	231
己丑年	中国民族图书馆	1534	001443	231
己未年	中国民族图书馆	1554	001463	234
己未年四金	中国民族图书馆	475	000900	72
己卯年	中国民族图书馆	1549	001458	233
己酉年	中国民族图书馆	1543	001452	232
巳午未年卯方	中国民族图书馆	918	001373	138
巳卯选择凶 卷二	中国民族图书馆	594	001023	90
巳酉丑	中国民族图书馆	4	000004	1
巳酉丑年	中国民族图书馆	579	001008	88
巳酉丑年	中国民族图书馆	886	001340	133
子日■■十八人雨鬼	中国民族图书馆	349	000770	53
子午日卯时	中国民族图书馆	543	000972	82
子午正七	中国民族图书馆	275	000552	42

续表

汉文题名	收藏单位	本书排序	馆藏索书号	页码
子午正七	中国民族图书馆	309	000589	47
子午正七	中国民族图书馆	310	000590	47
子午正七	中国民族图书馆	331	000752	50
子午正七	中国民族图书馆	348	000769	53
子午正七	中国民族图书馆	422	000847	64
子午正七已亥	中国民族图书馆	358	000779	54
子午正七亥甲	中国民族图书馆	1319	000560	198
子午正七庚甲	中国民族图书馆	480	000905	73
子午正七庚甲子甲庚午	中国民族图书馆	318	000738	48
子午正丁贪	中国民族图书馆	775	001223	117
子午四十吉	中国民族图书馆	1088	000109	164
子午卯年亥方	中国民族图书馆	458	000883	69
子午卯酉	中国民族图书馆	263	000539	40
子午卯酉	中国民族图书馆	615	001044	93
子午卯酉	中国民族图书馆	851	001300	128
子午卯酉	中国民族图书馆	982	001504	148
子午卯酉	中国民族图书馆	1174	000251	177
子午卯酉年	中国民族图书馆	1245	000410	187
子午卯酉	中国国家博物馆	9	水书 9	258
子午卯酉土水水吉	中国民族图书馆	1021	001543	153
子午卯酉日甲乙	中国民族图书馆	1453	000725	218
子午卯酉丑方	中国民族图书馆	204	000399	31
子午卯酉正四七十上	中国民族图书馆	1172	000249	176
子午卯酉甲己	中国民族图书馆	464	000889	70
子午卯酉用三贪	中国民族图书馆	1305	000503	196
子午卯酉吉	中国民族图书馆	298	000578	45
子午卯酉年	中国民族图书馆	106	000209	16
子午卯酉年	中国民族图书馆	112	000216	17
子午卯酉年	中国民族图书馆	147	000315	23
子午卯酉年	中国民族图书馆	176	000370	27
子午卯酉年	中国民族图书馆	178	000372	27
子午卯酉年	中国民族图书馆	196	000391	30
子午卯酉年	中国民族图书馆	197	000392	30
子午卯酉年	中国民族图书馆	246	000520	37
子午卯酉年	中国民族图书馆	280	000557	42
子午卯酉年	中国民族图书馆	282	000559	43
子午卯酉年	中国民族图书馆	301	000581	46
子午卯酉年	中国民族图书馆	304	000584	46
子午卯酉年	中国民族图书馆	370	000791	56

续表

汉文题名	收藏单位	本书排序	馆藏索书号	页码
子午卯酉年	中国民族图书馆	387	000808	59
子午卯酉年	中国民族图书馆	394	000815	60
子午卯酉年	中国民族图书馆	447	000872	68
子午卯酉	中国民族图书馆	450	000875	68
子午卯酉年	中国民族图书馆	453	000878	69
子午卯酉年	中国民族图书馆	465	000890	70
子午卯酉年	中国民族图书馆	485	000910	73
子午卯酉年	中国民族图书馆	492	000918	75
子午卯酉年	中国民族图书馆	500	000927	76
子午卯酉年	中国民族图书馆	514	000943	78
子午卯酉年	中国民族图书馆	522	000951	79
子午卯酉年	中国民族图书馆	523	000952	79
子午卯酉年	中国民族图书馆	548	000977	83
子午卯酉年	中国民族图书馆	587	001016	89
子午卯酉年	中国民族图书馆	601	001030	91
子午卯酉年	中国民族图书馆	605	001034	92
子午卯酉年	中国民族图书馆	616	001045	93
子午卯酉年	中国民族图书馆	628	001057	95
子午卯酉年	中国民族图书馆	644	001073	98
子午卯酉年	中国民族图书馆	703	001135	106
子午卯酉年	中国民族图书馆	723	001159	109
子午卯酉年	中国民族图书馆	741	001177	112
子午卯酉年	中国民族图书馆	746	001184	112
子午卯酉年	中国民族图书馆	759	001197	114
子午卯酉年	中国民族图书馆	768	001216	116
子午卯酉年	中国民族图书馆	772	001220	116
子午卯酉年	中国民族图书馆	883	001337	133
子午卯酉年	中国民族图书馆	969	001491	146
子午卯酉年	中国民族图书馆	981	001503	147
子午卯酉年	中国民族图书馆	1176	000253	177
子午卯酉年	中国民族图书馆	1195	000276	180
子午卯酉年	中国民族图书馆	1232	000364	185
子午卯酉年	中国民族图书馆	1234	000367	186
子午卯酉年	中国民族图书馆	1240	000405	186
子午卯酉年	中国民族图书馆	1241	000406	187
子午卯酉年	中国民族图书馆	1263	000435	190
子午卯酉年	中国民族图书馆	1584	001589	238
子午卯酉年	中国国家博物馆	13	水书 13	259
子午卯酉年	中国国家博物馆	18	水书 18	260

续表

汉文题名	收藏单位	本书排序	馆藏索书号	页码
子午卯酉年三贪	中国民族图书馆	486	000911	74
子贪卯酉年三贪	中国民族图书馆	1468	000912	220
子午卯酉年子未丑寅	中国民族图书馆	341	000762	52
子午卯酉年女士蝠卵吉	中国国家图书馆	11	shui11	252
子午卯酉年丑方	中国民族图书馆	1294	000492	195
子午卯酉年丑未方	中国民族图书馆	1233	000365	185
子午卯酉年	中国民族图书馆	457	000882	69
子午卯酉年正四七十	中国民族图书馆	316	000736	48
子午卯酉年正四七一下	中国民族图书馆	580	001009	88
子午卯酉年正四七一上	中国民族图书馆	116	000221	18
子午卯酉年正四七一上	中国民族图书馆	1198	000280	180
子午卯酉年正四七十甲乙辅富贵大吉	中国民族图书馆	1212	000339	182
子午卯酉年正四七甲乙辅吉	中国民族图书馆	175	000369	27
子午卯酉年甲乙吉	中国民族图书馆	506	000935	77
子午卯酉年生人	中国民族图书馆	133	000299	20
子午卯酉年吉	中国民族图书馆	398	000819	60
子午卯酉年戌酉	中国民族图书馆	219	000448	33
子午卯酉年亥	中国民族图书馆	187	000381	29
子午卯酉年亥方	中国民族图书馆	1257	000422	189
子午卯酉年亥丙	中国民族图书馆	209	000426	32
子午卯酉年亥戌凶	中国民族图书馆	392	000813	59
子午卯酉年亥亥	中国民族图书馆	185	000379	28
子午卯酉年亥亥	中国民族图书馆	1264	000436	190
子午卯酉年艮■■寅日	中国民族图书馆	437	000862	66
子午卯酉年辰辰	中国民族图书馆	1131	000171	170
子午卯酉年金水	中国民族图书馆	792	001240	119
子午卯酉年贪	中国民族图书馆	180	000374	27
子午卯酉年贪	中国民族图书馆	203	000398	31
子午卯酉年贪文破	中国民族图书馆	532	000961	81
子午卯酉年癸酉方	中国国家图书馆	3	shui3	251
子午卯酉年探文破	中国民族图书馆	877	001331	132
子午卯酉年第一丙辰■	中国民族图书馆	1266	000438	190
子午卯酉年寅申方	中国民族图书馆	324	000745	49
子午卯酉年寅申亥未	中国民族图书馆	94	000194	15
子午卯酉亥则勒	中国民族图书馆	1118	000157	168
子午卯酉亥则勒	中国民族图书馆	1124	000164	169
子午卯酉辰戌	中国民族图书馆	190	000384	29
子午卯酉辰辰	中国民族图书馆	1108	000147	167
子午卯酉快用日	中国民族图书馆	1106	000145	166

续表

汉文题名	收藏单位	本书排序	馆藏索书号	页码
子午卯酉金龙	中国民族图书馆	1208	000302	182
子午卯酉金吉	中国民族图书馆	125	000291	19
子午卯酉破文贪阴阳	中国民族图书馆	1221	000351	184
子午卯酉破文贪	中国民族图书馆	1164	000241	175
子午卯酉等破坟贪	中国民族图书馆	1302	000500	196
子午年	中国民族图书馆	98	000198	15
子午年	中国民族图书馆	343	000764	52
子午年	中国民族图书馆	1576	001581	237
子午年	中国民族图书馆	1253	000418	188
子午年■酉方	中国民族图书馆	108	000211	17
子午年■酉方	中国民族图书馆	198	000393	30
子午年■酉方	中国民族图书馆	207	000424	32
子午年正七	中国民族图书馆	300	000580	45
子午年正七	中国民族图书馆	332	000753	50
子午年正七	中国民族图书馆	443	000868	67
子午年正七	中国民族图书馆	489	000915	74
子午年正七	中国民族图书馆	558	000987	85
子午年正七	中国民族图书馆	593	001022	90
子午年正七	中国民族图书馆	924	001379	139
子午年正七庚甲	中国民族图书馆	351	000772	53
子午年正七庚甲	中国民族图书馆	476	000901	72
子午年正七庚甲	中国民族图书馆	854	001303	129
子午年四十吉	中国民族图书馆	618	001047	94
子午年四正三合年月日方时凶	中国民族图书馆	1455	000727	218
子午年酉■方	中国民族图书馆	1125	000165	169
子午年酉方	中国民族图书馆	637	001066	96
子午年酉方第五巳酉日时	中国民族图书馆	1258	000423	189
子午年第乙酉方	中国民族图书馆	581	001010	88
子午年第三戊戌日	中国民族图书馆	658	001089	100
子午年锤酉方	中国民族图书馆	181	000375	28
子午年锤酉方	中国民族图书馆	1265	000437	190
子午年锤酉方第	中国民族图书馆	371	000792	56
子午年锤酉方第日	清华大学图书馆	4	9	263
子丑	中国民族图书馆	611	001040	93
子丑	中国民族图书馆	1581	001586	238
子丑 之一	中国民族图书馆	1478	001207	222
子丑寅卯	中国民族图书馆	220	000450	33
子申辰时子时己酉丑	中国国家博物馆	12	水书 12	259
子午鬼辰巳	中国民族图书馆	848	001297	128

续表

汉文题名	收藏单位	本书排序	馆藏索书号	页码
子年人凶	中国民族图书馆	922	001377	139
子年八辅吉	中国民族图书馆	1254	000419	189
子年子八	中国民族图书馆	771	001219	116
子年子八日吉	中国民族图书馆	1279	000477	192
子年——午年第一至七元吉日	中国民族图书馆	1445	000717	217
子年丑寅方	中国民族图书馆	791	001239	119
子年正戌	中国民族图书馆	553	000982	84
子年时午方三戊	中国民族图书馆	943	001408	142
子年第一八戊申日	中国民族图书馆	401	000825	61
子年第一戊申■未方卯时	中国民族图书馆	499	000926	76
子辰	中国民族图书馆	949	001471	143
子辰寅丑	中国民族图书馆	122	000274	19
子辰寅丑	中国民族图书馆	210	000427	32
子辰寅丑	中国民族图书馆	1181	000258	178
子贪年八贪吉	中国民族图书馆	46	000047	8
也腊则斗六十	中国民族图书馆	1055	000073	159
也腊六十	中国民族图书馆	18	000018	3
女士蝠 甲子年贪正辅吉	中国国家博物馆	29	水书 29	261
乡下通书	中国民族图书馆	88	000187	14
乡下通书各看凶吉日	中国民族图书馆	154	000322	24
丰用安葬	中国民族图书馆	670	001101	101
开大吉用事	中国民族图书馆	366	000787	55
开山吉	中国民族图书馆	27	000027	5
开山吉 十卷	中国民族图书馆	1060	000078	159
开山吉凶	中国民族图书馆	733	001169	111
开山吉凶日	中国民族图书馆	1337	000606	201
开亥子	中国民族图书馆	1280	000478	193
开丧吉用	中国民族图书馆	726	001162	109
开丧路安葬吉凶日封	中国民族图书馆	56	000057	9
天干年定天干日吉凶	中国民族图书馆	947	001469	142
天元	中国民族图书馆	417	000842	63
天年用	中国民族图书馆	841	001290	127
天杠白木	中国民族图书馆	577	001006	87
天时吉凶	中国民族图书馆	1604	001609	241
夫微知显	中央民族大学民族博物馆	1	ZM08207	243
木年■吉	中国民族图书馆	83	000181	13
五虎凶破日吉	中国民族图书馆	73	000126	12
五■生年月日时	中国民族图书馆	1255	000420	189
五九吉	中国民族图书馆	1223	000354	184

续表

汉文题名	收藏单位	本书排序	馆藏索书号	页码
五子六十年日时吉凶	中国民族图书馆	1339	000608	201
五子六十年古第贪巨日吉	中国民族图书馆	1395	000665	210
五子六十年吉日	中国民族图书馆	312	000627	47
五子年月贪巨吉日	中国民族图书馆	1336	000605	201
五子年六十年吉日	中国民族图书馆	1324	000593	199
五子年金木水火土年七元吉日	中国民族图书馆	1340	000609	201
五子年贪巨吉日	中国民族图书馆	1352	000621	203
五仓米要开吊	中国民族图书馆	258	000534	39
五行年二十八宿吉凶	中国民族图书馆	978	001500	147
五行贪巨九星日吉	中国民族图书馆	1403	000673	211
五虎上下	中国民族图书馆	634	001063	96
五虎但五虎把怕忌埋葬大凶	中国民族图书馆	400	000824	61
五庚凶	中国国家图书馆	17	shui17	253
五寅	中国民族图书馆	1076	000094	162
五寅 上下全集	中国民族图书馆	661	001092	100
五寅回亥卯未	中国民族图书馆	1184	000261	178
五寅看日吉凶	中国民族图书馆	1236	000390	186
五锤	中国民族图书馆	1038	001561	156
不辅吉	中国民族图书馆	1036	001558	156
历书	中国民族图书馆	403	000828	61
历书	中国民族图书馆	643	001072	97
历书	中国民族图书馆	666	001097	101
历法	中国国家图书馆	24	shui24	254
歹瓦吉凶	中国民族图书馆	229	000464	35
日十时	中国民族图书馆	1170	000247	176
日上起日九星	中国民族图书馆	1589	001594	239
日上起时通吉凶	中国民族图书馆	1089	000111	164
日时记土葬	中国民族图书馆	1204	000286	181
日时记葬	中国民族图书馆	1191	000271	179
日时忌用	中国民族图书馆	1213	000341	182
日时忌用	中国民族图书馆	1217	000345	183
日时通书凶吉分用	中国民族图书馆	218	000447	33
日起时天干	中国民族图书馆	1564	001569	235
中元文第四一七上元	中国民族图书馆	317	000737	48
中甲子元	中国民族图书馆	382	000803	58
水煞木七年乙土鬼棺凶	中国民族图书馆	828	001277	125
水巨门廉贞	中国民族图书馆	1608	001613	242
水书	中国民族图书馆	1	000001	1
水书	中国民族图书馆	95	000195	15

续表

汉文题名	收藏单位	本书排序	馆藏索书号	页码
水书	中国民族图书馆	124	000290	19
水书	中国民族图书馆	144	000312	22
水书	中国民族图书馆	200	000395	30
水书	中国民族图书馆	262	000538	40
水书	中国民族图书馆	264	000540	40
水书	中国民族图书馆	389	000810	59
水书	中国民族图书馆	494	000920	75
水书	中国民族图书馆	497	000924	75
水书	中国民族图书馆	549	000978	83
水书	中国民族图书馆	550	000979	83
水书	中国民族图书馆	667	001098	101
水书	中国民族图书馆	743	001179	112
水书	中国民族图书馆	1006	001528	151
水书	中国民族图书馆	1200	000282	180
水书	中国民族图书馆	1230	000361	185
水书	中国民族图书馆	1560	001565	235
水书	中央民族大学民族博物馆	35	ZM11789	248
水书	中央民族大学民族博物馆	36	ZM11790	248
水书	中央民族大学民族博物馆	37	ZM11791	248
水书	中央民族大学民族博物馆	38	ZM11792	248
水书	中央民族大学民族博物馆	39	ZM11793	248
水书	中央民族大学民族博物馆	41	ZM11795	249
水书	中央民族大学民族博物馆	42	ZM11796	249
水书	中国国家图书馆	1	shui1	251
水书	中国国家图书馆	4	shui4	251
水书	中国国家图书馆	5	shui5	251
水书	中国国家图书馆	6	shui6	251
水书	中国国家图书馆	10	shui10	252
水书	中国国家图书馆	14	shui14	253
水书	中国国家图书馆	18	shui18	253
水书	中国国家图书馆	19	shui19	253
水书	中国国家图书馆	22	shui22	254
水书	中国国家图书馆	30	shui30	255
水书	中国国家图书馆	31	shui31	255
水书	中国国家图书馆	32	shui32	255
水书	中国国家图书馆	33	shui33	255
水书	中国国家图书馆	34	shui34	256
水书	中国国家图书馆	36	shui36	256
水书	中国国家图书馆	37	shui37	256

续表

汉文题名	收藏单位	本书排序	馆藏索书号	页码
水书	中国国家博物馆	1	水书 1	257
水书	中国国家博物馆	2	水书 2	257
水书	中国国家博物馆	5	水书 5	257
水书	中国国家博物馆	11	水书 11	258
水书	中国国家博物馆	14	水书 14	259
水书	中国国家博物馆	15	水书 15	259
水书	中国国家博物馆	16	水书 16	259
水书	中国国家博物馆	17	水书 17	259
水书	中国国家博物馆	19	水书 19	260
水书	中国国家博物馆	21	水书 21	260
水书	中国国家博物馆	23	水书 23	260
水书	中国国家博物馆	30	水书 30	262
水书 七卷吉	中国民族图书馆	1054	000072	159
水书吉	中国民族图书馆	820	001269	124
水书吉	中国民族图书馆	855	001304	129
水书吉	中国民族图书馆	917	001371	138
水书定桥本	中国民族图书馆	545	000974	83
水通在内有符扫鬼	中国民族图书馆	654	001083	99
午八年	中国民族图书馆	815	001263	123
午日勿第吉	中国民族图书馆	1475	001204	221
午年寅方	中国民族图书馆	525	000954	80
壬子	中国民族图书馆	727	001163	110
壬子年	中国民族图书馆	1546	001455	233
壬子年反书用日吉凶	中国民族图书馆	135	000301	21
壬午卯酉年	中国民族图书馆	1484	001213	223
壬午年	中国民族图书馆	1522	001431	229
壬午时破	中国民族图书馆	1295	000493	195
壬未的定	中国民族图书馆	508	000937	77
壬申	中国民族图书馆	1066	000084	160
壬申年	中国民族图书馆	1513	001422	227
壬戌年	中国民族图书馆	1168	000245	176
壬戌年	中国民族图书馆	1557	001466	234
壬辰	中国民族图书馆	838	001287	126
壬辰	中国民族图书馆	864	001313	130
壬辰	中国民族图书馆	1142	000199	172
壬辰	中国民族图书馆	1575	001580	237
壬辰凶吉	中国民族图书馆	69	000122	11
壬辰十二大吉	中国民族图书馆	1571	001576	236
壬辰十二大吉卷四	中国民族图书馆	832	001281	125

续表

汉文题名	收藏单位	本书排序	馆藏索书号	页码
壬辰十二金水吉	中国民族图书馆	58	000059	9
壬辰大旺 八卷吉	中国民族图书馆	1056	000074	159
壬辰木	中国民族图书馆	425	000850	64
壬辰日	中国民族图书馆	1320	000561	199
壬辰日吉	中国民族图书馆	70	000123	11
壬辰■吉	中国民族图书馆	66	000119	10
壬辰号订正	中国民族图书馆	311	000591	47
壬辰吉凶 八卷	中国民族图书馆	1057	000075	159
壬辰年	中国民族图书馆	1537	001446	231
壬辰年盤心吉	中国民族图书馆	65	000118	10
壬辰年盤心吉	中国民族图书馆	435	000860	66
壬辰旺高降	中国民族图书馆	786	001234	119
壬辰贪	中国民族图书馆	539	000968	82
壬辰卷	中国民族图书馆	936	001391	141
壬辰遴选	中国民族图书馆	329	000750	50
壬未乾	中国民族图书馆	945	001410	142
壬寅己日	中国民族图书馆	399	000823	60
壬寅日	中国民族图书馆	588	001017	89
壬寅年	中国民族图书馆	1017	001539	153
壬寅年文	中国民族图书馆	997	001519	150
化命甲子 六卷吉（算命推八字书）	中国民族图书馆	1052	000070	158
反书用时吉	中国民族图书馆	145	000313	22
反书时号	中国民族图书馆	1491	001372	224
反书要用革门	中国民族图书馆	141	000309	22
反书要草生门	中国民族图书馆	136	000303	21
反书选时	中国民族图书馆	845	001294	127
反书便览取凶	中国民族图书馆	319	000739	48
反书通用	中国民族图书馆	460	000885	70
反书通用	中国民族图书馆	734	001170	111
反书通用	中国民族图书馆	744	001180	112
反通书象吉选择	中国民族图书馆	812	001260	122
凶记开交	中国民族图书馆	323	000744	49
凶星日六十日贪巨	中国民族图书馆	1343	000612	202
凶星凶第	中国民族图书馆	1438	000710	216
凶星忌 埋葬起造嫁娶凶日时	中国民族图书馆	1416	000688	213
凶星忌日吉星用日	中国民族图书馆	1417	000689	213
分外亲深用	中国民族图书馆	1019	001541	153
风寅吉凶	中国民族图书馆	471	000896	71
六十二壬寅壬子日寅卑卯时	中国民族图书馆	526	000955	80

续表

汉文题名	收藏单位	本书排序	馆藏索书号	页码
六十义朋六十友谤龙茭头五寅 卷四	中国国家图书馆	16	shui16	253
六十日吉凶	中国民族图书馆	1016	001538	153
六十日建房吉凶	中国民族图书馆	953	001475	143
六十引腊名	中国民族图书馆	684	001115	103
六十引腊名	中国民族图书馆	991	001513	149
六十甲子	中国民族图书馆	338	000759	51
六十甲子	中国民族图书馆	364	000785	55
六十甲子	中国民族图书馆	516	000945	78
六十甲子	中国民族图书馆	524	000953	79
六十甲子	中国民族图书馆	537	000966	81
六十甲子	中国民族图书馆	782	001230	118
六十甲子	中国民族图书馆	819	001268	123
六十甲子	中国民族图书馆	876	001330	132
六十甲子	中国民族图书馆	885	001339	133
六十甲子	中国民族图书馆	892	001346	134
六十甲子	中国民族图书馆	1040	001563	156
六十甲子八贪土吉	中国民族图书馆	1370	000640	206
六十甲子八贪土吉	中国民族图书馆	1398	000668	210
六十甲子五行	中国民族图书馆	992	001514	149
六十甲子吉凶	中国民族图书馆	1022	001544	154
六十甲子年吉凶日	中国民族图书馆	1362	000632	205
六十甲子男女吉凶	中国民族图书馆	1025	001547	154
六十甲子通书	中国民族图书馆	779	001227	118
六十年十天干年吉日	中国民族图书馆	1365	000635	205
六十年七元吉日	中国民族图书馆	1452	000724	218
六十年三贪三文三辅三武吉日	中国民族图书馆	1375	000645	207
六十年元宿用日时吉	中国民族图书馆	1386	000656	208
六十年日吉十干年日凶	中国民族图书馆	1440	000712	216
六十年古第日吉	中国民族图书馆	1407	000679	211
六十年吉日	中国民族图书馆	1333	000602	200
六十年吉日	中国民族图书馆	1439	000711	216
六十年吉日	中国民族图书馆	1450	000722	218
六十年吉日六甲——癸山凶日	中国民族图书馆	1371	000641	206
六十年吉日七第择用本	中国民族图书馆	935	001390	141
六十年吉日方 五子年吉凶	中国民族图书馆	1429	000701	215
六十年吉日挡书	中国民族图书馆	1334	000603	201
六十年吉凶方	中国民族图书馆	1014	001536	152
六十年安葬吉日方	中国民族图书馆	955	001477	144
六十年妙甲	中国民族图书馆	678	001109	102

续表

汉文题名	收藏单位	本书排序	馆藏索书号	页码
六十年贪巨	中国民族图书馆	1309	000507	197
六十年埋葬吉凶	中国民族图书馆	1442	000714	217
六十年通书	中国民族图书馆	380	000801	57
六十年通书	中国民族图书馆	802	001250	121
六十花甲纳音	中国民族图书馆	1007	001529	151
六十未申吉	中国民族图书馆	564	000993	85
六十时	中国民族图书馆	860	001309	130
六日二时凶	中国民族图书馆	408	000833	62
六龙宫掌	中国民族图书馆	1609	001614	242
六年甲子辰寅午戌六年	中国民族图书馆	1393	000663	209
六年甲申子辰	中国民族图书馆	411	000836	62
六连用小王	中国国家博物馆	27	水书 27	261
六连封占	中国民族图书馆	375	000796	57
六宫	中国民族图书馆	788	001236	119
六宫	中国民族图书馆	1190	000270	179
六宫廿四山忌日六宫对冲年七元吉凶时	中国民族图书馆	1359	000629	204
六宫凶日六十年吉日六甲——癸吉日	中国民族图书馆	1372	000642	206
六宫吉凶日时	中国民族图书馆	1418	000690	213
六宫忌日时凶	中国民族图书馆	1353	000622	203
六顽	中国民族图书馆	423	000848	64
文曲星三木	中国民族图书馆	778	001226	117
文运通书	中央民族大学民族博物馆	13	ZM08219	244
文运通书（别吉读）	中央民族大学民族博物馆	26	ZM08232	246
文运通书（别吉读）	中央民族大学民族博物馆	40	ZM11794	248
文言诗书	中国民族图书馆	1251	000416	188
文武■■吉凶	中国民族图书馆	1256	000421	189
方寅辛卯	中国民族图书馆	660	001091	100
火第一丙寅己乙酉庚午日凶	中国民族图书馆	395	000816	60
计开	中国民族图书馆	568	000997	86
计反书	中国民族图书馆	636	001065	96
心月狐六■亥日吉	中国民族图书馆	1205	000287	181
引腊六十	中国民族图书馆	920	001375	138
引蜡遁山爻	中国民族图书馆	1077	000095	162
丑牛	中国民族图书馆	1563	001568	235
丑未辰戌年	中国国家博物馆	4	水书 4	257
丑未辰戌	中国民族图书馆	750	001188	113
丑未辰戌年	中国民族图书馆	201	000396	31
丑未辰戌年	中国民族图书馆	278	000555	42
丑未时吉	中国民族图书馆	179	000373	27

续表

汉文题名	收藏单位	本书排序	馆藏索书号	页码
丑寅吉	中国民族图书馆	665	001096	101
邓书	中国民族图书馆	1144	000204	172
书屋	中国民族图书馆	113	000217	17
书屋	中国民族图书馆	1109	000148	167
书屋	中国民族图书馆	1158	000235	174
玉匣七煞	中国民族图书馆	462	000887	70
未申年正七贪	中国民族图书馆	130	000296	20
未申贪大吉	中国民族图书馆	1167	000244	176
未戌年丑方	中国民族图书馆	863	001312	130
打瓦卡尖	中国民族图书馆	858	001307	129
正二三年金	中国民族图书馆	120	000264	19
正丁七癸	中国民族图书馆	1465	000821	220
正七	中国民族图书馆	2	000002	1
正七	中国民族图书馆	35	000036	6
正七	中国民族图书馆	60	000105	10
正七	中国民族图书馆	416	000841	63
正七	中国民族图书馆	487	000913	74
正七	中国民族图书馆	519	000948	79
正七	中国民族图书馆	742	001178	112
正七	中国民族图书馆	783	001231	118
正七	中国民族图书馆	1042	000033	157
正七	中国民族图书馆	1098	000134	165
正七	中国民族图书馆	1323	000592-2	199
正七	中国民族图书馆	1493	001393	224
正七	中国民族图书馆	1577	001582	237
正七戌吉	中国民族图书馆	1494	001394	224
正七■亥甲日	中国民族图书馆	871	001325	131
正七上甲子	中国民族图书馆	1247	000412	188
正七巳择时（测时书）	中国民族图书馆	34	000035	6
正七日忌	中国民族图书馆	1385	000655	208
正七日庚甲	中国民族图书馆	1396	000666	210
正七凶本	中国民族图书馆	1495	001395	224
正七凶本	中国民族图书馆	1496	001396	225
正七凶星	中国民族图书馆	270	000546	41
正七六庚甲	中国民族图书馆	306	000586	46
正七丑时■吉	中国民族图书馆	866	001315	130
正七本	中国民族图书馆	1561	001566	235
正七本登	中国民族图书馆	826	001275	124
正七戊寅日	中国民族图书馆	1155	000232	174

续表

汉文题名	收藏单位	本书排序	馆藏索书号	页码
正七白书	中国民族图书馆	1099	000135	165
正七共本	中国民族图书馆	1602	001607	241
正七年贪吉	中国民族图书馆	99	000201	15
正七全本	中国民族图书馆	784	001232	118
正文全集	中国民族图书馆	814	001262	123
正七合解	中国民族图书馆	365	000786	55
正七亥甲	中国民族图书馆	1321	000562	199
正七亥甲日	中国民族图书馆	827	001276	125
正七连庚甲	中国民族图书馆	50	000051	8
正七连庚甲	中国民族图书馆	243	000517	37
正七连庚甲	中国民族图书馆	284	000564	43
正七连庚甲	中国民族图书馆	372	000793	56
正七连庚甲	中国民族图书馆	674	001105	102
正七连庚甲	中国民族图书馆	712	001145	107
正七连庚甲	中国民族图书馆	902	001356	136
正七连庚甲	中国民族图书馆	914	001368	138
正七连庚甲	中国民族图书馆	1000	001522	150
正七连庚甲	中国民族图书馆	1402	000672	211
正七连庚甲	中国民族图书馆	1502	001411	226
正七连庚甲	中国民族图书馆	1598	001603	241
正七连庚甲　十三卷	中国民族图书馆	1063	000081	160
正七连庚甲 卷二	中国民族图书馆	831	001280	125
正七贪	中国民族图书馆	391	000812	59
正七贪九未申方（当书）	中国民族图书馆	626	001055	95
正七庚甲	中国民族图书馆	151	000319	23
正七庚甲	中国民族图书馆	225	000456	34
正七庚甲	中国民族图书馆	339	000760	51
正七庚甲	中国民族图书馆	362	000783	55
正七庚甲	中国民族图书馆	367	000788	55
正七庚甲	中国民族图书馆	533	000962	81
正七庚甲	中国民族图书馆	599	001028	91
正七庚甲	中国民族图书馆	699	001131	106
正七庚甲	中国民族图书馆	770	001218	116
正七庚甲	中国民族图书馆	890	001344	134
正七庚甲	中国民族图书馆	901	001355	136
正七庚甲	中国民族图书馆	909	001363	137
正七庚甲	中国民族图书馆	1183	000260	178
正七庚甲	中国民族图书馆	1186	000266	178
正七庚甲	中国民族图书馆	1207	000289	182

续表

汉文题名	收藏单位	本书排序	馆藏索书号	页码
正七庚甲	中国民族图书馆	1399	000669	210
正七庚甲	中国国家图书馆	8	shui8	252
正七庚甲子凶	中国民族图书馆	987	001509	148
正七庚甲日	中国民族图书馆	597	001026	90
正七庚甲六乙文	中国民族图书馆	1138	000178	171
正七庚甲年	中国民族图书馆	908	001362	137
正七庚甲时	中国民族图书馆	441	000866	67
正七庚甲卷乙	中央民族大学中国少数民族语言研究院	3	3	249
正七庚寅方时	中国民族图书馆	254	000529	39
正七秘旨	中国民族图书馆	292	000572	44
正七朗读本（二）	中国民族图书馆	915	001369	138
正七朗读本（三）	中国民族图书馆	916	001370	138
正七辨证	中国民族图书馆	1572	001577	237
正子年	中国民族图书馆	1605	001610	242
正五九	中国民族图书馆	119	000262	18
正五九	中国民族图书馆	977	001499	147
正五九子日方	中国民族图书馆	1285	000483	193
正五九酉时	中国民族图书馆	1469	000922	221
正午二子三癸未	中国民族图书馆	153	000321	23
正月戌狗	中国民族图书馆	409	000834	62
正月初四日立用吉	中国民族图书馆	337	000758	51
正四七十上贪甲子	中国民族图书馆	321	000742	49
正四七	中国民族图书馆	90	000190	14
正四七十	中国民族图书馆	604	001033	91
正四七十	中国民族图书馆	614	001043	93
正四七十	中国民族图书馆	694	001125	105
正四七十	中国民族图书馆	732	001168	110
正四七十	中国民族图书馆	976	001498	147
正四七十廉子时癸丑时吉	中国民族图书馆	994	001516	149
正四七十下甲子贪乙丑年	中国民族图书馆	285	000565	43
正四七十下贪	中国民族图书馆	542	000971	82
正四七十上	中国民族图书馆	503	000931	76
正四七十上	中国民族图书馆	596	001025	90
正四七十上	中国民族图书馆	687	001118	104
正四七十上	中国民族图书馆	1194	000275	180
正四七十上贪	中国民族图书馆	215	000444	33
正四七十月正五九月日时吉	中国民族图书馆	1344	000613	202
正四七十酉方	中国民族图书馆	621	001050	94

续表

汉文题名	收藏单位	本书排序	馆藏索书号	页码
正四七十贪	中国民族图书馆	834	001283	126
正四七贪	中国民族图书馆	776	001224	117
正辛亥日	中国民族图书馆	518	000947	78
正宗备妙	中国民族图书馆	402	000827	61
正寅二戊三戊	中国民族图书馆	999	001521	150
古老历史水书	中国民族图书馆	816	001264	123
古第	中国民族图书馆	870	001319	131
古第月正四年日时吉	中国民族图书馆	1405	000675	211
古第年五行贪巨九星日吉	中国民族图书馆	1404	000674	211
术灵公	中国民族图书馆	633	001062	96
丙子年	中国民族图书馆	132	000298	20
丙子年	中国民族图书馆	1518	001427	228
丙子年占吉凶	中国民族图书馆	429	000854	65
丙午年	中国民族图书馆	1542	001451	232
丙戌年	中国民族图书馆	1527	001436	230
丙戌年	中国民族图书馆	1528	001437	230
丙戌年造葬神煞表	中国民族图书馆	297	000577	45
丙辰年	中国民族图书馆	1551	001460	233
丙辰年讨	中国民族图书馆	1286	000484	193
丙寅年	中国民族图书馆	1507	001416	226
戊子年	中国民族图书馆	1531	001440	230
戊子年	中国民族图书馆	1532	001441	230
戊子年（反书用日吉凶）	中国民族图书馆	134	000300	21
戊午年	中国民族图书馆	1553	001462	234
戊申巳酉丁己戊午日吉	中国民族图书馆	483	000908	73
戊申日壬辰日辰年	中国民族图书馆	302	000582	46
戊辰年	中国民族图书馆	1509	001418	227
戊辰年二月立本记	中国民族图书馆	1010	001532	152
戊癸壬子癸亥时	中国民族图书馆	384	000805	58
戊癸年甲寅日	清华大学图书馆	2	4	263
龙飞七宫	中国民族图书馆	1562	001567	235
龙飞凤舞	中国民族图书馆	14	000014	3
龙犬	中国民族图书馆	1068	000086	161
龙吉	中国民族图书馆	1064	000082	160
龙戏	中国民族图书馆	31	000031	5
灭门	中国民族图书馆	1065	000083	160
占■收兵念用	中国民族图书馆	710	001142	107
占小儿忌初	中国民族图书馆	697	001128	105
占今哭日凶	中国民族图书馆	725	001161	109

续表

汉文题名	收藏单位	本书排序	馆藏索书号	页码
占六宫官符忌	中国民族图书馆	652	001081	99
占转身用	中国民族图书馆	681	001112	103
占送神日吉凶	中国民族图书馆	171	000349	26
占敖冬	中国民族图书馆	648	001077	98
占病起掌	中国民族图书馆	170	000347	26
占推日吉凶全本通用	中国民族图书馆	719	001153	108
占推凶日时用吉	中国民族图书馆	142	000310	22
占推凶日时用吉时	中国民族图书馆	101	000203	16
占移锅唱	中国民族图书馆	656	001087	99
占偷花六害	中国民族图书馆	708	001140	107
归路	中国民族图书馆	1259	000431	189
甲■壬子年	中国民族图书馆	938	001401	141
甲乙日子时	中国民族图书馆	421	000846	64
甲乙年巨弼	中国民族图书馆	799	001247	120
甲乙年酉戌日	中国民族图书馆	390	000811	59
甲乙年酉戌日	中国民族图书馆	505	000934	77
甲乙寅卯时日	中国民族图书馆	753	001191	113
甲己	中国民族图书馆	1574	001579	237
甲己乙本	中国民族图书馆	739	001175	111
甲己乙年	中国民族图书馆	470	000895	71
甲己丁壬戊癸	中国民族图书馆	469	000894	71
甲己丁亥壬戌癸	中国民族图书馆	273	000549	41
甲己九	中国民族图书馆	467	000892	71
甲己九月未方	中国民族图书馆	1185	000263	178
甲己九月未方	中国民族图书馆	1201	000283	181
甲己九月未方	中国民族图书馆	1211	000338	182
甲己九月未方	中国民族图书馆	1239	000404	186
甲己九月未方	中国民族图书馆	1268	000440	190
甲己九月未方己	中国民族图书馆	1235	000368	186
甲己九月辰忌	中国民族图书馆	1504	001413	226
甲己九未	中国民族图书馆	963	001485	145
甲己九吉未方	中国民族图书馆	1566	001571	236
甲己九吉辰方	中国民族图书馆	948	001470	143
甲己九未方凶	中国民族图书馆	749	001187	113
甲己九年	中国民族图书馆	388	000809	59
甲己九年	中国民族图书馆	140	000308	22
甲己日甲子时	中国民族图书馆	805	001253	121
甲己九忌未方	中国民族图书馆	473	000898	72
甲己九破未方	中国民族图书馆	606	001035	92

续表

汉文题名	收藏单位	本书排序	馆藏索书号	页码
甲己丑丙辛丙寅九忌未方巳	中国民族图书馆	250	000524	38
甲己正七	中国民族图书馆	350	000771	53
甲己丙寅	中国民族图书馆	498	000925	75
甲己丙壬字（龙绞书）	中国民族图书馆	502	000929	76
甲己子年未方凶	中国民族图书馆	570	000999	86
甲己丙庚六卷	中国民族图书馆	1053	000071	158
甲己丙寅	中国民族图书馆	1166	000243	175
甲己丙寅	中国民族图书馆	1192	000272	179
甲己丙寅	中国民族图书馆	1206	000288	181
甲己丙寅错	中国民族图书馆	10	000010	2
甲己丙寅错	中国民族图书馆	1503	001412	226
甲己甲子时	中国民族图书馆	1287	000485	194
甲己生年	中国民族图书馆	1091	000113	164
甲己年	中国民族图书馆	11	000011	2
甲己年	中国民族图书馆	404	000829	61
甲己年	中国民族图书馆	967	001489	145
甲己年乙亥	中国民族图书馆	852	001301	128
甲己年七元吉凶	中国民族图书馆	1341	000610	172
甲己年九月未方	中国民族图书馆	1117	000156	168
甲己年九月未方	中国民族图书馆	1129	000169	170
甲己年九月未方	中国民族图书馆	1175	000252	177
甲己年九月未方	中国民族图书馆	184	000378	28
甲己年九未方贪	中国民族图书馆	527	000956	80
甲己年壬辰日棺	中国国家图书馆	29	shui29	255
甲己年丙壬十二火凶	中国民族图书馆	62	000107	10
甲己又年	中国民族图书馆	376	000797	57
甲己年丙寅	中国民族图书馆	42	000043	7
甲己年丙寅	中国民族图书馆	293	000573	44
甲己年丙寅日	中国民族图书馆	44	000045	7
甲己年丙寅方	中国民族图书馆	123	000279	19
甲己年贪	中国民族图书馆	1269	000441	191
甲己年葬事 卷三	中国民族图书馆	461	000886	70
甲己戌辰方	中国民族图书馆	825	001274	124
甲己寅卯	中国民族图书馆	566	000995	86
甲巳九月未方	中国民族图书馆	352	000773	53
甲巳九月未方巳	中国民族图书馆	1314	000512	198
甲巳九月未方凶	中国民族图书馆	29	000029	5
甲己九未方贪吉凶	中央民族大学中国少数民族语言研究院	2	2	249
甲巳九未方巳月	中国民族图书馆	192	000386	29

续表

汉文题名	收藏单位	本书排序	馆藏索书号	页码
甲巳日甲子日九时	中国民族图书馆	617	001046	93
甲巳日甲子时	中国民族图书馆	807	001255	122
甲巳丙寅	中国民族图书馆	793	001241	119
甲巳年	中国民族图书馆	121	000265	19
甲巳年	中国民族图书馆	1463	000740	220
甲巳年	中国民族图书馆	320	000741	48
甲巳年	中国民族图书馆	590	001019	89
甲巳年	中央民族大学中国少数民族语言研究院	5	5	250
甲巳年	中国国家图书馆	27	shui27	255
甲巳年九	中国民族图书馆	430	000855	65
甲巳年九月	中国民族图书馆	110	000213	17
甲巳年九时未方	中国民族图书馆	695	001126	105
甲巳年未方	中国民族图书馆	479	000904	73
甲巳年正戌日正巳日凶	中国民族图书馆	602	001031	91
甲巳年贪	中国民族图书馆	216	000445	33
甲子	中国民族图书馆	436	000861	66
甲子	中国民族图书馆	663	001094	100
甲子文第二辛未年吉	中国民族图书馆	544	000973	82
甲子一丑金日	中国民族图书馆	896	001350	135
甲子乙五金水	中国民族图书馆	1579	001584	238
甲子乙丑	中国民族图书馆	328	000749	50
甲子乙丑■吉	中国民族图书馆	1111	000150	167
甲子乙丑土金	中国民族图书馆	490	000916	74
甲子乙丑壬戌年	中国民族图书馆	1179	000256	177
甲子乙丑吉	清华大学图书馆	10	80	264
甲子乙丑金	中国民族图书馆	13	000013	3
甲子乙丑金	中国民族图书馆	767	001215	116
甲子乙丑金（安葬测时书）	中国民族图书馆	33	000034	6
甲子乙丑金吉年	中国民族图书馆	413	000838	63
甲子乙丑金年	中国民族图书馆	966	001488	145
甲子乙丑金年（用好事书）	中国民族图书馆	26	000026	4
甲子乙丑金时吉	中国民族图书馆	23	000023	4
甲子二八碑	中国民族图书馆	635	001064	96
甲子丁寅方时	中国国家博物馆	7	水书 7	258
甲子巳申方册	中国民族图书馆	84	000183	13
甲子日■■未	中国民族图书馆	933	001388	140
甲子日鬼小	中国民族图书馆	921	001376	139
甲子日用太公门口也用吉日	中国民族图书馆	1209	000305	182

续表

汉文题名	收藏单位	本书排序	馆藏索书号	页码
甲子日时	中国民族图书馆	585	001014	89
甲子日金	中国民族图书馆	117	000222	18
甲子日金	中国民族图书馆	1139	000179	171
甲子日金	中国民族图书馆	1157	000234	174
甲子日选择用	中国民族图书馆	87	000186	14
甲子凶	中国民族图书馆	1087	000108	163
甲子凶初一六十凶	中国民族图书馆	64	000117	10
甲子计本	中国民族图书馆	700	001132	106
甲子丙寅	中国民族图书馆	928	001383	140
甲子——戊辰二十五年七元吉日	中国民族图书馆	1447	000719	217
甲子甲巳	中国民族图书馆	561	000990	85
甲子年	中国民族图书馆	252	000526	38
甲子年	中国民族图书馆	303	000583	46
甲子年	中国民族图书馆	510	000939	77
甲子年	中国民族图书馆	513	000942	78
甲子年	中国民族图书馆	589	001018	89
甲子年	中国民族图书馆	1178	000255	177
甲子年	中国民族图书馆	1505	001414	226
甲子年	中国民族图书馆	1578	001583	238
甲子年丁卯己未	中国民族图书馆	357	000778	54
甲子年八贪吉	中国民族图书馆	74	000127	12
甲子年九未方	中国民族图书馆	333	000754	50
甲子年五九分大吉	中国民族图书馆	143	000311	22
甲子年日	中国民族图书馆	758	001196	114
甲子年文地三六文	中国民族图书馆	379	000800	57
甲子年丑寅未申方吉	中国民族图书馆	43	000044	7
甲子年正乙亥日辅甲戌日吉	中国国家博物馆	6	水书 6	258
甲子年甲寅日	中国国家博物馆	10	水书 10	258
甲子年用男女■吉	中国民族图书馆	173	000363	26
甲子年吉　之三	中国民族图书馆	1480	001209	222
甲子年金	中国民族图书馆	160	000328	25
甲子年贪	中国民族图书馆	25	000025	4
甲子年贪	中国民族图书馆	111	000214	17
甲子年贪	中国民族图书馆	383	000804	58
甲子年贪	中国民族图书馆	452	000877	68
甲子年贪	中国民族图书馆	472	000897	71
甲子年贪	中国民族图书馆	673	001104	102
甲子年贪	中国民族图书馆	721	001156	109
甲子年贪正七	中国民族图书馆	24	000024	4

续表

汉文题名	收藏单位	本书排序	馆藏索书号	页码
甲子年贪狼	中国民族图书馆	1011	001533	152
甲子年癸卯贪	中国民族图书馆	773	001221	117
甲子辰年	中国民族图书馆	202	000397	31
甲子辰年	中国民族图书馆	268	000544	41
甲子辰年	中国民族图书馆	315	000735	48
甲子辰年	中国民族图书馆	481	000906	73
甲子辰年	中国民族图书馆	488	000914	74
甲子辰年	中国民族图书馆	541	000970	82
甲子时	中国民族图书馆	629	001058	95
甲子时	中国民族图书馆	1128	000168	170
甲子金年	中国民族图书馆	347	000768	52
甲子金年	中国国家博物馆	3	水书 3	257
甲子贪	中国民族图书馆	468	000893	71
甲子贪九吉	中国民族图书馆	1039	001562	156
甲子贪子午卯酉年（测日书）	中国民族图书馆	49	000050	8
甲子贪巨	中国民族图书馆	1471	000933	221
甲子贪正七九贪	中国民族图书馆	603	001032	91
甲子贪甲子文甲子破日吉十二年第日吉	中国民族图书馆	1427	000699	214
甲子贪吉	中国民族图书馆	345	000766	52
甲子贪宜时吉	中国民族图书馆	39	000040	6
甲子贪狼年	中国民族图书馆	972	001494	146
甲子放■	中国民族图书馆	847	001296	128
甲子——癸巳三十年七元吉日	中国民族图书馆	1444	000716	217
甲五寅	中国民族图书馆	662	001093	100
甲午年■破	中国民族图书馆	607	001036	92
甲午年——癸亥年三十年吉日要册	中国民族图书馆	1443	000715	217
甲丙戌	中国民族图书馆	853	001302	128
甲丙戌庚壬子年	中国民族图书馆	15	000015	3
甲戊时	中国民族图书馆	448	000873	68
甲申年	中国民族图书馆	20	000020	4
甲申年	中国民族图书馆	1524	001433	229
甲记九云大	中国民族图书馆	354	000775	54
甲戌乙亥	中国民族图书馆	808	001256	122
甲戌年	中国民族图书馆	1516	001425	228
甲戌年订	中国民族图书馆	89	000188	14
甲辰	中国民族图书馆	930	001385	140
甲辰年	中国民族图书馆	291	000571	44
甲辰年	中国民族图书馆	1159	000236	174
甲辰年	中国民族图书馆	1162	000239	175

续表

汉文题名	收藏单位	本书排序	馆藏索书号	页码
甲辰年	中国民族图书馆	1540	001449	232
甲金堂	中国民族图书馆	794	001242	120
甲庚癸年	中国民族图书馆	385	000806	58
甲庚癸年丙丁壬日吉	清华大学图书馆	5	11	263
甲庚癸年丙壬丁■吉	中国国家博物馆	8	水书 8	258
甲庚癸年丙壬丁日	中国民族图书馆	868	001317	131
甲要己金堂	中国民族图书馆	952	001474	143
甲寅凶	中国民族图书馆	327	000748	49
甲寅年	中国民族图书馆	1548	001457	233
申子	中国民族图书馆	562	000991	85
申子未年	中国民族图书馆	396	000817	60
申子未年九日	中国民族图书馆	442	000867	67
申子辰	中国民族图书馆	374	000795	56
申子辰	中国民族图书馆	424	000849	64
申子辰	中国民族图书馆	463	000888	70
申子辰	中国民族图书馆	1607	001612	242
申子辰九反亥卯未	中国民族图书馆	433	000858	65
申子辰未壬乙吉	中国民族图书馆	573	001002	87
申子辰吉	中国民族图书馆	412	000837	62
申子辰吉	中国民族图书馆	534	000963	81
申子辰吉书	中国民族图书馆	893	001347	134
申子辰年	中国民族图书馆	131	000297	20
申子辰年	中国民族图书馆	183	000377	28
申子辰年	中国民族图书馆	241	000515	37
申子辰年	中国民族图书馆	257	000533	39
申子辰年	中国民族图书馆	276	000553	42
申子辰年	中国民族图书馆	286	000566	43
申子辰年	中国民族图书馆	287	000567	43
申子辰年	中国民族图书馆	299	000579	45
申子辰年	中国民族图书馆	426	000851	64
申子辰年	中国民族图书馆	440	000865	67
申子辰年	中国民族图书馆	444	000869	67
申子辰年	中国民族图书馆	474	000899	72
申子辰年	中国民族图书馆	504	000932	76
申子辰年	中国民族图书馆	571	001000	86
申子辰年	中国民族图书馆	608	001037	92
申子辰年	中国民族图书馆	610	001039	92
申子辰年	中国民族图书馆	632	001061	96
申子辰年	中国民族图书馆	668	001099	101

续表

汉文题名	收藏单位	本书排序	馆藏索书号	页码
申子辰年	中国民族图书馆	688	001119	104
申子辰年	中国民族图书馆	934	001389	141
申子辰年	中国民族图书馆	946	001468	142
申子辰年	中国民族图书馆	965	001487	145
申子辰年	中国民族图书馆	1160	000237	175
申子辰年	中国民族图书馆	1231	000362	185
申子辰年	中国民族图书馆	1310	000508	197
申子辰年	中国民族图书馆	1315	000513	198
申子辰年	中国民族图书馆	1565	001570	236
申子辰年	中央民族大学中国少数民族语言研究院	4	4	249
申子辰年	中国国家图书馆	15	shui15	253
申子辰年	中国国家图书馆	25	shui25	254
申子辰年（接亲书）	中国民族图书馆	53	000054	9
申子辰年子日	中国民族图书馆	798	001246	120
申子辰年日辛乙吉	中国民族图书馆	373	000794	56
申子辰年凶吉	中国民族图书馆	434	000859	66
申子辰年月吉凶	中国民族图书馆	1422	000694	214
申子辰年丑午时吉	中国民族图书馆	1013	001535	152
申子辰年未壬乙吉	中国民族图书馆	397	000818	60
申子辰年未方	中国民族图书馆	1044	000062	157
申子辰年正酉大吉	中国民族图书馆	227	000458	34
申子辰年丙丁	中国民族图书馆	1462	000734	219
申子辰年甲甲甲年女士蝠	中国国家博物馆	28	水书 28	261
申子辰年申日凶	中国民族图书馆	777	001225	117
申子辰年吉	中国民族图书馆	484	000909	73
申子辰年庚吉	中国民族图书馆	277	000554	42
申子辰年金人凶	中国民族图书馆	1023	001545	154
申子辰年寅方吉	中国国家图书馆	12	shui12	252
申寅午戌大吉	中国民族图书馆	1243	000408	187
四书分金吉凶	中央民族大学民族博物馆	9	ZM08215	244
四正三合十干年第日方时吉	中国民族图书馆	1425	000697	214
四正三合古第日时方吉	中国民族图书馆	1397	000667	210
四正三合年三合吉日	中国民族图书馆	1331	000600	200
四正三合年凶日	中国民族图书馆	1356	000625	204
四正三合年凶日	中国民族图书馆	1449	000721	218
四正三合年月第日时吉凶	中国民族图书馆	1414	000686	212
四正三合年吉日阴阳相合	中国民族图书馆	1378	000648	207
四正三合年吉凶日	中国民族图书馆	1326	000595	199

续表

汉文题名	收藏单位	本书排序	馆藏索书号	页码
四正三合年吉凶日	中国民族图书馆	1354	000623	204
四正三合年孟仲季月日时吉	中国民族图书馆	1408	000680	212
四正三合年孟仲季月凶日	中国民族图书馆	1387	000657	208
四正三合年孟仲季月古第日时吉	中国民族图书馆	1437	000709	216
四正三合年孟仲季月吉日时	中国民族图书馆	1424	000696	214
四正三合年孟仲季月吉凶日	中国民族图书馆	1360	000630	204
四正三合年孟仲季月吉凶日	中国民族图书馆	1382	000652	208
四正对冲年孟仲季月吉凶日	中国民族图书馆	1349	000618	203
四正年正四七十月吉凶日	中国民族图书馆	1347	000616	202
四正年孟仲季月日方吉	中国民族图书馆	1446	000718	217
四正年孟仲季月日吉	中国民族图书馆	1411	000683	212
四季六十甲子吉凶	中国民族图书馆	974	001496	146
四经透解	中国民族图书馆	649	001078	98
生犯占解	中国民族图书馆	222	000452	34
生年人忌三杀	中国民族图书馆	905	001359	136
生年八字	中国民族图书馆	52	000053	8
生年月时日	中国民族图书馆	1224	000355	184
生年用日安葬大吉	中国民族图书馆	236	000471	36
生年用日病忌要	中国民族图书馆	228	000461	35
生年用时日	中国民族图书馆	1250	000415	188
白木	中国民族图书馆	586	001015	89
白木	中国民族图书馆	709	001141	107
白文通书焊郎	中国民族图书馆	833	001282	126
白本推怪	中国民族图书馆	104	000207	16
白黑寸门	中国民族图书馆	840	001289	127
用天罡书开路	中国民族图书馆	766	001214	115
用鬼凶日时方	中国民族图书馆	1391	000661	209
庚辛午	中国民族图书馆	1410	000682	212
氐亥子书	中国民族图书馆	1281	000479	193
氐寅丑书	中国民族图书馆	1278	000476	192
卯子日时吉	中国民族图书馆	560	000989	85
卯酉年	中国民族图书馆	754	001192	114
卯辰巳方六十	中国民族图书馆	129	000295	20
冬寅午戌	中国民族图书馆	1225	000356	184
冬寅正七	中国民族图书馆	477	000902	72
立房	中国民族图书馆	232	000467	35
立房书	中国民族图书馆	81	000160	13
立房书	中国民族图书馆	1101	000137	166
立房宜看吉凶	中国民族图书馆	91	000191	14

续表

汉文题名	收藏单位	本书排序	馆藏索书号	页码
立房接亲书	中国民族图书馆	874	001328	132
立房期日	中国民族图书馆	1592	001597	240
头生干起葬	中国民族图书馆	1083	000101	163
汉书批解	中央民族大学民族博物馆	17	ZM08223	245
礼仪道作	中国民族图书馆	330	000751	50
出门杀相打鸟	中国民族图书馆	576	001005	87
对金用本书	中国民族图书馆	790	001238	119
吉	中国民族图书馆	1482	001211	223
吉日利时	中国民族图书馆	1262	000434	190
吉凶	中国民族图书馆	1177	000254	177
吉凶 十一卷	中国民族图书馆	1061	000079	160
吉凶时	中国民族图书馆	884	001338	133
吉凶应用忌日一卷	中国民族图书馆	785	001233	118
吉书	中国民族图书馆	359	000780	54
吉书	中国民族图书馆	895	001349	135
吉时凶	中国民族图书馆	717	001150	108
吉时禁忌知识	中国民族图书馆	1141	000189	172
吉星便览	中国民族图书馆	152	000320	23
地龙飞	中国民族图书馆	7	000007	2
地龙飞	中国民族图书馆	356	000777	54
地龙睡	中国民族图书馆	158	000326	24
地理三盘	中国民族图书馆	713	001146	108
地理本	中国民族图书馆	557	000986	84
戌■忌午方	中国民族图书馆	186	000380	28
戌山忌午方	中国民族图书馆	103	000206	16
戌山忌午方	中国民族图书馆	1163	000240	175
戌山忌午辰丑	中国民族图书馆	1297	000495	195
戌山贪巨古	中国民族图书馆	800	001248	120
戌山贪巨古（姑夺凶）	中国民族图书馆	797	001245	120
戌吉卷	中国民族图书馆	1322	000592	199
戌亥年五十一丑	中国民族图书馆	1229	000360	185
百八■朗要日埋葬吉	中国民族图书馆	1173	000250	176
百八贪朗要日埋葬吉	中国民族图书馆	1196	000277	180
百八贪朗要日埋葬吉	中国民族图书馆	1202	000284	181
百木	中国国家图书馆	21	shui21	254
百木时凶	中国民族图书馆	803	001251	121
百木忌	中国民族图书馆	1084	000102	163
存亡之道（当门）	中央民族大学民族博物馆	16	ZM08222	245
存亡之道（当门）	中央民族大学民族博物馆	25	ZM08231	246

续表

汉文题名	收藏单位	本书排序	馆藏索书号	页码
当大旺	中国民族图书馆	97	000197	15
当大旺	中国民族图书馆	1119	000158	168
当大旺	中国民族图书馆	1136	000176	171
当大旺	中国民族图书馆	1140	000182	172
当大旺	中国民族图书馆	1292	000490	194
当内鬼当大兄大吉	中国民族图书馆	944	001409	142
当当	中国民族图书馆	993	001515	149
当情当班帕班劳	中国民族图书馆	294	000574	45
虫山答辩推选	中国民族图书馆	1595	001600	240
岁次壬辰录	中国民族图书馆	378	000799	57
则斗	中国民族图书馆	951	001473	143
则斗葬穹	中国民族图书馆	446	000871	67
则独	中国民族图书馆	495	000921	75
则头方穹	中国民族图书馆	731	001167	110
年乙丑金木■吉	中国民族图书馆	466	000891	70
年壬辰	中国民族图书馆	1182	000259	178
年月日凶	中国民族图书馆	427	000852	65
年方九星吉日	中国民族图书馆	1008	001530	152
年甲子金	中国民族图书馆	598	001027	91
年用年女日	中国民族图书馆	1215	000343	183
年用男女日用品	中国民族图书馆	1237	000402	186
年用男女日吉	中国民族图书馆	1222	000352	184
年癸酉日	中国民族图书馆	1570	001575	236
年龄起宫掌	中国民族图书馆	1035	001557	156
迁旧坟	中国民族图书馆	100	000202	16
行月	中国民族图书馆	415	000840	63
全年全月刊子午正七	中国民族图书馆	266	000542	40
全体大用	中央民族大学民族博物馆	11	ZM08217	244
全体大用	中央民族大学民族博物馆	24	ZM08230	246
众忌	中国民族图书馆	1081	000099	163
创造新宅	中国民族图书馆	1303	000501	196
杂书便用	中国民族图书馆	253	000528	38
杂忌	中国民族图书馆	1082	000100	163
杂录吉凶日	中国民族图书馆	651	001080	99
各年宜忌方	中国民族图书馆	1009	001531	152
亥三时壬癸凶	中国民族图书馆	1568	001573	236
亥子	中国民族图书馆	1497	001397	225
亥子凶	中国民族图书馆	1499	001399	225
亥子丑年	中国民族图书馆	251	000525	38

续表

汉文题名	收藏单位	本书排序	馆藏索书号	页码
亥子丑年	中国民族图书馆	996	001518	150
亥子书	中国民族图书馆	1283	000481	193
亥子吉	中国民族图书馆	1498	001398	225
亥卯未年	中国民族图书馆	214	000443	33
亥卯未年	中国民族图书馆	279	000556	42
亥卯未年	清华大学图书馆	1	1	263
亥卯未年冬三月	中国民族图书馆	217	000446	33
亥未申	中国国家图书馆	7	shui7	252
亥时	中国民族图书馆	760	001198	115
问时吉凶	中国民族图书馆	923	001378	139
关病	中国民族图书馆	211	000428	32
宅度六十大凶	中国民族图书馆	520	000949	79
宅哭宅旯宅死	中国民族图书馆	340	000761	51
安埋吉凶	中国民族图书馆	79	000141	13
安埋吉凶	中国民族图书馆	80	000142	13
安埋便用吉凶	中国民族图书馆	1103	000139	166
安葬书	中国民族图书馆	682	001113	103
安葬立房吉凶	中国民族图书馆	1593	001598	240
安葬吉凶在内吉可用凶不凶	中国民族图书馆	235	000470	36
许愿便用	中国民族图书馆	906	001360	136
论十二时生人寿	中国民族图书馆	247	000521	37
论本择与安葬与用神吉利	中国民族图书馆	1203	000285	181
论本择日安葬与用吉利	中国民族图书馆	1197	000278	180
论年忌山安葬	中国民族图书馆	530	000959	80
论攻守	中国国家图书馆	2	shui2	251
论宫利年月日时	中国民族图书馆	650	001079	98
农历书乙酉年	中国民族图书馆	1600	001605	241
农事占卜	中国国家图书馆	9	shui9	252
阳顺阴逆	中国民族图书馆	38	000039	6
阴阳	中国民族图书馆	182	000376	28
阴阳	中国民族图书馆	271	000547	41
阴阳	中国民族图书馆	1020	001542	153
阴阳吉日	中国民族图书馆	1448	000720	217
阴阳论	中国民族图书馆	714	001147	108
阴阳贪年	中国民族图书馆	521	000950	79
阴阳顺逆	中国民族图书馆	575	001004	87
阴阳歌语通书唱言	中国民族图书馆	583	001012	88
观歹瓦吉凶	中国民族图书馆	836	001285	126
欢书 九卷凶	中国民族图书馆	1059	000077	159

续表

汉文题名	收藏单位	本书排序	馆藏索书号	页码
买田吉	中央民族大学民族博物馆	21	ZM08227	246
买田吉	中央民族大学民族博物馆	29	ZM08235	247
把贪未稳	中国民族图书馆	28	000028	5
把贪生年	中国民族图书馆	40	000041	7
把贪金堂	中国民族图书馆	702	001134	106
把贪海生命	中国民族图书馆	59	000060	9
花甲生人	中国民族图书馆	47	48	8
花红字	中国民族图书馆	1300	000498	196
求则得知	中国民族图书馆	456	000881	69
酉三九	中国民族图书馆	1483	001212	223
酉山屎金戌亥屎金	中国民族图书馆	322	000743	49
酉正贪戌正四亥正六吉时	中国民族图书馆	342	000763	52
酉年巨凶	中国民族图书馆	420	000845	64
酉年卯	中国民族图书馆	995	001517	150
辰戌年丑日方 二卷	中国民族图书馆	1046	000064	157
辰甲年贪	中国民族图书馆	1156	000233	174
辰戌	中国民族图书馆	405	000830	61
辰戌丑方	中国民族图书馆	1307	000505	197
辰戌年	中国民族图书馆	109	000212	17
辰戌年	中国国家图书馆	23	shui23	254
辰戌年丑方	中国民族图书馆	478	000903	72
辰戌年丑方	中国民族图书馆	1121	000161	169
辰戌年丑方	中国民族图书馆	1145	000215	172
辰戌年四丑方	中国民族图书馆	1112	000151	167
还乔应用	中国民族图书馆	655	001085	99
连男连女在内	中国民族图书馆	696	001127	105
时日相克	中国民族图书馆	1071	000089	161
时凶庚寅	中国民族图书馆	1093	000115	164
吴兴钓福应	中国民族图书馆	898	001352	135
男女日吉	中国民族图书馆	1180	000257	178
男女吉	中国民族图书馆	63	000110	10
告相寅问	中国民族图书馆	115	000220	18
告相寅问	中国民族图书馆	1149	000226	173
告相寅相	中国民族图书馆	1252	000417	188
作 交友讨账和合	中国民族图书馆	1421	000693	213
作当吉 十二卷吉	中国民族图书馆	1062	000080	160
返书结婚全卷	中国民族图书馆	245	000519	37
坐黑	中国民族图书馆	764	001202	115
应用庙鬼	中国民族图书馆	715	001148	108

续表

汉文题名	收藏单位	本书排序	馆藏索书号	页码
辛巳年	中国民族图书馆	193	000387	29
辛巳年	中国民族图书馆	926	001381	139
辛巳年	中国民族图书馆	1521	001430	229
辛丑年	中国民族图书馆	565	000994	86
辛未年	中国民族图书馆	1512	001421	227
辛卯年	中国民族图书馆	1536	001445	231
辛亥年	中国民族图书馆	1545	001454	232
辛酉年	中国民族图书馆	501	000928	76
辛酉年	中国民族图书馆	1556	001465	234
闲宿	中国民族图书馆	925	001380	139
沙朋 三卷凶	中国民族图书馆	1048	000066	158
沙朋六十	中国民族图书馆	1086	000104	163
识凶释吉（别吉）	中央民族大学民族博物馆	3	ZM08209	243
识凶释吉（别吉）	中央民族大学民族博物馆	5	ZM08211	243
识凶释吉（别吉）	中央民族大学民族博物馆	23	ZM08229	246
灵吉通知	中国民族图书馆	535	000964	81
改鬼吉 三卷吉	中国民族图书馆	1047	000065	157
改神送怪	中国民族图书馆	1610	001615	242
忌入棺安葬出柩山外停等吉凶日时	中国民族图书馆	255	000531	39
忌死同宫	中国民族图书馆	1585	001590	239
忌杀牛敬祖公	中国民族图书馆	1116	000155	168
忌杀师	中国民族图书馆	881	001335	133
忌各项日凶	中国民族图书馆	234	000469	36
忌时入棺	中国民族图书馆	1246	000411	187
忌砍牛	中国民族图书馆	1153	000230	173
忌砍牛	中国民族图书馆	1301	000499	196
陆十花甲八贪	中国民族图书馆	432	000857	65
陆铎凶日	中国民族图书馆	856	001305	129
陆道根源	中国民族图书馆	698	001130	105
武曲	中国民族图书馆	979	001501	147
武禄	中国民族图书馆	1171	000248	176
武禄戌亥	中国民族图书馆	149	000317	23
青云得路	中央民族大学民族博物馆	18	ZM08224	245
青云得路（卷地）	中央民族大学民族博物馆	19	ZM08225	245
择日	中国民族图书馆	818	001266	123
择日书	中国民族图书馆	679	001110	103
择日时	中国民族图书馆	846	001295	127
择日便用	中国民族图书馆	1490	001324	224
择日通书	中国民族图书馆	1273	000459	191

续表

汉文题名	收藏单位	本书排序	馆藏索书号	页码
择吉	中国民族图书馆	975	001497	147
择吉紧要	中国民族图书馆	1318	000550	198
择时书	中国民族图书馆	683	001114	103
择道书	中国民族图书馆	862	001311	130
其中有应	中国民族图书馆	735	001171	111
取年生算金用吉凶克	中国民族图书馆	1090	000112	164
取房吉凶	中央民族大学中国少数民族语言研究院	1	1	249
林散掌	中国民族图书馆	1603	001608	241
丧事备要出棺入殓方时凶忌	中国民族图书馆	1492	001392	224
丧葬仪式	中国民族图书馆	639	001068	96
事所先知	中央民族大学民族博物馆	14	ZM08220	245
事所先知	中央民族大学民族博物馆	27	ZM08233	247
旺大田	中国民族图书馆	1590	001595	239
物知终始	中央民族大学民族博物馆	12	ZM08218	244
物知终始	中央民族大学民族博物馆	28	ZM08234	247
的点	中国国家图书馆	20	shui20	254
金木水火土	中国民族图书馆	272	000548	41
金木水火土	中国民族图书馆	307	000587	46
金木水火土	中国民族图书馆	335	000756	51
金木水火土丙	中国民族图书馆	1476	001205	222
金木水火土年 十干年 三合年日时方吉	中国民族图书馆	1390	000660	209
金年火	中国民族图书馆	865	001314	130
金堂	中国民族图书馆	1001	001523	150
金堂大旺点提	中国民族图书馆	843	001292	127
采贼盗脚	中国民族图书馆	620	001049	94
受业弟子姚阅读	中国民族图书馆	882	001336	133
贪五九	中国民族图书馆	1248	000413	188
贪五九吉	中国民族图书馆	233	000468	35
贪五株	中国民族图书馆	92	000192	14
贪巨	中央民族大学民族博物馆	2	ZM08208	243
贪巨	中央民族大学民族博物馆	32	ZM08238	247
贪巨六十年吉日	中国民族图书馆	1392	000662	209
贪巨六十庚甲	中国民族图书馆	1147	000224	173
贪巨甲子	中国民族图书馆	600	001029	91
贪巨海 九卷	中国民族图书馆	1058	000076	159
贪巨腊	中国民族图书馆	162	000330	25
贪六十吉	中国民族图书馆	891	001345	134
贪六水元	中国民族图书馆	1004	001526	151

续表

汉文题名	收藏单位	本书排序	馆藏索书号	页码
贪未申年宜贪	中国民族图书馆	1291	000489	194
贪四用埋葬大吉吉	清华大学图书馆	6	20	263
贪四吉	中国民族图书馆	226	000457	34
贪四吉	中国民族图书馆	1275	000462	192
贪母	中国民族图书馆	1151	000228	173
贪母	中国民族图书馆	1313	000511	197
贪母六十金水未申	中国民族图书馆	1115	000154	168
贪母六十金水未申	中国民族图书馆	1134	000174	171
贪吉	中国民族图书馆	428	000853	65
贪百八	中国民族图书馆	1110	000149	167
贪百八	中国民族图书馆	1133	000173	171
贪百八	中国民族图书馆	1150	000227	173
贪百八	中国民族图书馆	1220	000350	183
贪百八	中国民族图书馆	1308	000506	197
贪百八吉利	中国民族图书馆	244	000518	37
贪年吉	中国民族图书馆	1316	000527	198
贪吵都借	中国民族图书馆	1146	000219	172
贪吵都借	中国民族图书馆	1165	000242	175
贪吵都借	中国民族图书馆	1226	000357	184
贪武辅子金水	中国民族图书馆	1210	000337	182
贪典低书	中国民族图书馆	1288	000486	194
贪狼	中国民族图书馆	107	000210	17
贪狼	中国民族图书馆	686	001117	104
贪狼	中国民族图书馆	1114	000153	168
贪狼（贪未申年宜贪）	中国民族图书馆	1132	000172	170
贪狼书吉凶定用	中国民族图书馆	157	000325	24
贪狼吉星	中央民族大学民族博物馆	20	ZM08226	246
贪狼吉星	中央民族大学民族博物馆	34	ZM11788	248
贪狼交媾吉凶	中国民族图书馆	308	000588	47
底当	中国民族图书馆	904	001358	136
庚子	中国民族图书馆	61	000106	10
庚子年跟己丑日凶	中国民族图书馆	1587	001592	239
庚午年	中国民族图书馆	1511	001420	227
庚午时贪	中国民族图书馆	496	000923	75
庚申己亥年	中国民族图书馆	1148	000225	173
庚申年	中国民族图书馆	567	000996	86
庚申年	中国民族图书馆	1555	001464	234
庚戌年	中国民族图书馆	1544	001453	232
庚辰日	中国民族图书馆	755	001193	114

续表

汉文题名	收藏单位	本书排序	馆藏索书号	页码
庚辰年	中国民族图书馆	1520	001429	229
庚辰辛巳年选择吉凶书	中国民族图书馆	551	000980	83
庚寅年	中国民族图书馆	290	000570	44
庚寅年	中国民族图书馆	1535	001444	231
庚寅年吉凶	中国民族图书馆	1218	000346	183
放鱼吉凶卡木 用合鸟仓吉日	中国民族图书馆	889	001343	134
放鬼又日时退头	中国民族图书馆	630	001059	95
放鬼返鬼改鬼见日时方	中国民族图书馆	1388	000658	209
法事所忌日时凶	中国民族图书馆	1188	000268	179
定时吉凶摘要	中国民族图书馆	1290	000488	194
宜用时进亲吉	中国民族图书馆	757	001195	114
宜头五虎金巳元弟	中国民族图书馆	1080	000098	162
宜看吉凶	中国民族图书馆	163	000331	25
宜看宿日	中国民族图书馆	763	001201	115
官印	中国民族图书馆	961	001483	144
诗书二十八宿集	中国民族图书馆	1489	001323	224
居古短	中国民族图书馆	45	000046	7
孟仲季月日时吉凶时	中国民族图书馆	1389	000659	209
孟仲季月四正三合年日时吉	中国民族图书馆	1433	000705	215
春三月	中国民族图书馆	980	001502	147
春三寅午正日冬	中国民族图书馆	191	000385	29
春三寅午正夏	中国民族图书馆	195	000389	30
春忌辰丑	中国民族图书馆	169	000340	26
春忌寅酉方时	中国民族图书馆	259	000535	39
春庚午辰	中国民族图书馆	1284	000482	193
春夏秋冬	中国民族图书馆	563	000992	85
春夏秋冬	中国民族图书馆	1154	000231	174
春夏秋冬七元拦门书	中国民族图书馆	1327	000596	200
春寅午日凶	中国民族图书馆	850	001299	128
春寅午戌	中国民族图书馆	189	000383	29
春寅午戌	中国民族图书馆	538	000967	81
春寅午戌	中国民族图书馆	690	001121	104
春寅午戌	中国民族图书馆	1123	000163	169
春寅午戌	中国民族图书馆	1187	000267	179
春寅午戌	中国民族图书馆	1199	000281	180
春寅午戌大败	中国民族图书馆	199	000394	30
春寅午戌年	中国民族图书馆	1311	000509	197
春寅午戌年大败	中国民族图书馆	1306	000504	196
挡书 放反鬼书	中国民族图书馆	1461	000733	219

续表

汉文题名	收藏单位	本书排序	馆藏索书号	页码
挖坟基用时吉	中国民族图书馆	283	000563	43
要用大吉好	中国民族图书馆	138	000306	21
砍七煞	中国民族图书馆	1274	000460	192
临时便用	中国民族图书馆	1105	000144	166
临时便用	中国民族图书馆	1127	000167	170
临时便用	中国民族图书馆	1299	000497	195
省任	中国民族图书馆	962	001484	145
看日用神本	中国民族图书馆	1267	000439	191
看日起屋吉凶	中国民族图书馆	249	000523	38
看公正看五寅	中国民族图书馆	1228	000359	185
看方吉凶	中国民族图书馆	1189	000269	179
看方吉凶	中国民族图书馆	1193	000273	179
看方时用	中国民族图书馆	631	001060	96
看生年用	中国民族图书馆	1261	000433	190
看用保福	中国民族图书馆	1580	001585	238
看改保福	中国民族图书馆	1027	001549	154
看病法吉凶	中国民族图书馆	867	001316	131
选择吉日撮要别瓜贪百八	中国民族图书馆	1028	1550	155
选择吉日撮要别瓜井百八	中央民族大学民族博物馆	10	ZM08216	244
复此捷解图吉	中国民族图书馆	829	001278	125
顺逆行	中国民族图书馆	1072	000090	161
修桥歌诀	中国民族图书馆	172	000353	26
修造吉日	中国民族图书馆	989	001511	149
保家神吉凶通用	中国民族图书馆	334	000755	51
保福择老坟	中国民族图书馆	849	001298	128
鬼名	中国民族图书馆	622	001051	94
鬼怪反书	中国国家博物馆	22	水书 22	260
度数唑穴吉凶	中国民族图书馆	410	000835	62
亲书	中国民族图书馆	641	001070	97
亲书便用（寸门）	中国民族图书馆	41	000042	7
亲亲书日时吉凶	中国民族图书馆	17	000017	3
养贯	中国民族图书馆	675	001106	102
养胎绝	中国民族图书馆	1474	001129	221
送娘或送鬼	中国民族图书馆	646	001075	98
总择日吉凶	中国民族图书馆	224	000454	34
宪书通用	中国民族图书馆	625	001054	95
祖中	中国民族图书馆	1567	001572	236
祖公太公用通精忌	中国民族图书馆	238	000474	36
说项	中国民族图书馆	1067	000085	160

续表

汉文题名	收藏单位	本书排序	馆藏索书号	页码
退怪	中央民族大学民族博物馆	7	ZM08213	244
屋屋荒荒吉门	中国民族图书馆	900	001354	135
姚学荣抄书	中国民族图书馆	888	001342	134
癸三癸吉三六凶	中国民族图书馆	748	001186	113
癸巳年	中国民族图书馆	1538	001447	231
癸巳亥六年大吉	中国民族图书馆	657	001088	99
癸中寅	中国民族图书馆	780	001228	118
戊午八未门	清华大学图书馆	7	47	264
癸丑年	中国民族图书馆	206	000401	31
癸丑年	中国民族图书馆	1547	001456	233
癸丑年十月时凶	中国民族图书馆	913	001367	137
癸未年	中国民族图书馆	1523	001432	229
癸卯年	中国民族图书馆	1539	001448	231
癸亥年	中国民族图书馆	1558	001467	235
癸亥年辛卯日贪	中国民族图书馆	595	001024	90
癸酉日卯辰时吉	中国民族图书馆	296	000576	45
癸酉年	中国民族图书馆	1514	001423	228
癸酉年	中国民族图书馆	1515	001424	228
癸寅巳夏未亥时	中国民族图书馆	361	000782	55
结婚嫁娶宜用	中国民族图书馆	1289	000487	194
耙造用	中国民族图书馆	940	001405	141
起月天罡	中国民族图书馆	555	000984	84
起房	中国民族图书馆	325	000746	49
起房书	中国民族图书馆	1487	001321	223
起房书 五卷吉	中国民族图书馆	1050	000068	158
起房讨	中国民族图书馆	454	000879	69
起房字	中国民族图书馆	689	001120	104
起造吉凶（立房书）	中国民族图书馆	37	000038	6
起造吉凶（立房书）	中国民族图书馆	48	000049	8
起造通书	中国民族图书馆	1169	000246	176
起造通书	中国民族图书馆	213	000430	32
埋葬凶日时	中国民族图书馆	751	001189	113
捌贪阴汤	中国民族图书馆	701	001133	106
都讲	中国国家图书馆	28	shui28	255
都居	中国民族图书馆	1559	001560	235
都腊	中国民族图书馆	1031	001553	155
都嘴寸门	中国民族图书馆	897	001351	135
莫先得	中国民族图书馆	984	001506	148
尅金用吉凶万年书	中国民族图书馆	363	000784	55

续表

汉文题名	收藏单位	本书排序	馆藏索书号	页码
根本富贵读本	中国民族图书馆	1276	000463	192
砧匙用时吉凶	中国民族图书馆	932	001387	140
破军六存年	中国民族图书馆	1041	001564	156
逐月蚕田十二宫	中国民族图书馆	986	001508	148
钱送容戊忌	中国民族图书馆	676	001107	102
造屋择用	中国民族图书馆	910	001364	137
造娶八■	中国民族图书馆	619	001048	94
秤门寡	中国国家博物馆	25	水书 25	261
徒非亚移	中国民族图书馆	414	000839	63
拿壮拿忌方	中国民族图书馆	1227	000358	185
逢井	中国民族图书馆	3	000003	1
逢井吉	中国民族图书馆	55	000056	9
逢	中国民族图书馆	677	001108	102
逢贪木	中国民族图书馆	72	000125	11
逢贪吉	中国民族图书馆	1037	001559	156
逢贪吉用（壬辰吉用）	中国民族图书馆	8	000008	2
留立	中国民族图书馆	609	001038	92
高脚	中国民族图书馆	1015	001537	153
海头	中国民族图书馆	1070	000088	161
浪九	中国民族图书馆	1472	001084	221
读本看做当	中国民族图书馆	517	000946	78
通书	中国民族图书馆	150	000318	23
通书	中国民族图书馆	164	000332	25
通书	中国民族图书馆	166	000334	25
通书六十年望	中国民族图书馆	1485	001267	223
通书甲已戌对方垦便用	中国民族图书馆	761	001199	115
通书有吉有凶	中国民族图书馆	242	000516	37
通书宜看吉凶	中国民族图书馆	159	000327	24
通书看日起时吉凶吉	中国民族图书馆	911	001365	137
通书选用	中国民族图书馆	613	001042	93
通书黄历乙巳年	中国民族图书馆	1596	001601	240
通用	中国民族图书馆	85	0000184	13
通用书凶吉	中国民族图书馆	512	0000941	78
通用择日做菩砂萨	中国民族图书馆	569	0000998	86
通选宜避凶神	中国民族图书馆	82	0000180	13
能知吉凶（勾见）	中央民族大学民族博物馆	15	ZM08221	245
能知吉凶（勾见）	中央民族大学民族博物馆	22	ZM08228	246
推怪	中国民族图书馆	1120	000159	169
推怪	中国民族图书馆	1249	000414	188

续表

汉文题名	收藏单位	本书排序	馆藏索书号	页码
推怪	中国民族图书馆	1293	000491	194
接亲	中国民族图书馆	231	000466	35
接亲	中国民族图书馆	346	000767	52
接亲	中国民族图书馆	954	001476	143
接亲本	中国民族图书馆	809	001257	122
接亲吉凶	中国民族图书馆	899	001353	135
接亲吉凶　四卷吉	中国民族图书馆	1049	000067	158
接亲字	中国民族图书馆	406	000831	61
接亲事	中国民族图书馆	455	000880	69
接亲起房造屋用	中国民族图书馆	393	000814	59
接婚吉日	中国民族图书馆	817	001265	123
接寡妇吉凶	中国民族图书馆	208	000425	32
接寡婆取日	中国民族图书馆	592	001021	90
探巨（探久）	中国民族图书馆	32	000032	5
探巨（探久）	中国民族图书馆	54	000055	9
探巨凶	中国民族图书馆	873	001327	131
探六连	中国民族图书馆	879	001333	132
探病忌企方位	中国民族图书馆	305	000585	46
娶亲日吉凶	中国民族图书馆	336	000757	51
娶寡书	中国民族图书馆	165	000333	25
黄历	中国民族图书馆	1594	001599	240
黄历	中国民族图书馆	1599	001604	241
黄历丁已年宿土房日	中国民族图书馆	1597	001602	240
盛柒书本	中国民族图书馆	912	001366	137
堂华　五卷	中国民族图书馆	1051	000069	158
常四常生要用	中国民族图书馆	137	000304	21
崩忌寸门不用	中国民族图书馆	919	001374	138
第一丙子日	中国民族图书馆	1470	000930	221
第一丙戌甲寅乙丑吉	中国国家博物馆	24	水书 24	260
第一丙寅	中国民族图书馆	531	000960	80
第一甲子	中国民族图书馆	691	001122	104
第一甲子■	中国民族图书馆	1152	000229	173
第一甲子日吉	中国民族图书馆	1094	000116	165
第一甲子年贪	中国民族图书馆	507	000936	77
第一甲子贪	中国民族图书馆	194	000388	30
第一甲子贪	中国民族图书馆	491	000917	74
第一甲子贪	中国民族图书馆	515	000944	78

续表

汉文题名	收藏单位	本书排序	馆藏索书号	页码
第一甲午日	中国民族图书馆	762	001200	115
第一甲寅破	中国民族图书馆	1244	000409	187
第一甲寅破	中国民族图书馆	1260	000432	190
第乙年辛木■巳时	清华大学图书馆	3	6	263
第十二上贪	中国民族图书馆	96	000196	15
第十二上贪	中国民族图书馆	1104	000143	166
第十二上贪	中国民族图书馆	1137	000177	171
第十二上贪	中国民族图书馆	1161	000238	175
第十二上贪	中国民族图书馆	1296	000494	195
第七癸亥年	中国民族图书馆	1473	001086	221
第九忌流连	中国民族图书馆	804	001252	121
第三甲子吉	中国民族图书馆	205	000400	31
第巳癸己吉	中国民族图书馆	381	000802	58
第五乙丑	中国民族图书馆	756	001194	114
第五癸酉	中国民族图书馆	559	000988	85
第六乙亥日	中国民族图书馆	369	000790	56
第四甲子龙吉	中国民族图书馆	127	000293	20
第四癸未	中国民族图书馆	281	000558	43
第辛 之二	中国民族图书馆	1479	001208	222
第辛■	中国民族图书馆	1481	001210	222
做当以	中央民族大学民族博物馆	6	ZM08212	243
做当以	中央民族大学民族博物馆	33	ZM11787	247
做当吉凶	中国民族图书馆	835	001284	126
得一	中国民族图书馆	128	000294	20
得一	中国民族图书馆	161	000329	25
彩绘图	中国民族图书馆	745	001181	112
象吉通书夏至 卷二	中国民族图书馆	1467	000826	220
祭用方凶	中国民族图书馆	730	001166	110
祭解	中国民族图书馆	680	001111	103
望八字命	中国民族图书馆	407	000832	62
望时	中国民族图书馆	326	000747	49
断节	中国民族图书馆	105	000208	16
断蛋吉凶	中国民族图书馆	1214	000342	183
剪背带用娘娘吉日凶日	中国民族图书馆	1317	000530	198
清黄家	中国民族图书馆	837	001286	126
寅午戌日	中国民族图书馆	769	001217	116
寅午戌日玉	中国民族图书馆	830	001279	125
寅午戌年	中国民族图书馆	221	000451	34
寅午戌年	中国民族图书馆	669	001100	101

续表

汉文题名	收藏单位	本书排序	馆藏索书号	页码
寅午戌年	中国民族图书馆	752	001190	113
寅午辰日	中国民族图书馆	155	000323	24
寅丑辰午甲庚方	中国民族图书馆	985	001507	148
寅丑辰午年甲庚方	中国民族图书馆	903	001357	136
寅丑一金可对必良	中国民族图书馆	1069	000087	161
寅申乙亥年	中国民族图书馆	256	000532	39
寅申巳亥年	中国民族图书馆	445	000870	67
寅申巳亥年	中国民族图书馆	738	001174	111
寅申巳亥年	中国民族图书馆	844	001293	127
寅卯方时	中国民族图书馆	706	001138	107
寅亥年子寅方	中国民族图书馆	861	001310	130
敢字	中国民族图书馆	624	001053	95
随时开	中国民族图书馆	1018	001540	153
随时便用	中国民族图书馆	1003	001525	151
婚姻	中国民族图书馆	93	000193	15
婚姻秘诀	中国民族图书馆	78	000140	12
壹本辅吉	中国民族图书馆	540	000969	82
葬事贫穷备要	中国民族图书馆	693	001124	105
棚盆	中国民族图书馆	118	000223	18
棺木	中国民族图书馆	102	000205	16
掌诀	中国民族图书馆	931	001386	140
掌诀（掌诀书）	中国民族图书馆	148	000316	23
掌诀（掌诀书）	中国民族图书馆	212	000429	32
掌诀（掌诀书）	中国民族图书馆	269	000545	41
掌诀书	中国民族图书馆	36	000037	6
掌诀吉凶	中国民族图书馆	722	001158	109
掌诀宫	中国民族图书馆	22	000022	4
掌法大全	中国民族图书馆	880	001334	133
黑书 放鬼返鬼用年月日时方	中国民族图书馆	1366	000636	205
黑书吉日时	中国民族图书馆	1458	000730	219
锁项	中国民族图书馆	813	001261	123
集避凶神各在其类	中国民族图书馆	353	000774	53
遁宫集	中国民族图书馆	1102	000138	166
释道书抄书读	中国民族图书馆	942	001407	142
释道书抄读	中国民族图书馆	941	001406	142
腊斗	中国民族图书馆	1466	000822	220
善书未申贪狼	中国民族图书馆	1488	001322	223
富贵大吉贪巨	中国民族图书馆	536	000965	81
富贵吉	中国民族图书馆	237	000472	36

续表

汉文题名	收藏单位	本书排序	馆藏索书号	页码
富贵看年日开方吉凶	中央民族大学民族博物馆	8	ZM08214	244
富贵看年日开方吉凶	中央民族大学民族博物馆	30	ZM08236	247
富贵根吉	中国民族图书馆	248	000522	38
富贵根基千支九星合六宫兼用	中国民族图书馆	1464	000820	220
禄马	中国民族图书馆	1586	001591	239
禄马定生死吉凶图决	中国民族图书馆	223	000453	34
隔见■花	中国民族图书馆	552	000981	84
缓坎	中国民族图书馆	822	001271	124
缓坎	中国民族图书馆	823	001272	124
缓坎	中国民族图书馆	824	001273	124
鼓响书	中国民族图书馆	431	000856	65
暖樑挡门做桥挡大旺日时吉凶	中国民族图书馆	1420	000692	213
简明适用算	中国民族图书馆	894	001348	135
腾订蛋法	中国民族图书馆	640	001069	97
解而吉	中国民族图书馆	6	000006	1
廉贪破巨武禄吉	中国国家博物馆	20	水书 20	260
新订崇正辟谬通书	中国民族图书馆	718	001152	108
新屋用日	中国民族图书馆	1282	000480	193
塞事	中国民族图书馆	1122	000162	169
塞事	中国民族图书馆	1130	000170	170
塞事	中国民族图书馆	1304	000502	196
嫁娶吉凶日	中国民族图书馆	451	000876	68
嫁娶吉凶日时	中国民族图书馆	314	000678	48
嫁娶择日	中国民族图书馆	638	001067	97
嫁娶通用吉凶	中国民族图书馆	704	001136	106
嫁娶通用吉凶	中国民族图书馆	729	001165	110
漏尸山	中国民族图书馆	1074	000092	162
增订返书流年用日时吉凶六十花甲	中国民族图书馆	1277	000473	192
增订返书流年用六十花甲	中国民族图书馆	1271	000449	191
增订流年看安葬老人择日用	中国民族图书馆	1272	000455	191
瞎眼山坎山	中国民族图书馆	1078	000096	162

附录三：水文古籍图录

《正七》，清抄本，民族文化宫图书馆（中国民族图书馆）藏

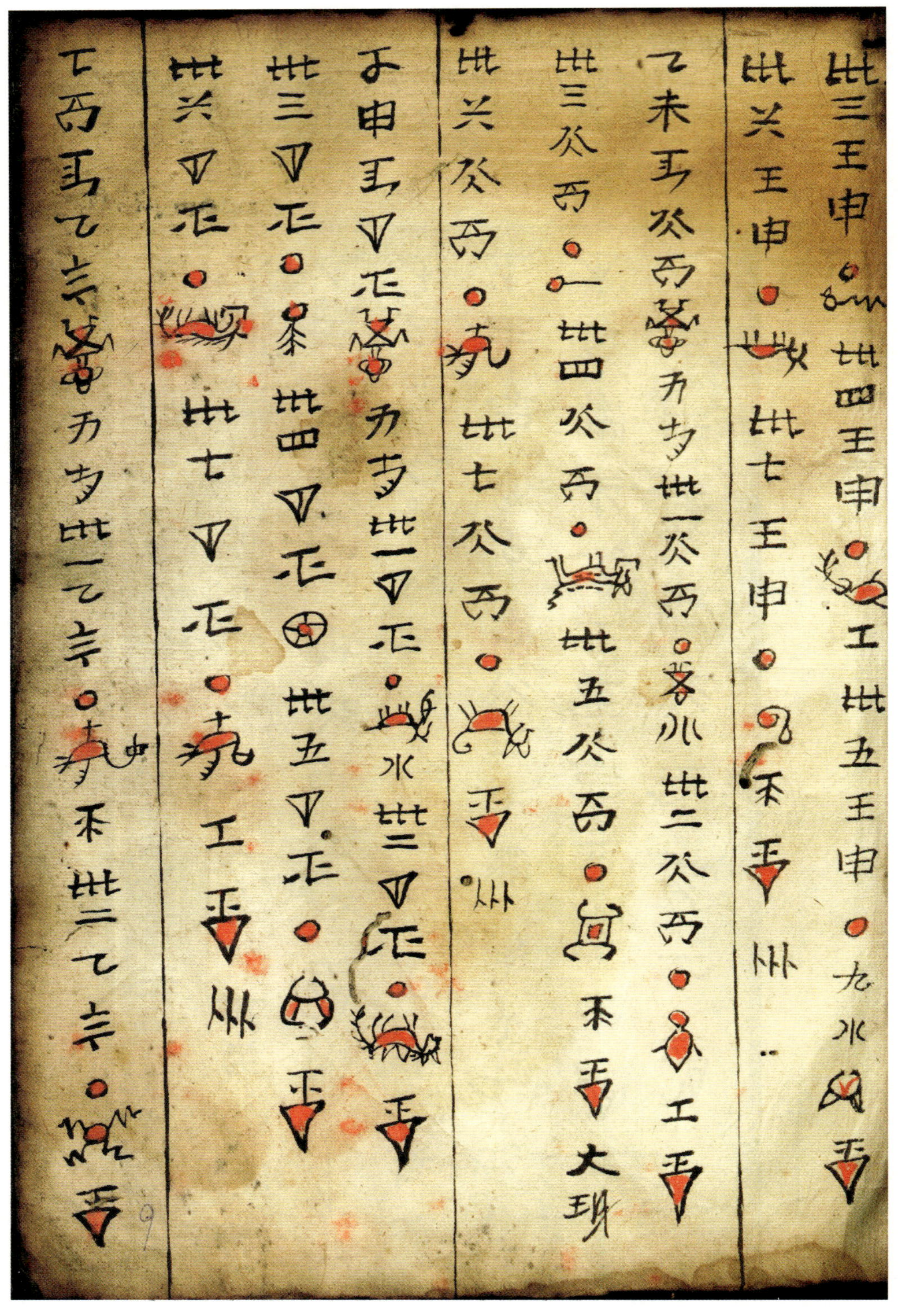

《龙戏》，清抄本，民族文化宫图书馆（中国民族图书馆）藏

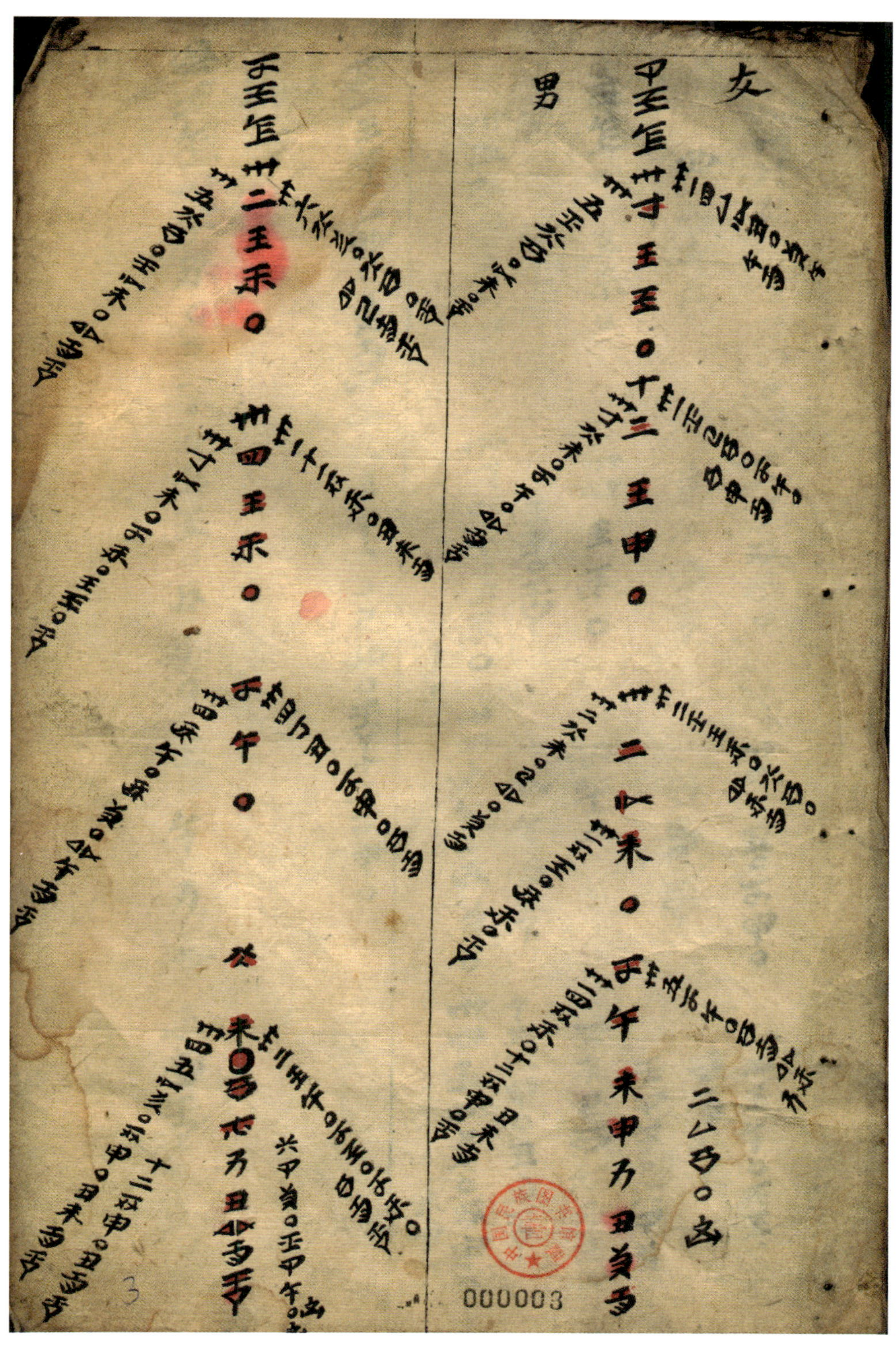

《逢井》，清抄本，民族文化宫图书馆（中国民族图书馆）藏

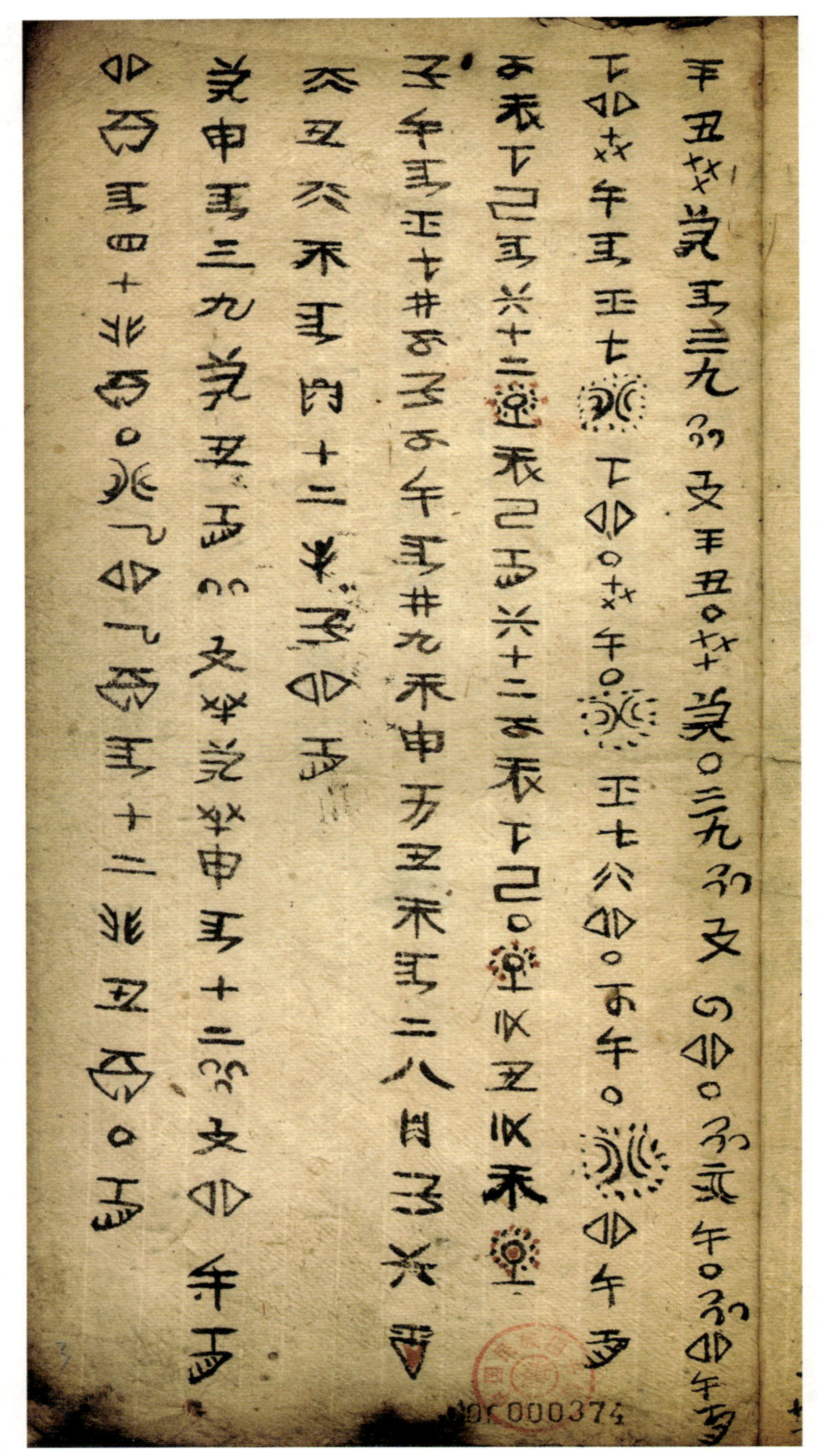

《子午卯酉年探》，清抄本，民族文化宫图书馆（中国民族图书馆）藏

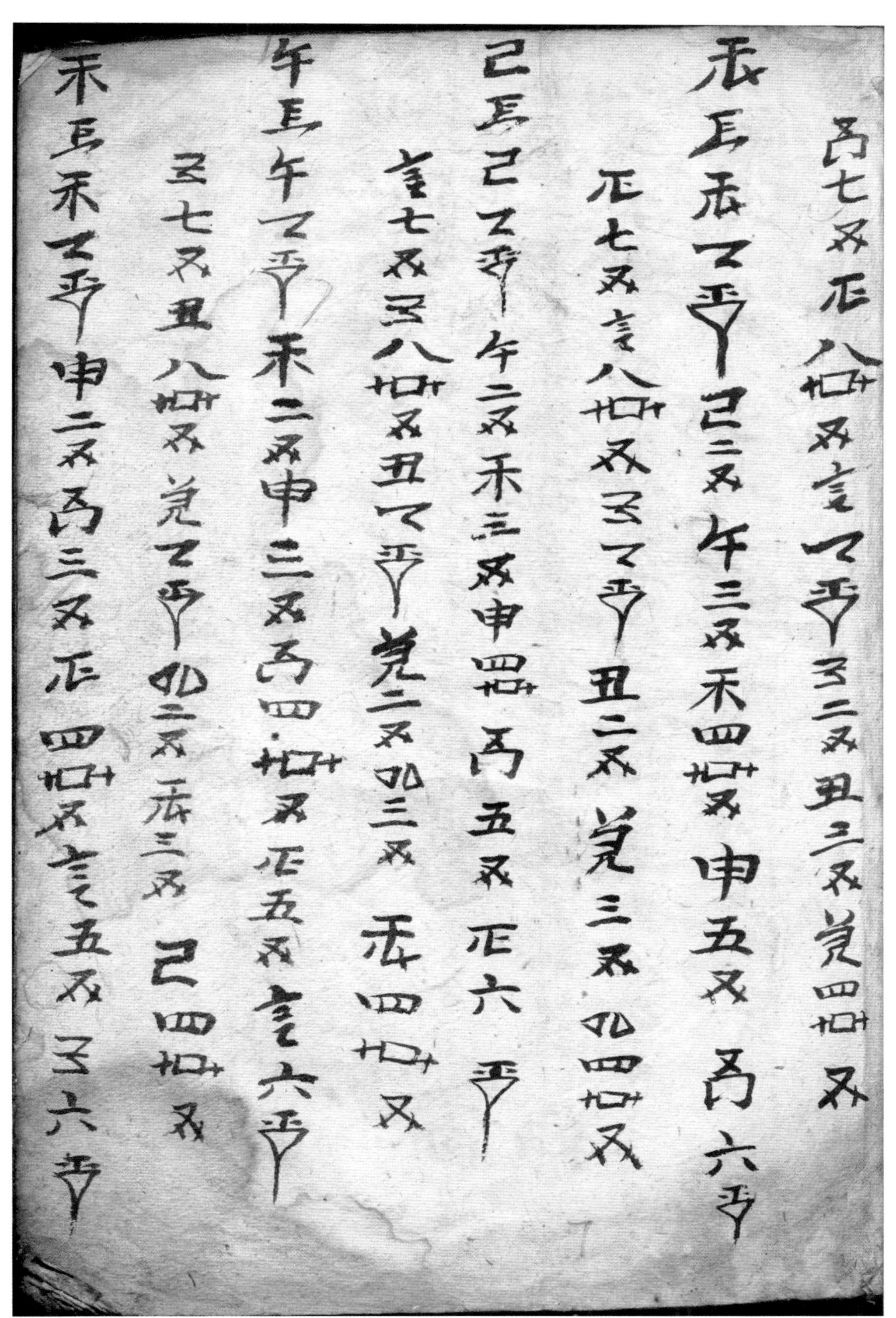

《起造通书》，清抄本，民族文化宫图书馆（中国民族图书馆）藏

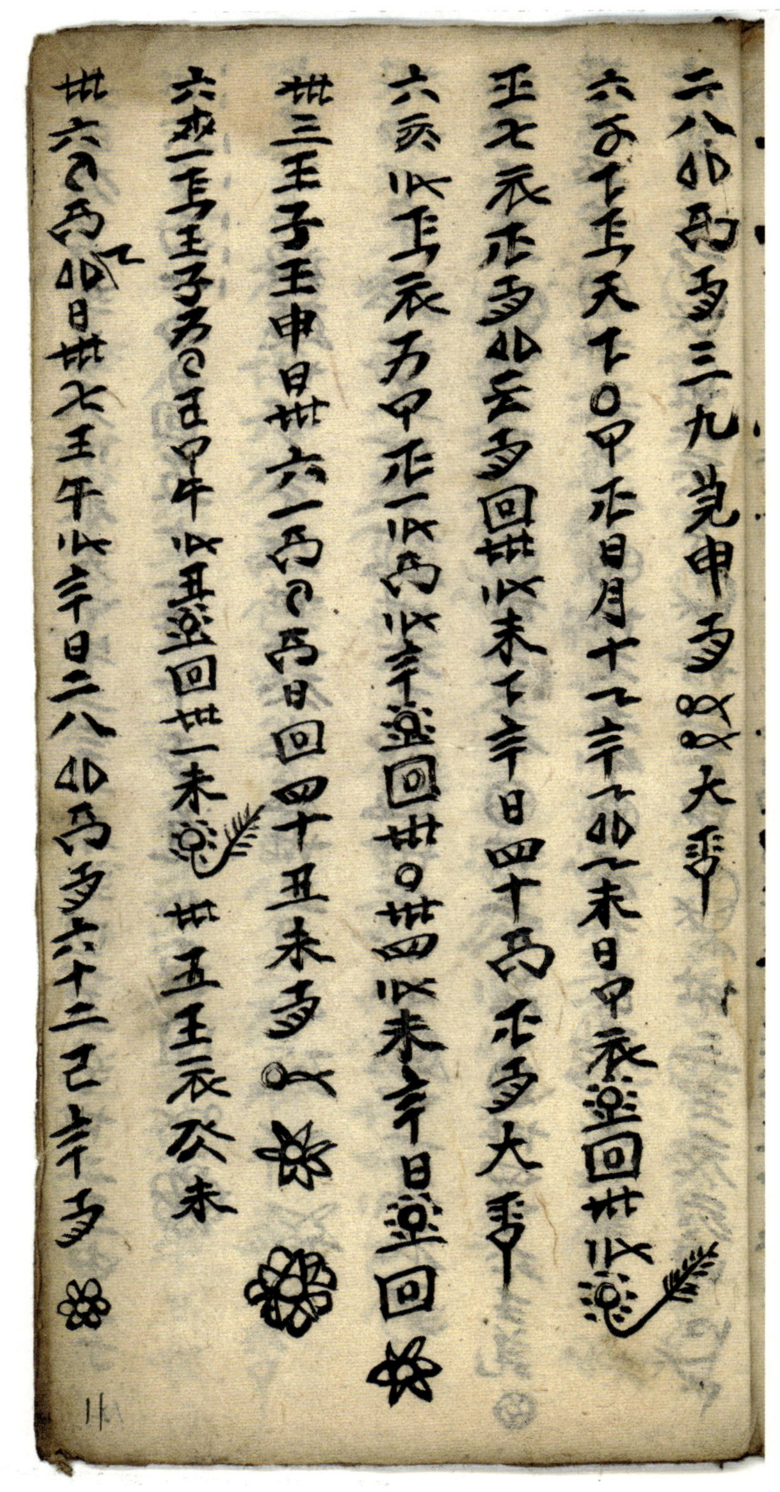

《寸门书》，清抄本，民族文化宫图书馆（中国民族图书馆）藏

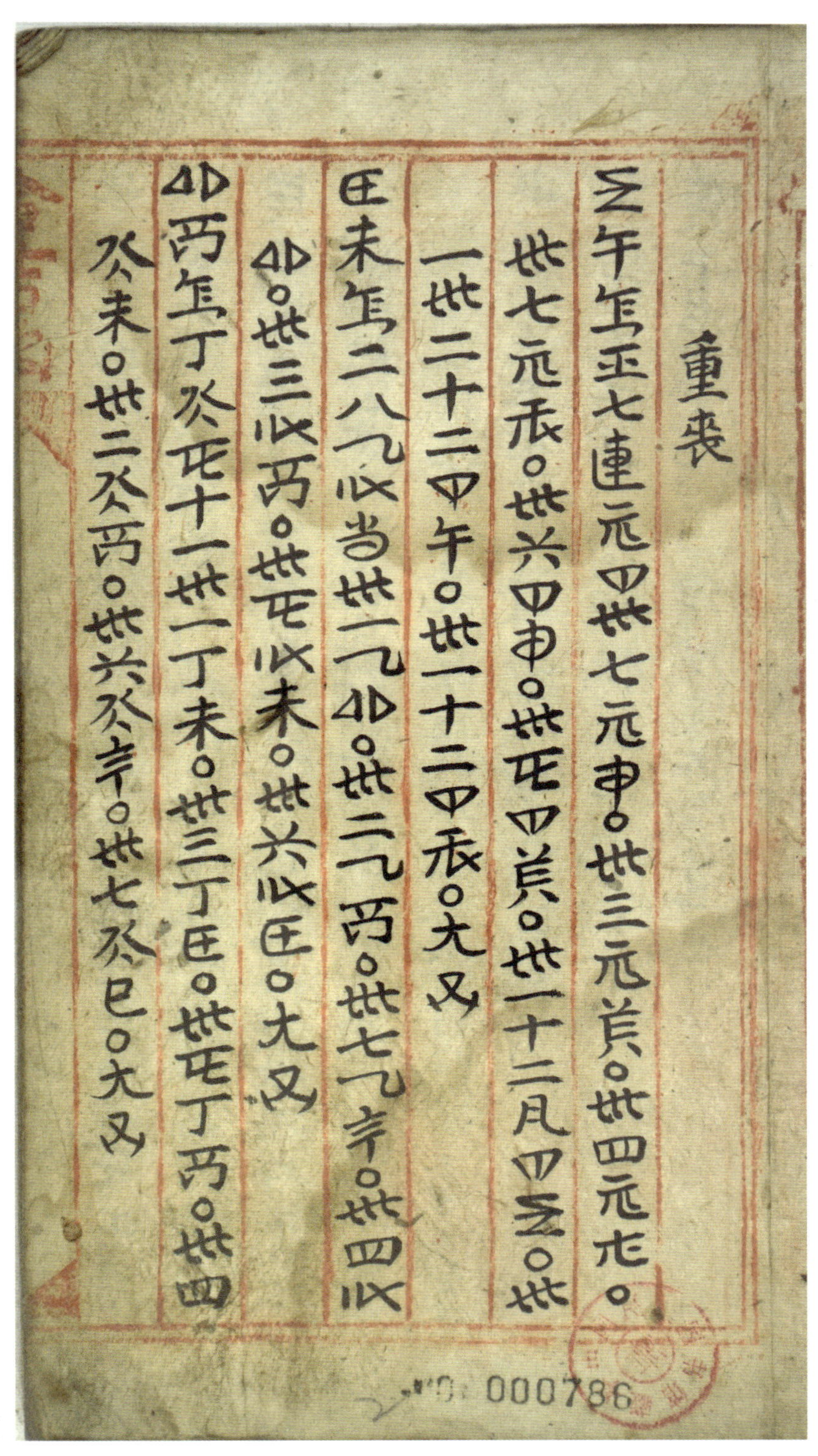

《正七合解》，清抄本，民族文化宫图书馆（中国民族图书馆）藏

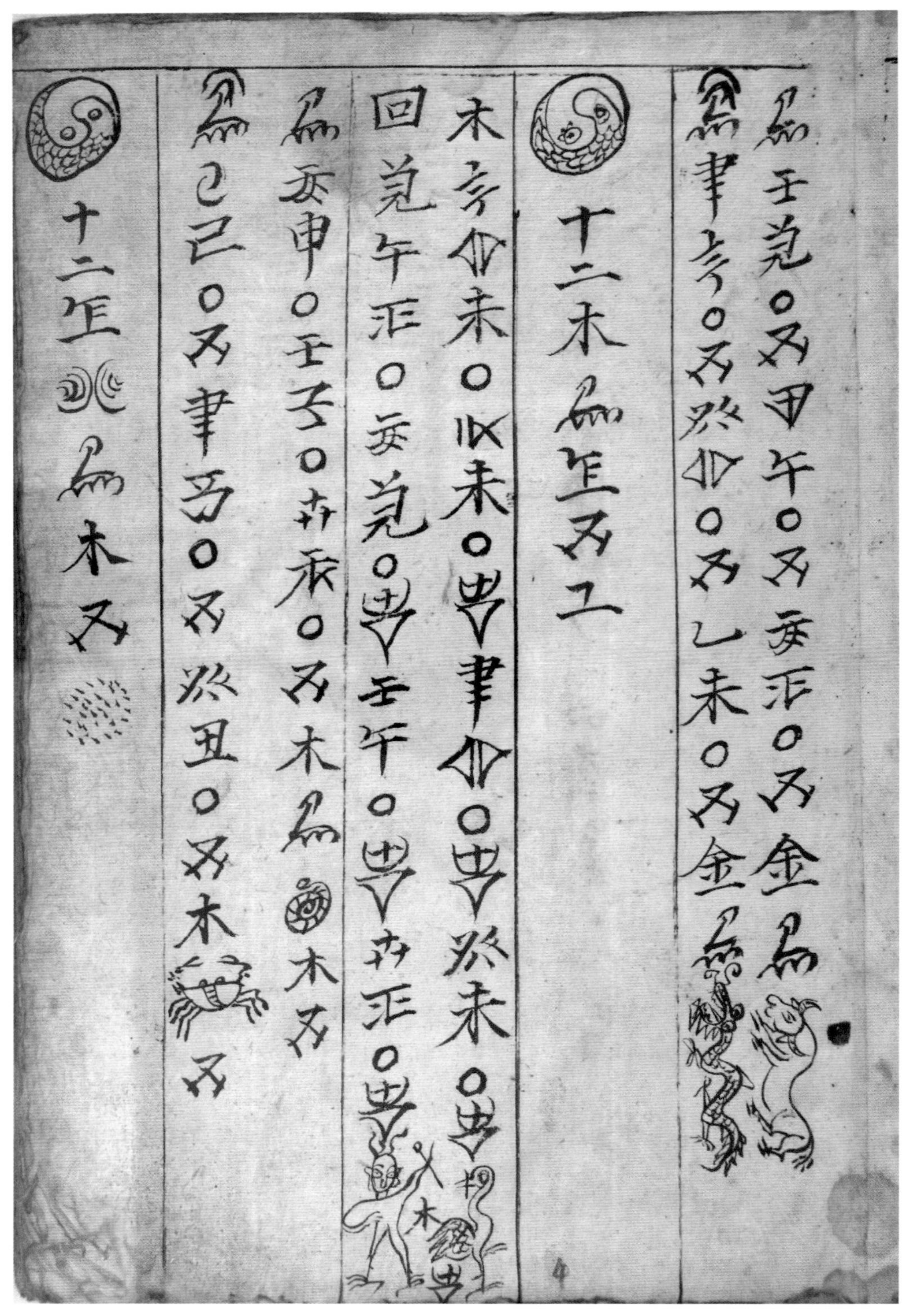

《鼓响书》，清抄本，民族文化宫图书馆（中国民族图书馆）藏

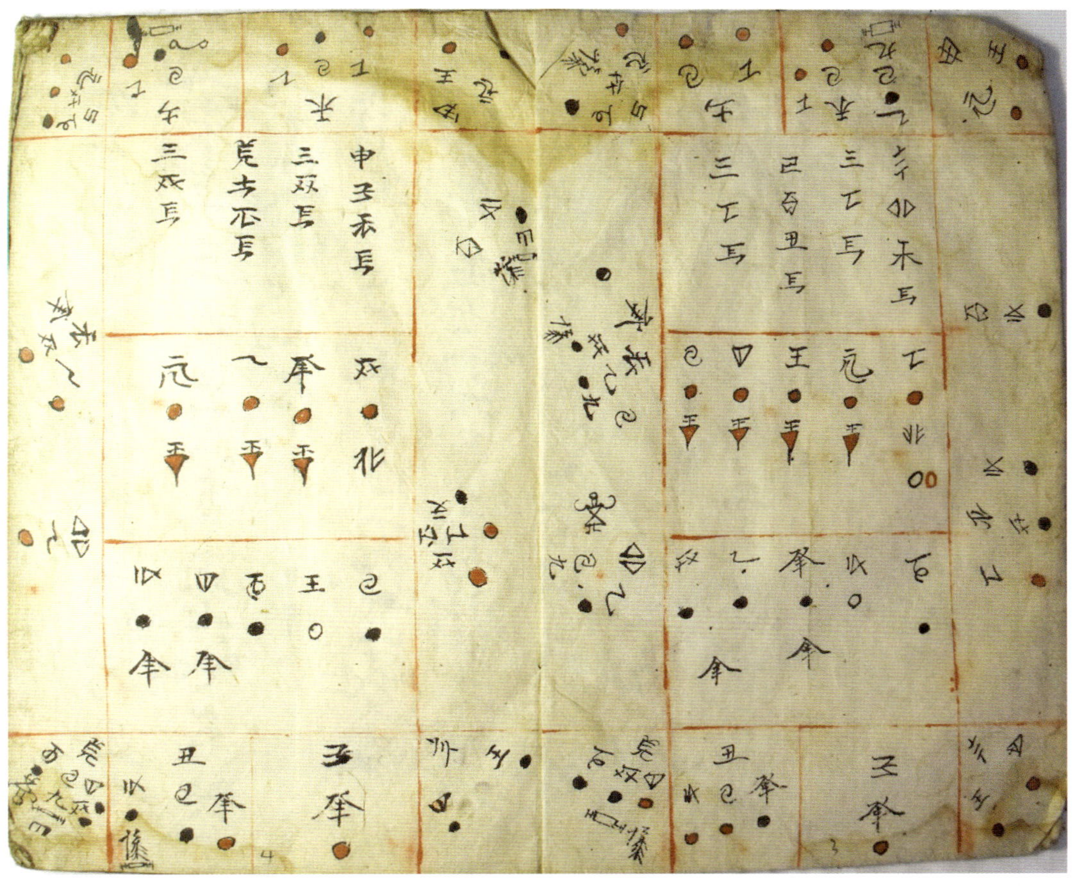

《历书》，清抄本，民族文化宫图书馆（中国民族图书馆）藏

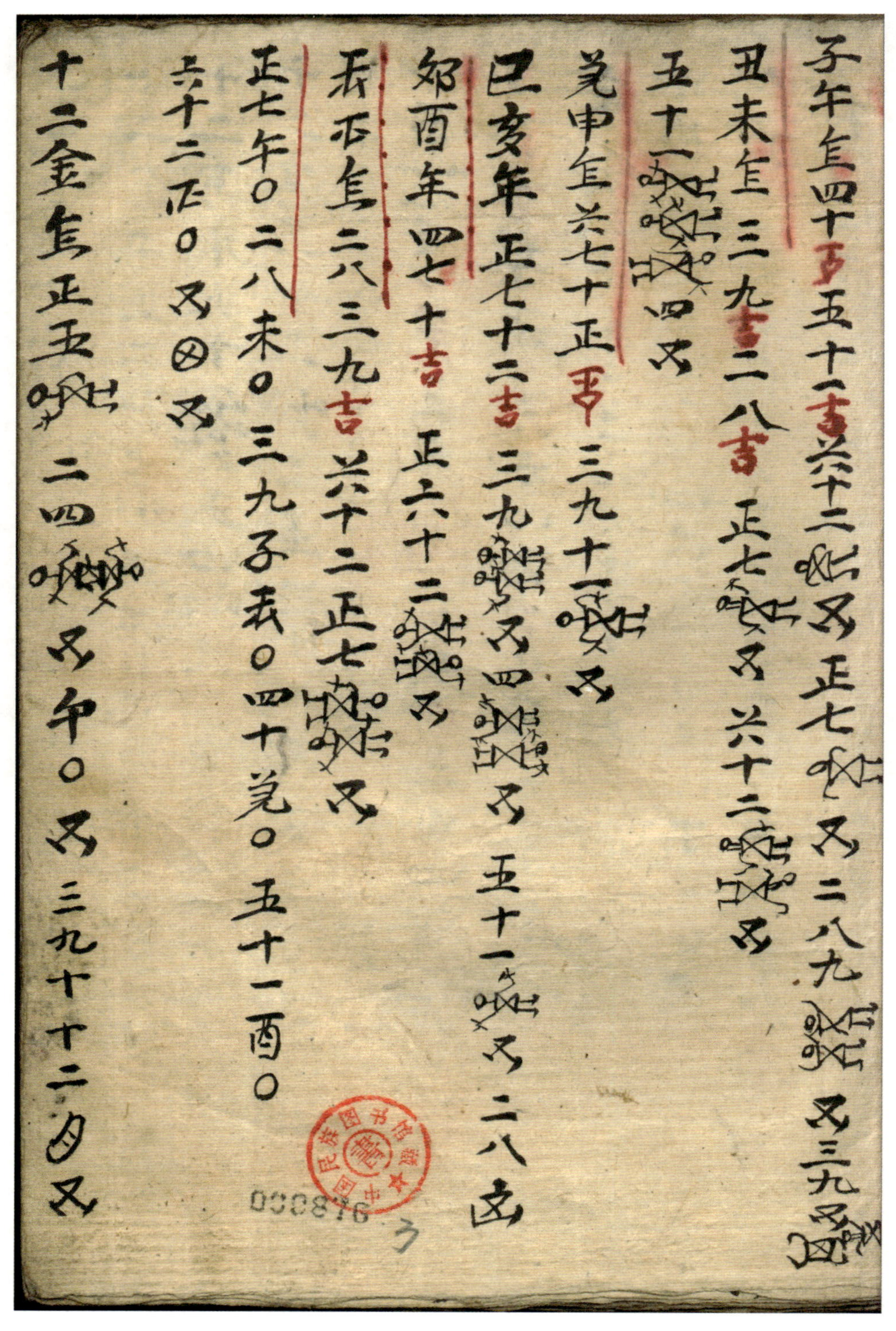

《嫁娶择日》，清抄本，民族文化宫图书馆（中国民族图书馆）藏

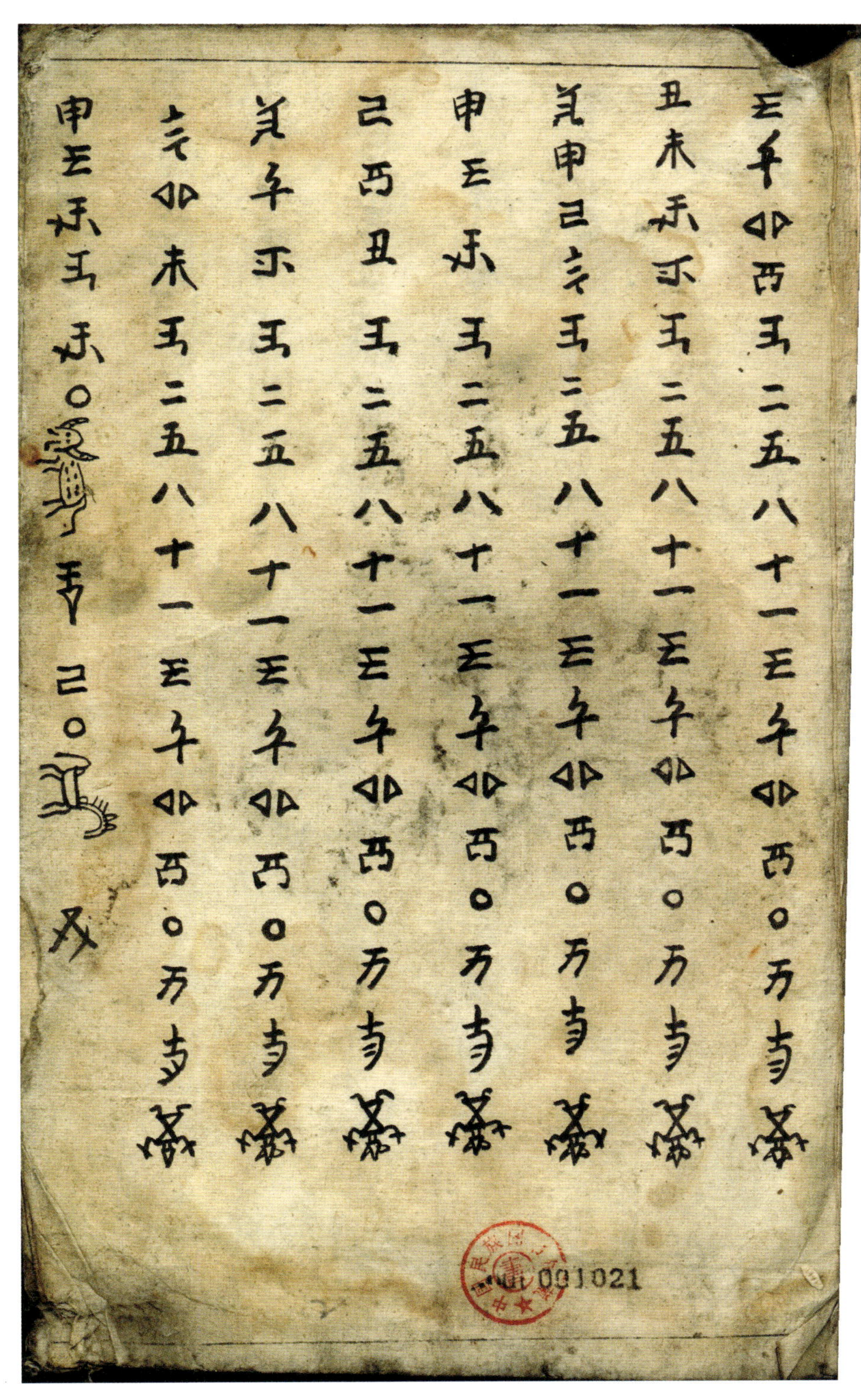

《接寡婆取日》，清抄本，民族文化宫图书馆（中国民族图书馆）藏

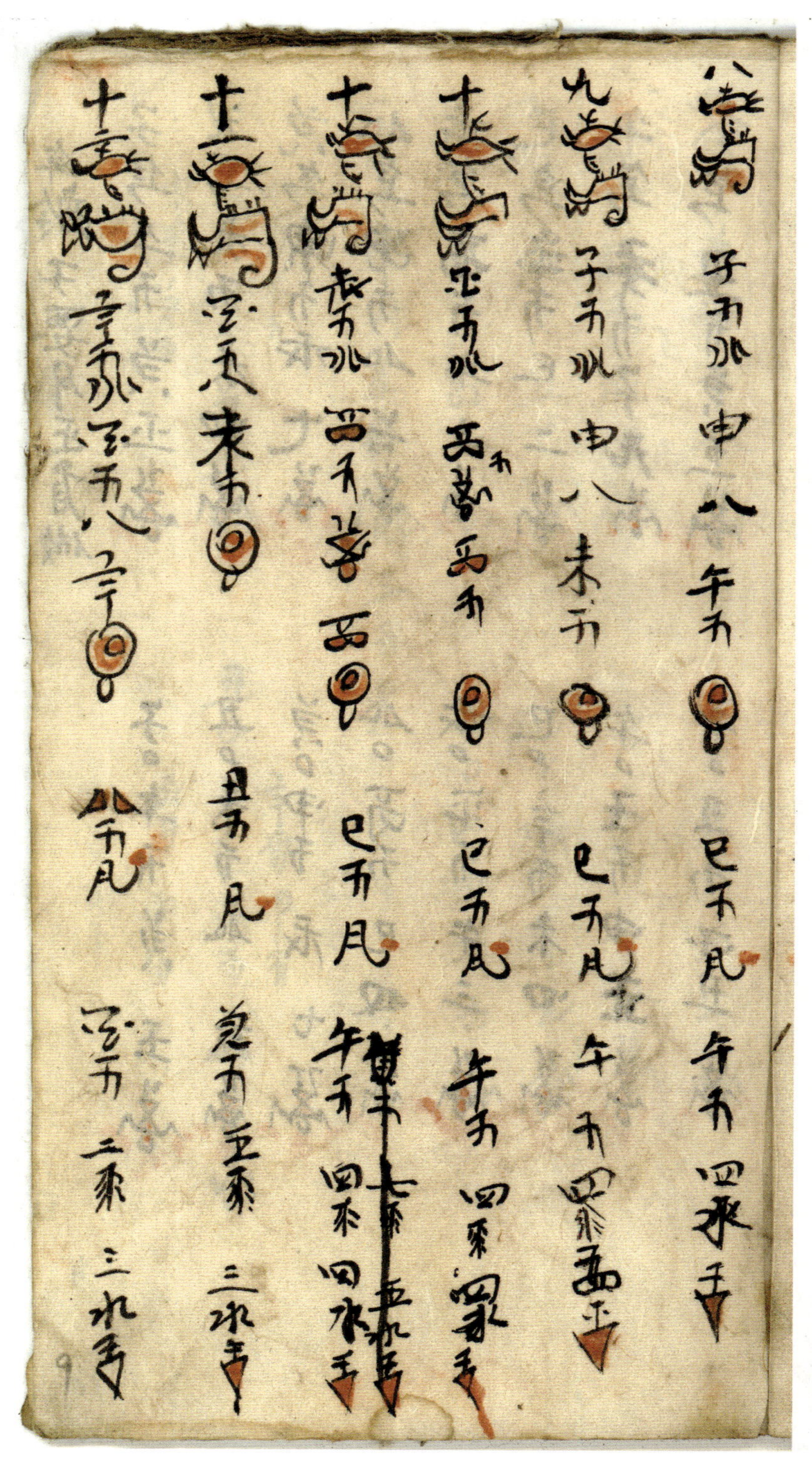

《术灵公》，清抄本，民族文化宫图书馆（中国民族图书馆）藏

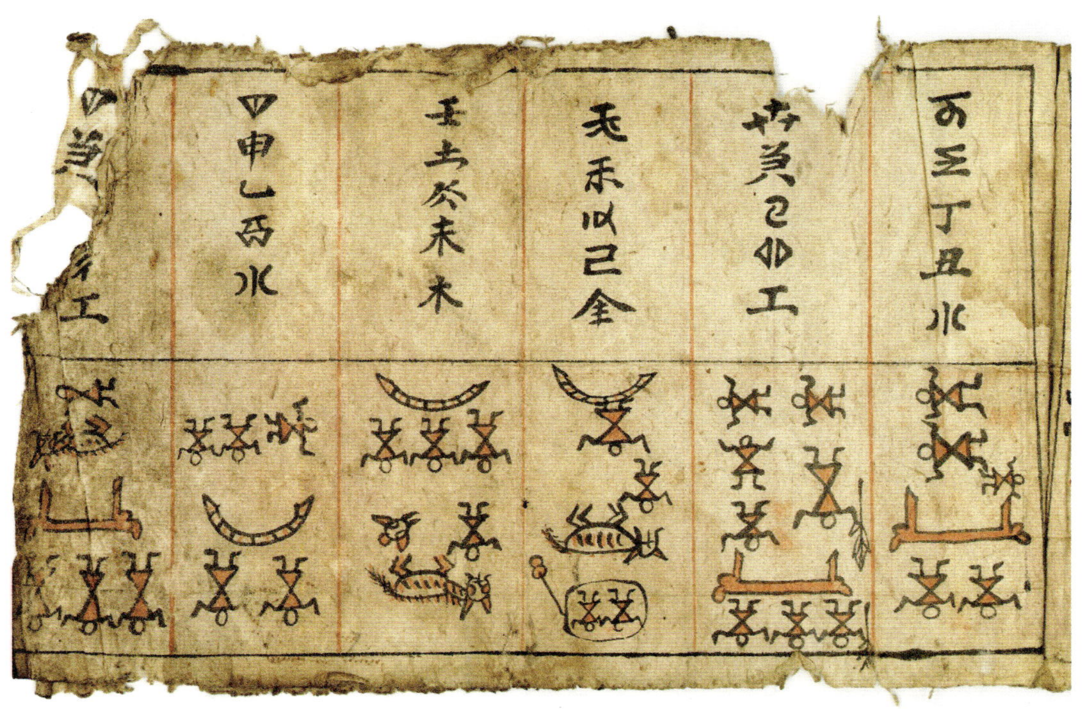

《水书》，清抄本，民族文化宫图书馆（中国民族图书馆）藏

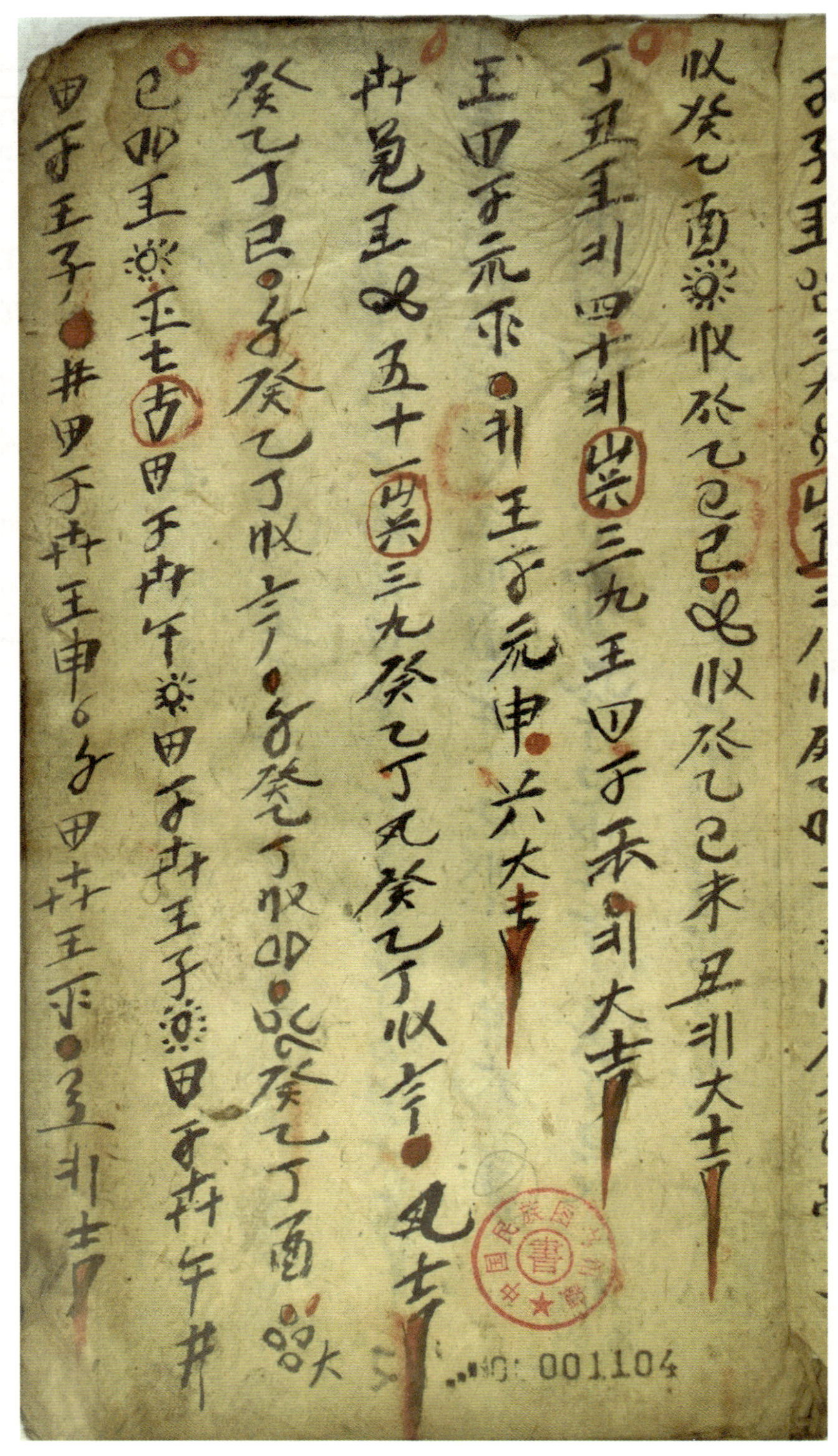

《甲子年贪》，清抄本，民族文化宫图书馆（中国民族图书馆）藏

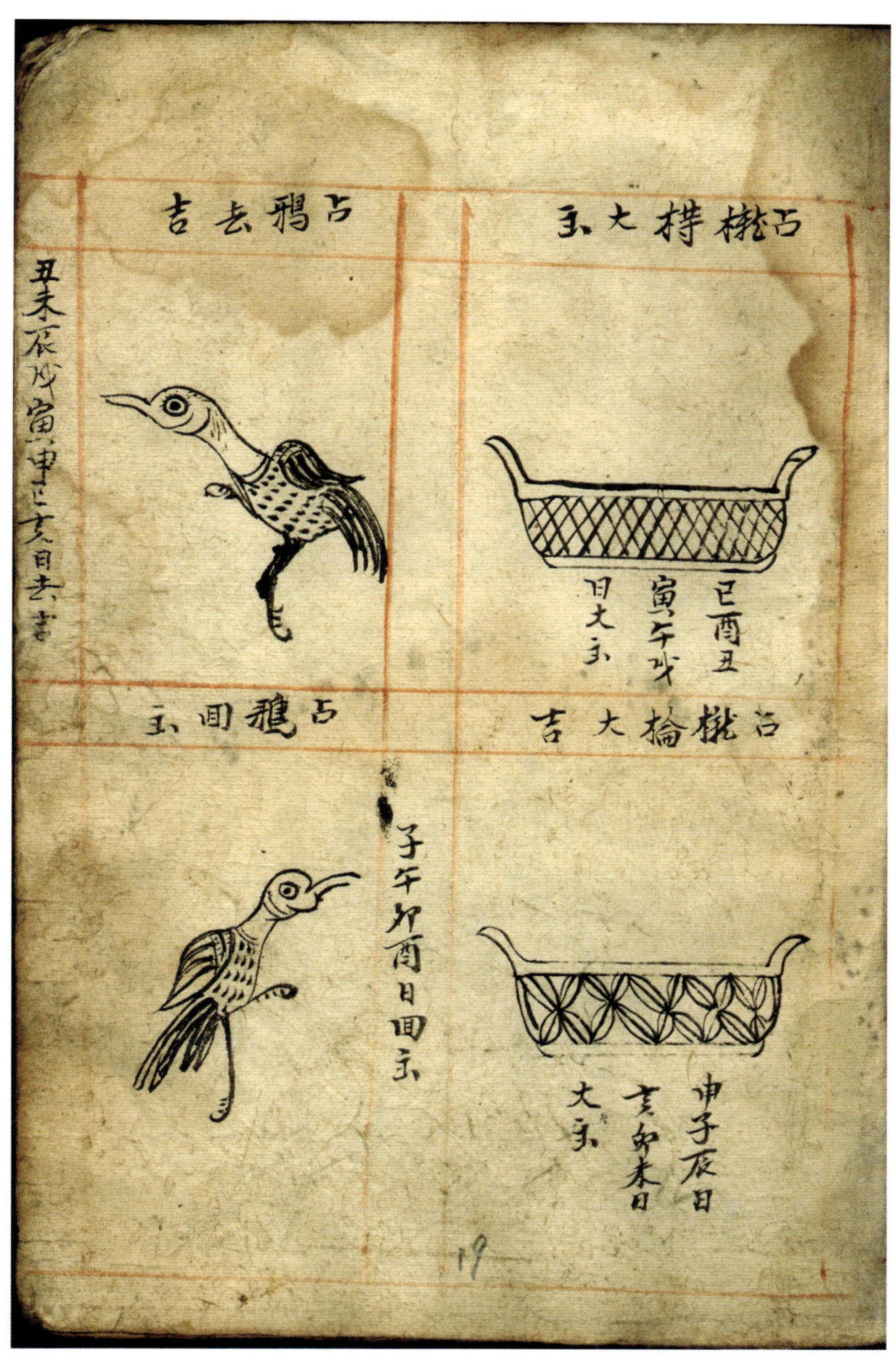

《择日书》，清抄本，民族文化宫图书馆（中国民族图书馆）藏

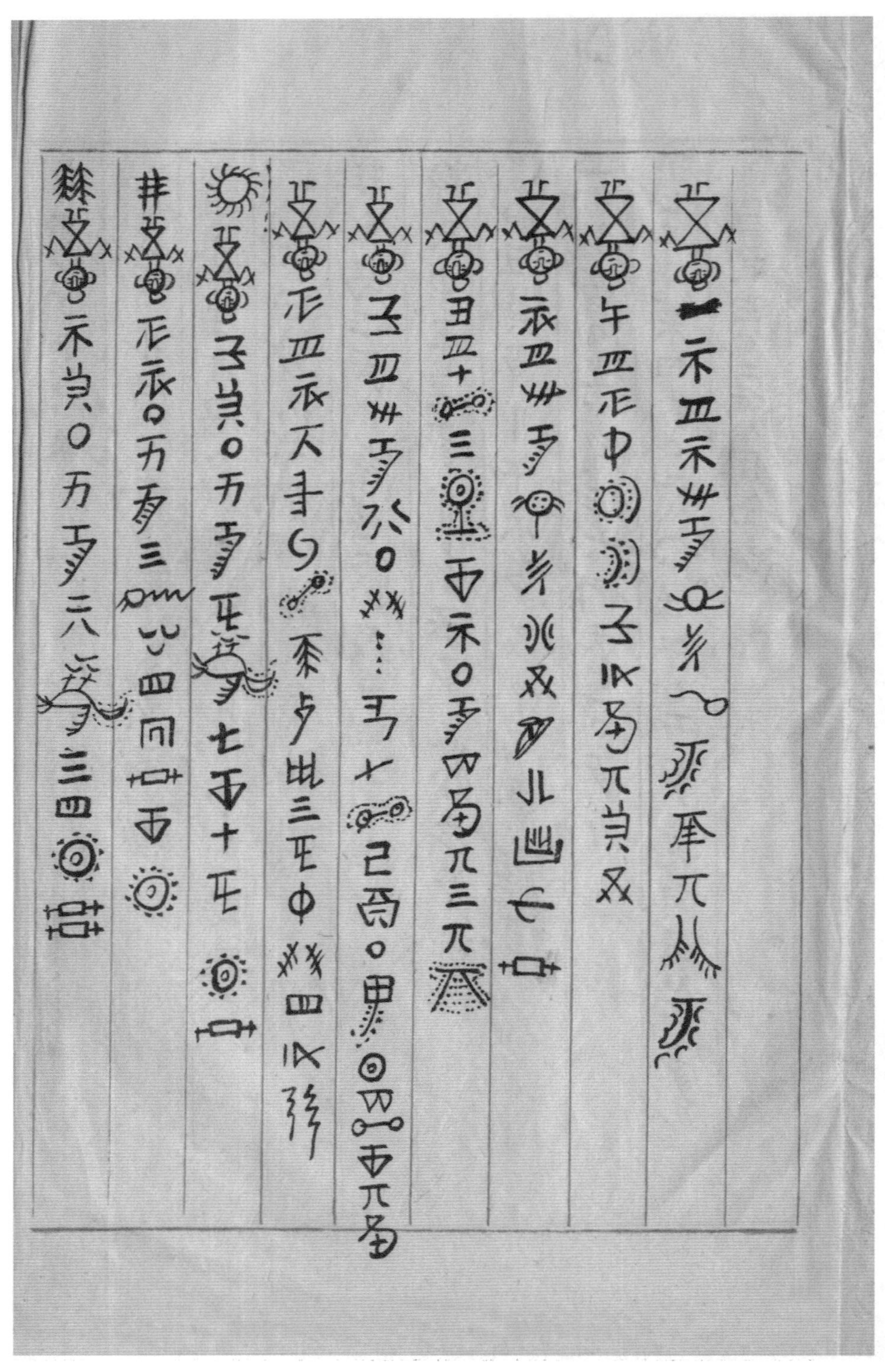

《文运通书》，清抄本，中央民族大学民族博物馆藏

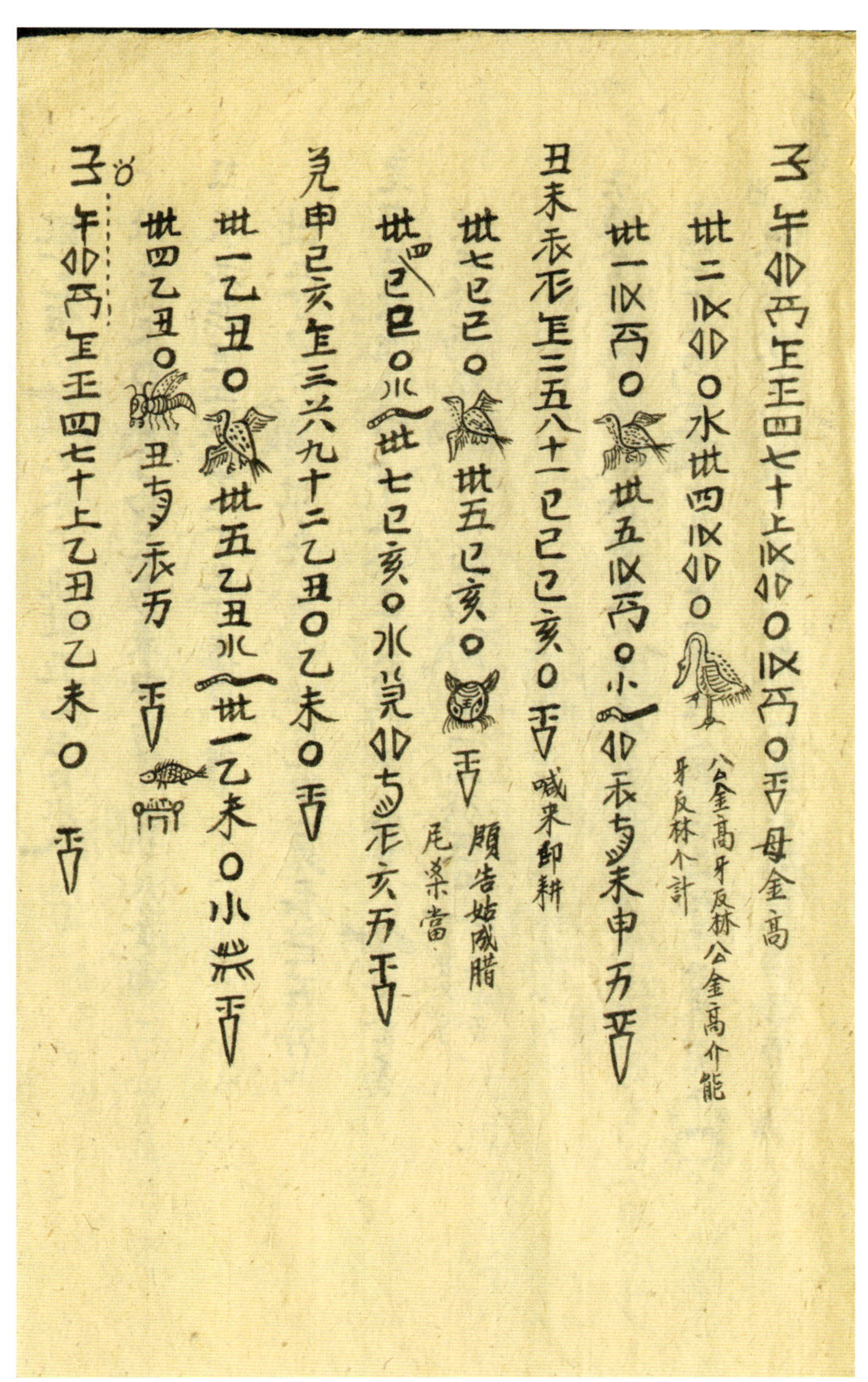

《青云得路卷地》，清抄本，中央民族大学民族博物馆藏

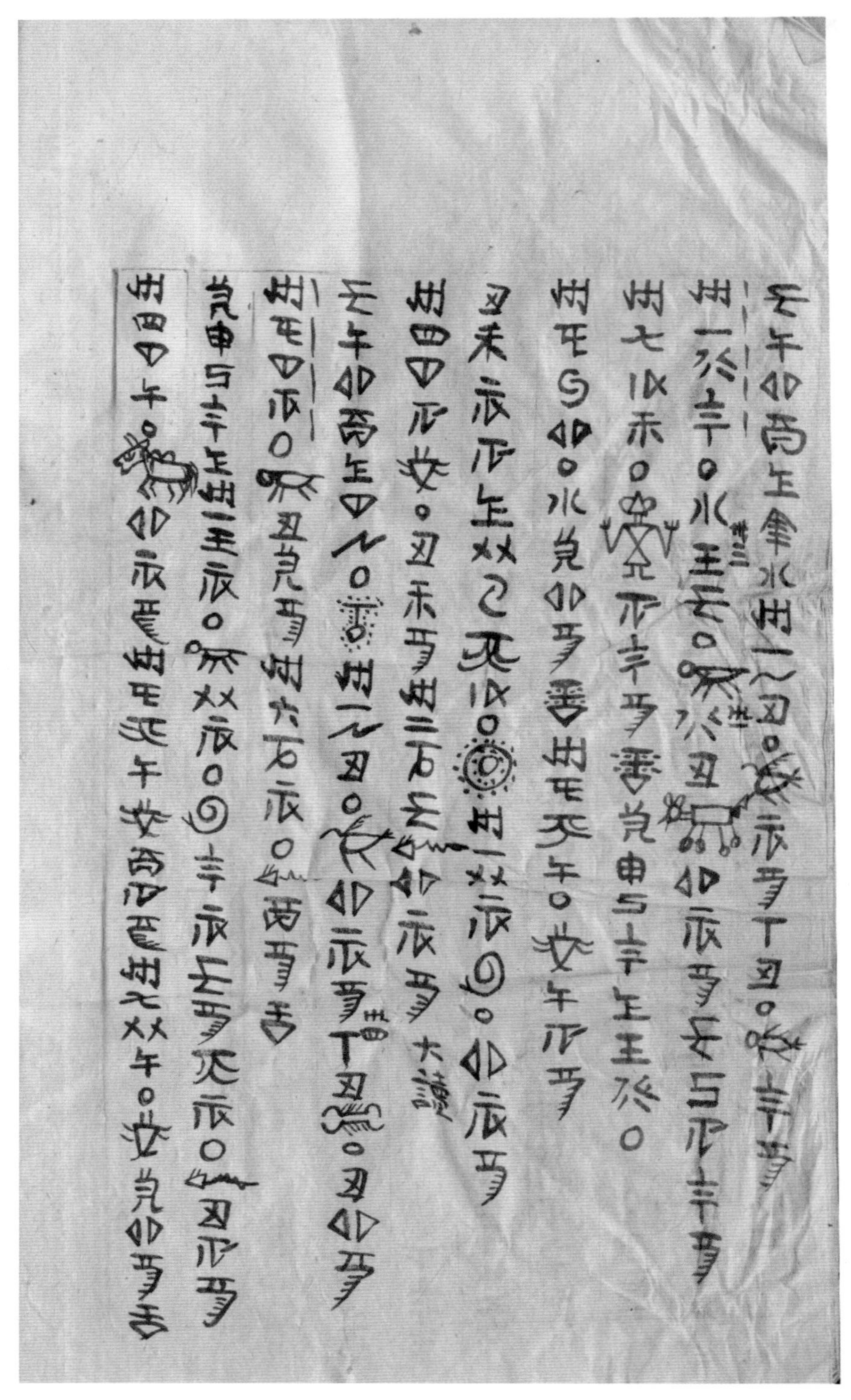

《文运通书 别吉读》，清抄本，中央民族大学民族博物馆藏

《事所先知》，清抄本，中央民族大学民族博物馆藏

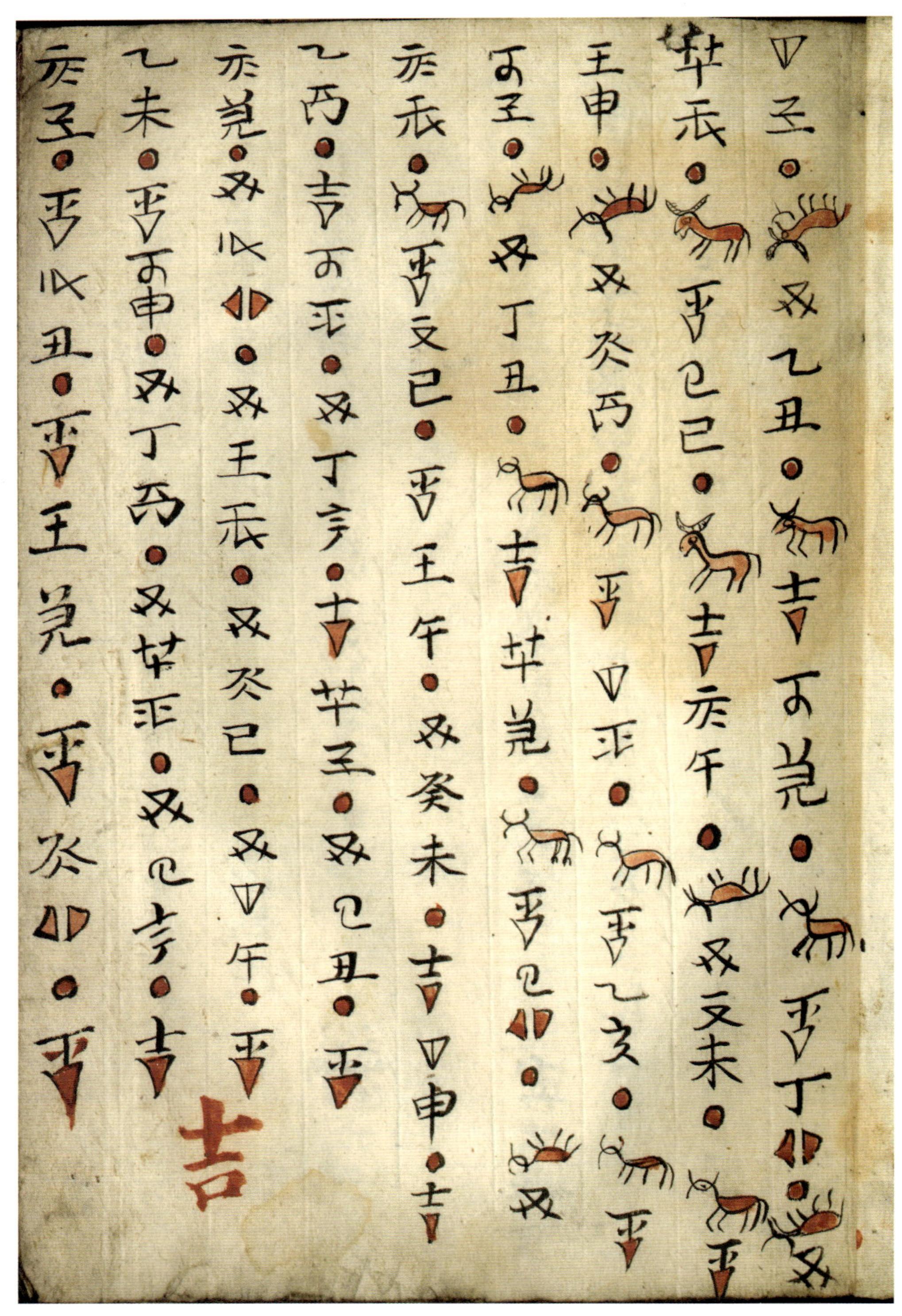

《起房吉凶》，清抄本，中央民族大学中国少数民族语言研究院藏

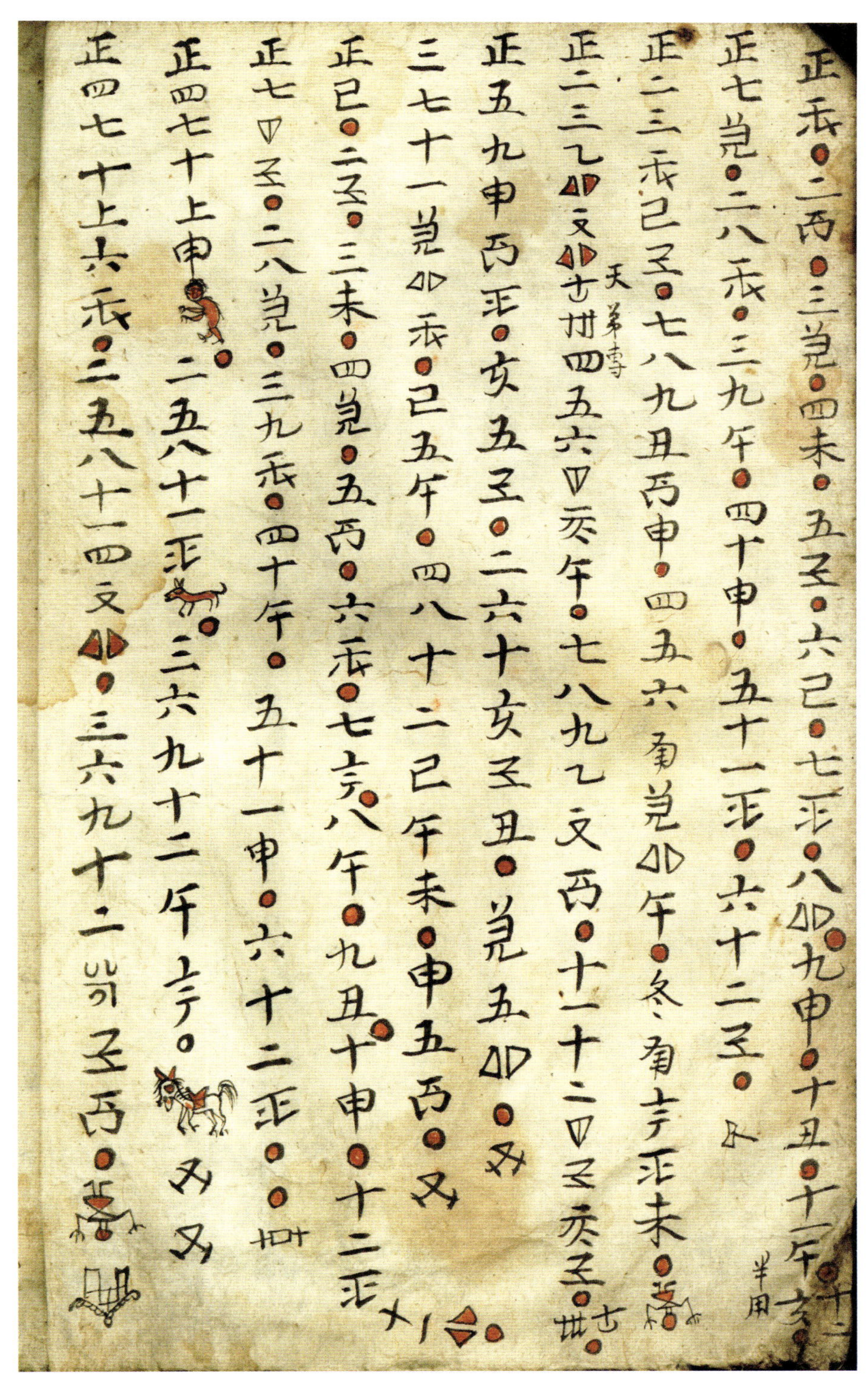

《正七庚甲卷乙》，清抄本，中央民族大学中国少数民族语言研究院藏

《论攻守》，清抄本，中国国家图书馆藏

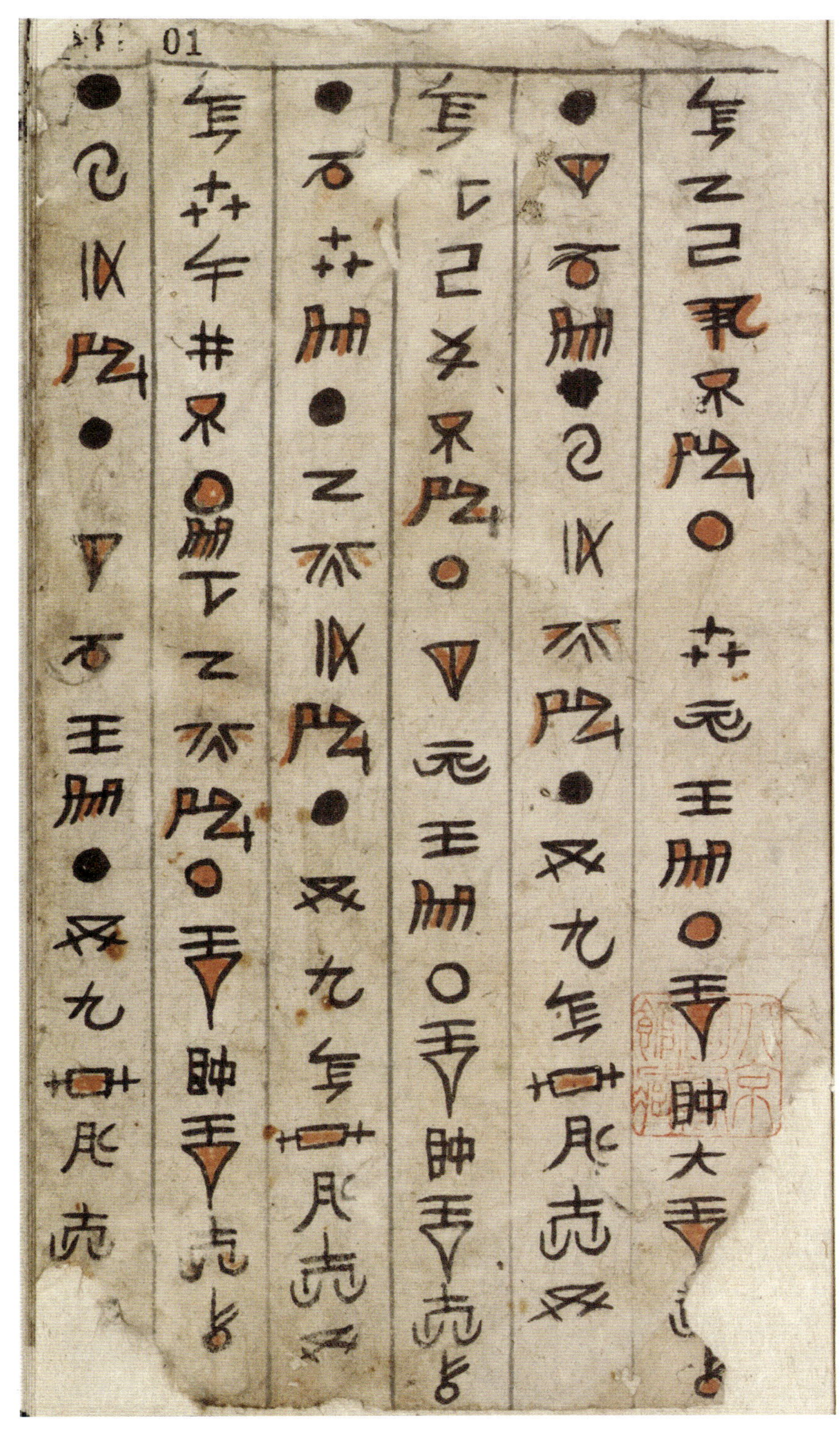

《农事占卜》，清抄本，中国国家图书馆藏

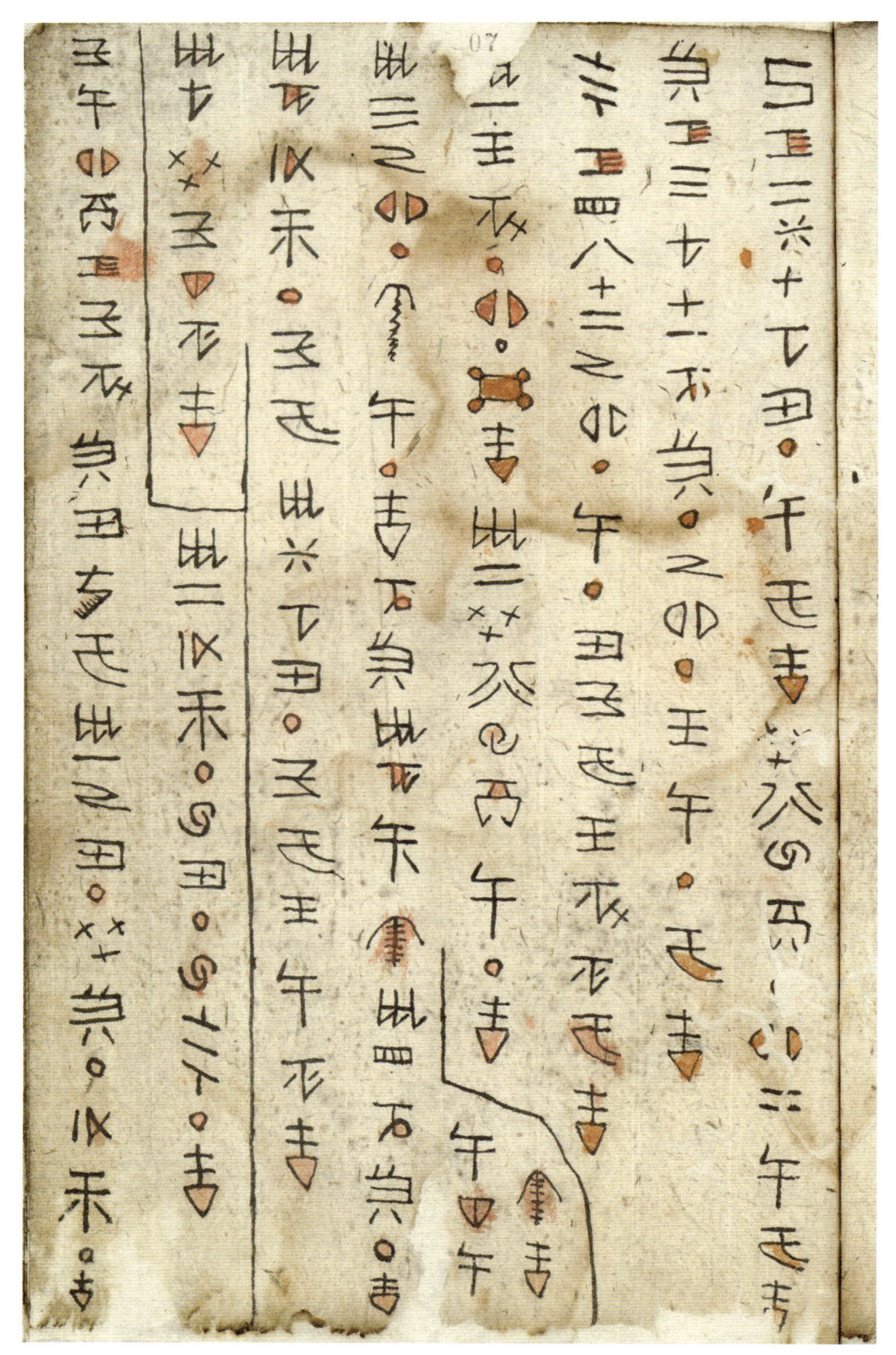

《水书》（第 30 号），清抄本，中国国家图书馆藏

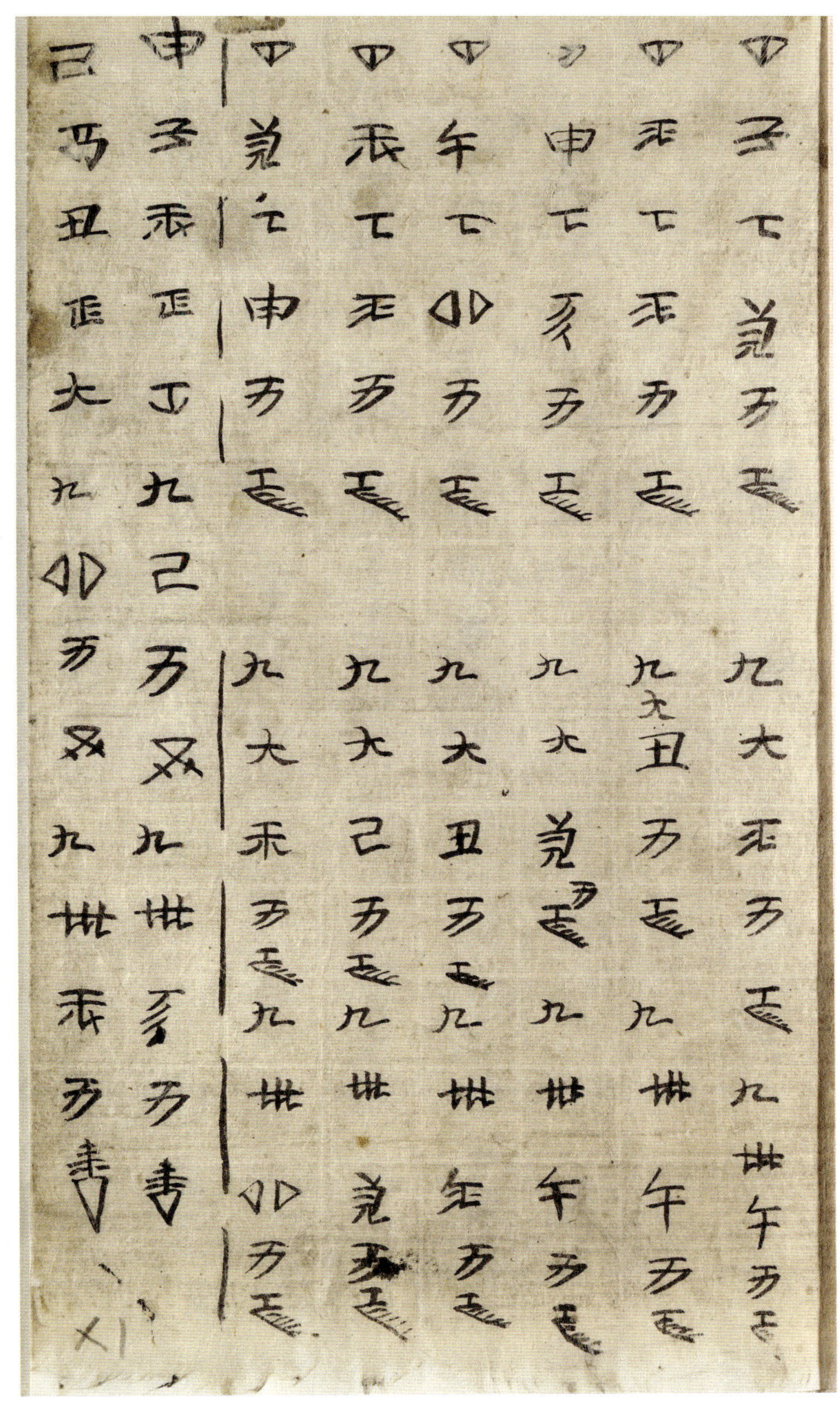

《甲子乙寅方时》，清抄本，中国国家博物馆藏

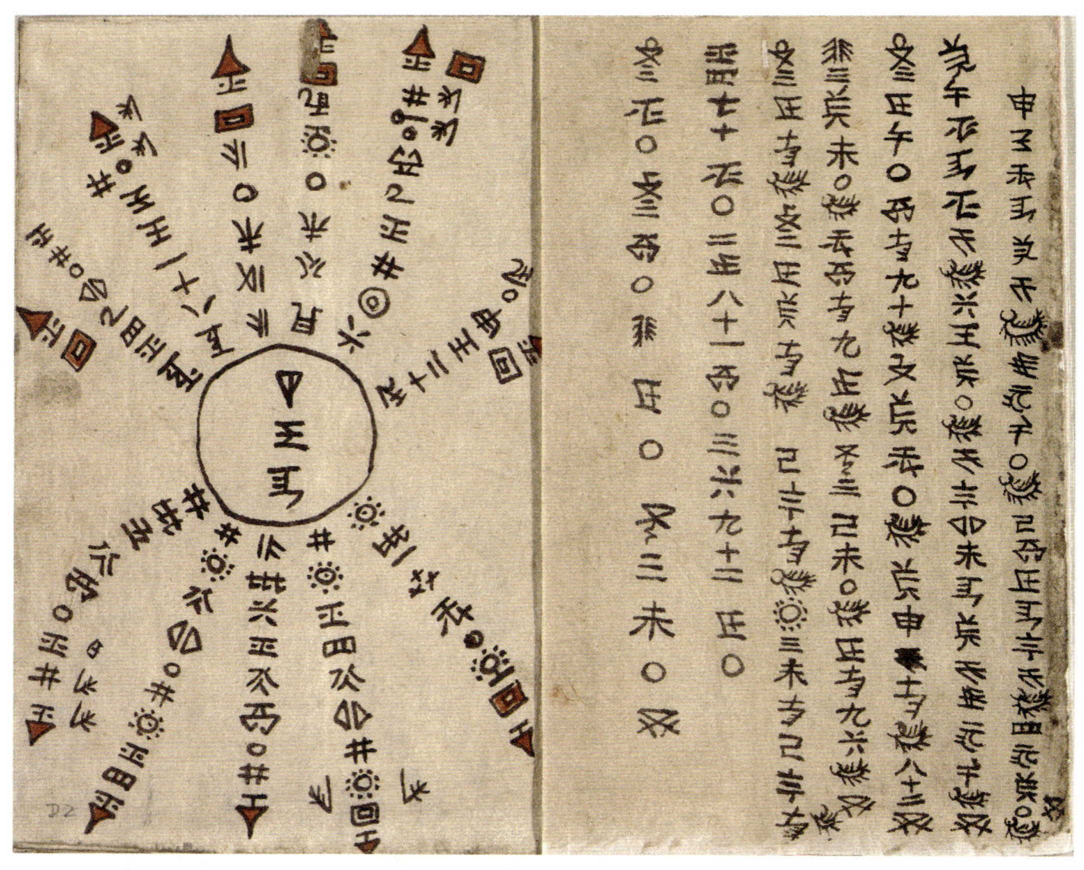

《水书》（第 20 号），清抄本，中国国家博物馆藏

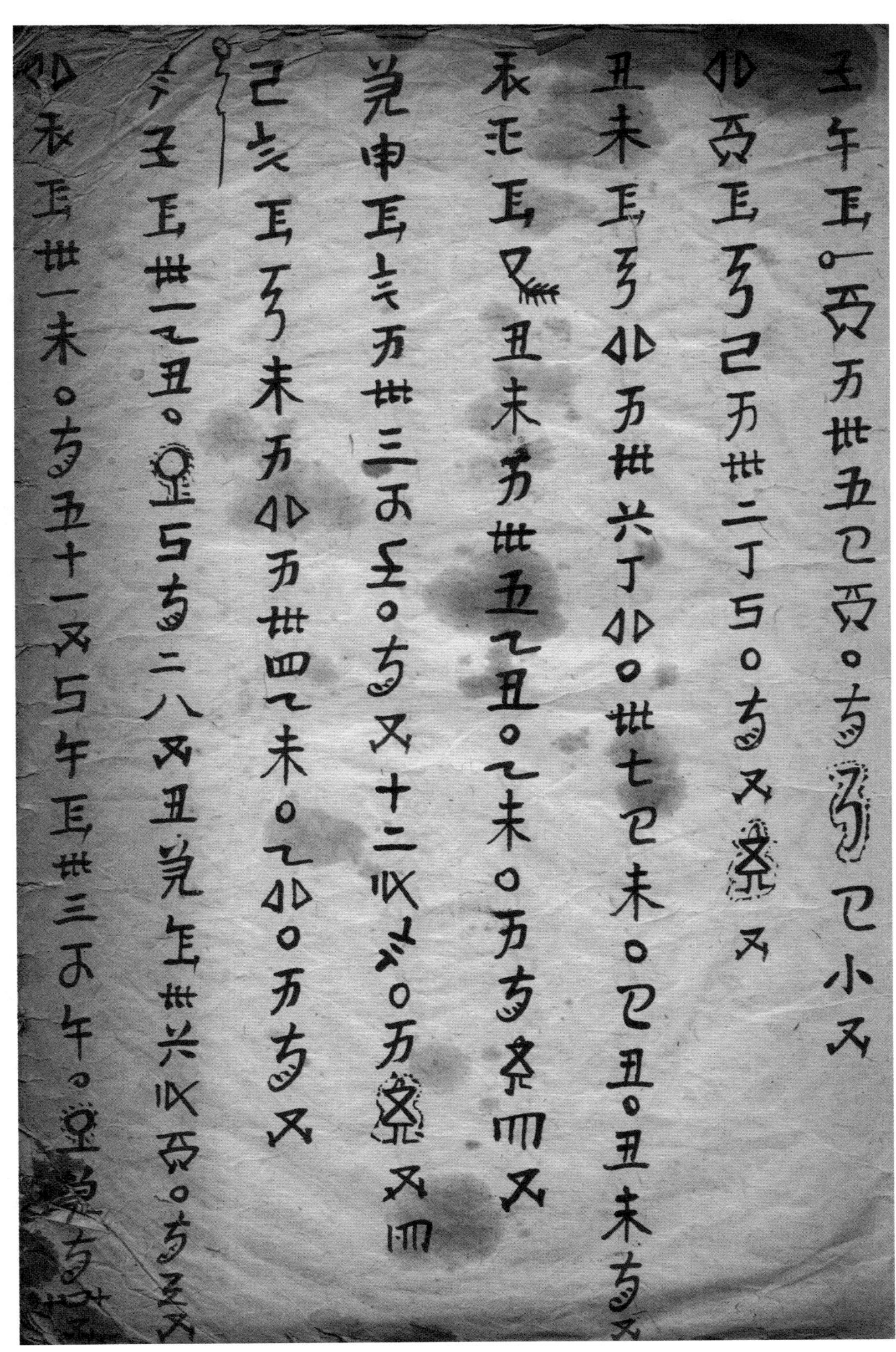

《子午年锤酉方第日》，清抄本，清华大学图书馆藏

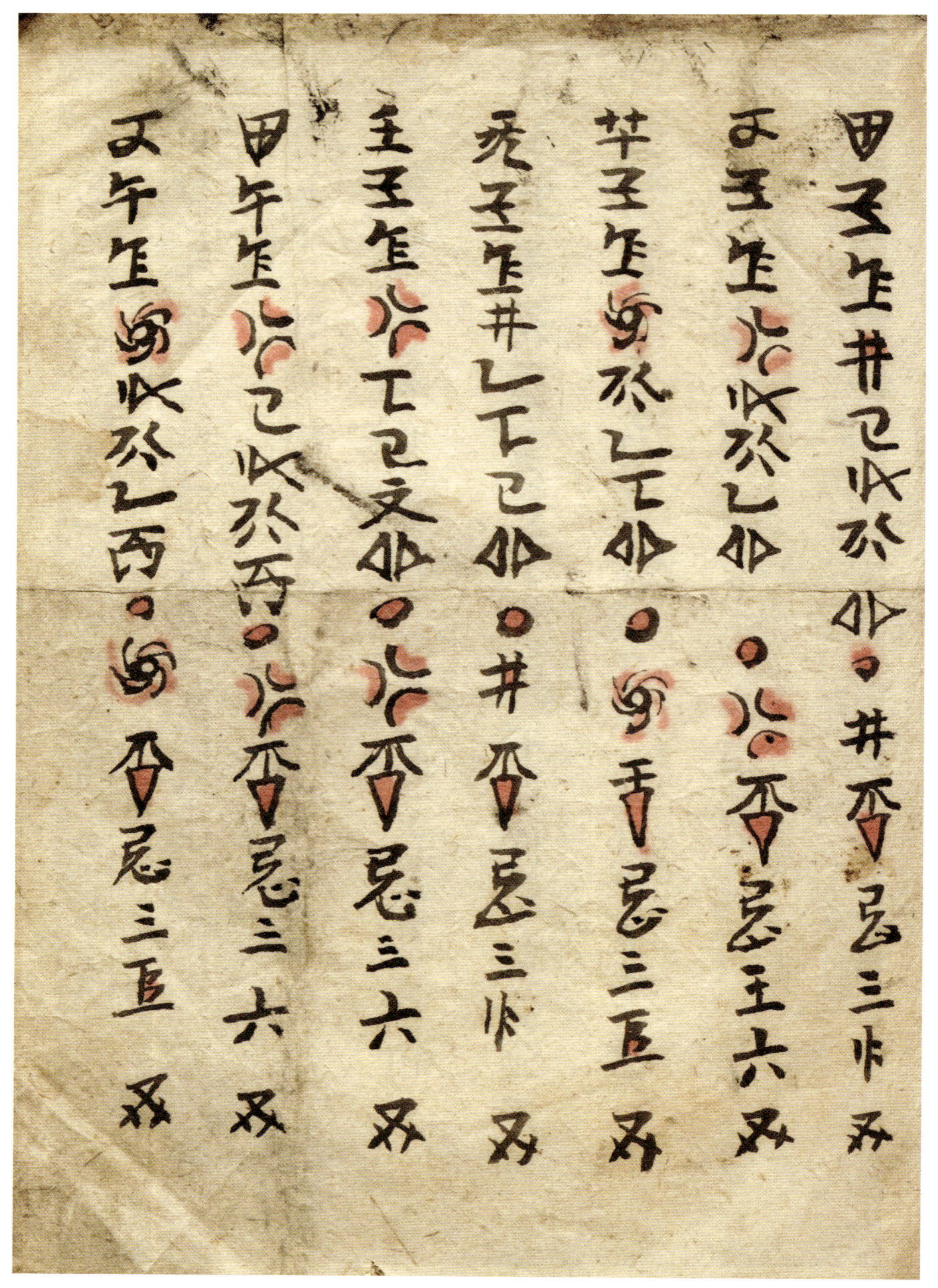

《贪四用埋葬大吉》，清抄本，清华大学图书馆藏

后　记

《北京地区水族水文古籍总目》是“北京地区少数民族古籍目录丛书”之第八卷，自 2014 年 3 月开始编纂以来，民族文化宫图书馆（中国民族图书馆）在北京市民族宗教事务委员会、北京市民族古籍整理出版规划小组办公室的领导下，在民族文化宫领导的大力支持下，在水族水文古籍收藏单位大力帮助下，组织专家学者经过 8 年的调研、普查、著录和编辑，《北京地区水族水文古籍总目》终于完稿了。

在北京地区，水族水文古籍主要收藏在民族文化宫图书馆（中国民族图书馆）、中国国家图书馆、中国国家博物馆、中央民族大学民族博物馆、中央民族大学中国少数民族语言研究院、清华大学图书馆等单位，藏量丰富。

《北京地区水族水文古籍总目》主要收录了民族文化宫图书馆（中国民族图书馆）藏水文古籍 1041 种、中国国家图书馆藏水文古籍 37 种、中国国家博物馆藏水文古籍 30 种、中央民族大学民族博物馆藏水文古籍 42 种、中央民族大学中国少数民族语言研究院藏水文古籍 5 种、清华大学图书馆藏水文古籍 8 种。中华人民共和国成立之后抄写的水文文献 571 种作为附录分别放在各馆藏单位正文后，供参考。

《北京地区水族水文古籍总目》编纂工作分工如下：

吴贵飙负责策划立项、条目格式设置。

公浡、曹娇林、赫歆、姜永英、史桂玲负责民族文化宫图书馆（中国民族图书馆）水文古籍普查、著录。

马莉萍负责中央民族大学民族博物馆水文古籍普查、著录。

顾松洁、公浡负责中央民族大学中国少数民族语言研究院水文古籍普查、著录。

全桂花负责中国国家图书馆水文古籍普查、著录。

孙碧佳负责中国国家博物馆水文古籍普查、著录。

高军善、袁欣、公浡、崔德志负责清华大学图书馆水文古籍普查、著录。

公浡负责合稿，水文书名著录，拍摄书影，初审、复审，编制汉文书名拼音索引、汉文书名笔画索引，编务工作。

吴贵飙负责编制目录，撰写凡例、前言、后记，终审、定稿。

《北京地区水族水文古籍总目》编纂工作得到北京市民族宗教事务委员会领导、民族文化宫领导、北京市民族古籍整理出版规划小组办公室领导、民族文化宫图书馆（中国民族图书馆）领导以及水文古籍馆藏各单位领导等的大力支持和帮助，所有参加此项目的同志付出辛劳，民族出版社领导和编辑给予大力支持，我们在此一并致谢！

本书作为古籍书目的基础资料，在编写过程中，我们参考了许多专家、学者的研究成果，在此诚表谢意。

水文古籍文献的传承使用均在民间，水书先生是传承使用的主体，用水族的语言和歌诀进行诠释，有时同一种古籍文献因地域或时代或传承人的差异，致使称谓有别。许多名词停留于口耳相传，仅有大家约定俗成的解释，没有精确的概念界定。尽管各位编著者都做了很大的努力，但是仍然还有许多不足之处，需要不断充实、提高和完善。限于我们的学识和水平，书中错误和纰漏在所难免，敬请广大读者给予指正。

吴贵飙

2022 年 11 月 22 日

图书在版编目（CIP）数据

北京地区水族水文古籍总目 / 北京市民族古籍整理出版规划小组办公室，民族文化宫图书馆（中国民族图书馆）编；吴贵飙主编 .-- 北京：民族出版社，2023.10

（北京地区少数民族古籍目录丛书）

ISBN 978-7-105-17098-2

Ⅰ . ①北… Ⅱ . ①北… ②民… ③吴… Ⅲ . ①水族—水文学—古籍—图书目录—北京 Ⅳ . ① Z88：K280.1

中国版本图书馆 CIP 数据核字 (2023) 第 188473 号

北京地区水族水文古籍总目

BEIJING DIQU SHUIZU SHUIWEN GUJI ZONGMU

著　　者：北京市民族古籍整理出版规划小组办公室，民族文化宫图书馆（中国民族图书馆）编；吴贵飙主编
策划编辑：欧光明
责任编辑：张宏宏　孙秀梅
责任校对：丁　蕊　肖　鑫　向　征
封面设计：金　晔
出版发行：民族出版社
地　　址：北京市东城区和平里北街 14 号
邮　　编：100013
网　　址：http://www.mzpub.com
印　　刷：北京盛通印刷股份有限公司
经　　销：各地新华书店
版　　次：2023 年 10 月第 1 版　2023 年 10 月北京第 1 次印刷
开　　本：787 毫米 × 1092 毫米　1/16
字　　数：520 千字
印　　张：27.75
定　　价：280.00 元
书　　号：ISBN 978-7-105-17098-2 / Z · 1569（汉 254）

该书若有印装质量问题，请与本社发行部联系退换。
编辑室电话：010-64228001　发行部电话：010-64224782